从追赶到领跑

中国轨道交通建设的创新之旅

中国典型城市轨道交通建设关键技术丛书

北京地铁19号线一期工程建设纪实

曹伍富 代永双 寇鼎涛 路清泉 姜传治 等 编著

人民交通出版社
北京

内 容 提 要

本书系"中国典型城市轨道交通建设关键技术丛书"之一。依托北京市首条最高设计速度达到120km/h的地铁快线——北京地铁19号线一期工程，聚焦核心城区复杂环境下地铁建设所面临的严峻挑战，包括路面交通管控严苛、施工空间受限、文物保护要求高及地下水排降控制严格等问题，地铁建设团队秉持"综合、绿色、安全、智能"的理念，结合国内外先进经验，首创盾构侧始发、侧接收以及棚盖暗挖法等技术方案，并在全线一体化设计、既有线换乘优化改造、地铁建设信息化管理等方面做了探索与实践，如期完成工程建设任务。本书分为绪论、科技、人文、绿色、智慧五个篇章，生动、详实地记录了这一过程，以期为我国城市轨道交通建设与发展提供宝贵经验和启示。

本书主要供从事城市轨道交通工程建设、设计、施工、监理的技术和管理人员阅读使用，也可作为高等院校相关专业师生的参考用书。

图书在版编目（CIP）数据

北京地铁19号线一期工程建设纪实/曹伍富等编著.
北京：人民交通出版社股份有限公司，2024.10.
ISBN 978-7-114-19668-3

Ⅰ.U231

中国国家版本馆CIP数据核字第20244MX018号

中国典型城市轨道交通建设关键技术丛书
Beijing Ditie 19 Hao Xian Yiqi Gongcheng Jianshe Jishi

书　　名：	北京地铁19号线一期工程建设纪实
著 作 者：	曹伍富　代永双　寇鼎涛　路清泉　姜传治　等
责任编辑：	张　晓
责任校对：	赵媛媛　龙　雪
责任印制：	刘高彤
出版发行：	人民交通出版社
地　　址：	（100011）北京市朝阳区安定门外外馆斜街3号
网　　址：	http://www.ccpcl.com.cn
销售电话：	（010）85285857
总 经 销：	人民交通出版社发行部
经　　销：	各地新华书店
印　　刷：	北京印匠彩色印刷有限公司
开　　本：	787×1092　1/16
印　　张：	17
字　　数：	360千
版　　次：	2024年10月　第1版
印　　次：	2024年10月　第1次印刷
书　　号：	ISBN 978-7-114-19668-3
定　　价：	135.00元

（有印刷、装订质量问题的图书，由本社负责调换）

EDITORIAL COMMITTEE 编委会

纵贯南北　北京地铁19号线一期工程建设纪实　荟萃京华

顾　　　问	刘天正　刘魁刚　罗　平　何庆奎　虞　薚
主 任 委 员	曹伍富　代永双
副主任委员	寇鼎涛　路清泉　姜传治
主要编写人员	孙　健　程贵锋　贺晓彤　谢彤彤　白晓鹤　张　立　董立鹏
	刘志伟　刘国庆　车路军　张　疆　范永盛　倪守睿　张志伟
	李　强　王　鹏　郝　钢　代维达　许亚斋　韩江波　薛　松
	阎　琰　耿佳旭　初士立　任立涛　高　超　张　君　马　松
	崔晓光　李凤豹　马笑松　李培军　樊　湘　王　伟

其他参编人员（按姓氏笔划排序）

丁　琳　于江涛　卫　巍　马　龙　马申瑞　王子文　王丹静
王　玉　王永海　王周扬　王定坤　王炳禄　王海如　王翠利
牛淑霞　未义兵　左　晓　田海鸥　田　超　史续权　边　可
刑玉奇　任　钥　刘卫强　刘巧叶　刘　旭　刘志坚　刘　玮
刘国辉　刘　超　刘　辉　刘　强　闫建龙　许　洋　许　彪
孙明国　苏　靖　李一波　李　天　李文军　李付昊　李　刚
李红玉　李宏宇　李松梅　李　明　李明泽　李金峰　李建军
李铁生　李爱民　李　斌　李　颖　杨陕南　杨斌斌　吴永明
吴自升　吴佳阳　吴　举　吴瑞雪　邱　彤　何　岳　侯效毅

余兵兵	沈小洵	宋志勇	宋晓芳	宋　鹏	张一元	张永军
张　利	张　宏	张良焊	张金伟	张　郢	张　通	陈万成
陈贤波	陈明岳	陈泽山	陈　滔	武百良	罗　龙	罗　军
周　颖	郑　杰	郑　骐	胡家鹏	段　然	姜华龙	姜　艳
姜　潇	姚　欣	贾世涛	夏瑞萌	夏　露	徐　骞	高　楠
唐云沙	黄永涛	黄慧超	营　升	曹晓宇	曹晓芳	康　宁
康克农	彭　锬	韩会民	童英姿	管晓东	谭远振	樊庆鹏
黎小辉	薛　玥	穆育红	戴永忠	戴　钧		

FOREWORD 序

纵贯南北 北京地铁19号线一期工程建设纪实 荟萃京华

  中国城市轨道交通的发展始于20世纪50年代，经历了一个先抑后扬、起伏渐进的过程。直到2000年后，伴随着经济社会的高速发展、城镇化进程的不断提速，城市人口不断膨胀，区域面积不断增加，交通压力激增，为缓解日益尖锐的交通矛盾，中国城市轨道交通迎来了高速发展阶段。截至2023年底，我国大陆地区（不含港澳台地区）累计有59座城市的城市轨道交通投入运营，线路长度为11232.65km，港澳台地区有7座城市开通运营城市轨道交通，线路长度为667.64km，我国总通车里程位居世界第一。

  北京轨道交通是我国城市轨道交通发展的全程见证者，从1969年北京地铁1号线建成通车至2023年底，全市线网通车里程超过907.07km（含市郊铁路）。北京轨道交通不仅实现中国城市轨道交通从0到1的突破，发展历程中更是不断汲取建设和运营经验，建设与运营互相促进，不断更新建造、装备、管理技术，持续引领中国城市轨道交通发展方向。

  秉持新时期"综合、绿色、安全、智能"的发展理念，北京地铁19号线拉开了时速120km快速线路建设的序幕。北京地铁19号线是北京市首条最高设计速度达到120km/h的线路，与其他四条快速线路共同构成贯通北京东西南北的快线网络，提高北京轨道交通线网运行效率，实现供给分层，丰富线网层次。

  作为南北向穿越中心城核心保护区的地铁快线，19号线建设面临沿线道路狭窄、地下建设环境复杂、安全风险源众多、路面交通保障与历史文物风貌保护要求高等诸多困难与挑战。为了实现不占路施工，减少对城市交通的干扰，创新优化了盾构侧始发、侧接收等多元化施工组织方案；为了保护历史风貌建筑，创新发明了棚盖法施工技术；面对与多条既有线路换乘的复杂工况，通过对既有线进行优化改造，最终改善了换乘条件；全线应用BIM技术，实现全专业、全过程、全生命期建设管理信息化，提升城市地铁智能化建造水平；作为承载历史文脉的线路，北京地铁19号线以"荟萃京华"为主题，打造"一站一景"的唯美地下空间；同时首次从全线角度进行一体化设计，实现了车站建筑与城市街区风貌的有机融合。

在北京19号线通车两年之际,我们欣喜地见到北京地铁19号线建设者以第一视角完成的建设纪实。本书详实记述了广大参建单位在工程建设过程中各种创新和思考,并将其或提炼或升华,充分展现了北京轨道交通建设的新理念、新思路,对后续项目具有一定的参考价值。

期待通过本书的出版与传播,与行业同仁共同分享北京地铁19号线建设者的智慧和成果。我们坚信,在广大建设者的共同努力下,中国城市轨道交通的未来将更加辉煌!

北京市轨道交通建设管理有限公司

党委书记、执行董事

2024年7月

前言

2021年12月31日，北京地铁19号线一期工程如期开通。

北京地铁19号线是北京线网规划快线系统的重要组成部分，与其他四条线路共同构成北京市快线系统。线路分主、支线运行，主线南起大兴北至昌平，南北端分别设置支线连接南苑和清河枢纽。线路采用市域A型车8辆编组，是北京城市轨道交通线网中的重要骨干线。北京地铁19号线是北京市首条设计速度达到120km/h的地铁快线，其建成通车丰富了线网层次，提高了出行效率，为北京探索快线建设标准和方法发挥了示范、借鉴作用。

北京地铁19号线一期工程南起丰台新宫，北至海淀牡丹园，线路全长22.4km。19号线一期工程穿越中心城历史风貌保护区，是继北京地铁5号线、4号线、8号线之后第四条南北向穿越中心城的地铁线路。相较以往线路，19号线面临更为复杂的建设条件、更加严苛的道路交通占还要求、更加审慎的文物保护要求、更为严格的地下水排降要求，以及更为复杂的工程实施环境。

19号线一期工程建设历时近8年，为了详实记录工程建设过程中形成的创新成果与经验，特此编撰《北京地铁19号线一期工程建设纪实》。全书分为5篇，涵盖绪论、科技、人文、绿色、智慧五个部分：

绪论篇介绍了项目概况、工程规划建设历程及项目特点；

科技篇论述了面向北京地铁19号线一期工程的建设挑战，工程技术人员在穿越中心城区、地下水处理、既有线改造、轨道铺设、机电安装等方面形成的科学方案与创新技术；

人文篇记述了为打造人文地铁，参建人员在融合设计、人性化设计、一体化设计、车站装修等方面所做的探索和努力；

绿色篇阐述了在"绿色低碳"理念引领下，参建人员采取的地下水处理、装配式应用、车辆基地、绿色施工等工程措施；

智慧篇展示了北京地铁19号线作为智慧化示范线，在智慧化运维、BIM应用及供电系统方面的创新成果。

本书由北京市轨道交通建设管理有限公司第一分公司组织编写，北京城建设计发展集团股份有限公司、中铁七局集团有限公司、中铁隧道局集团有限公司、中铁电气化局集团有限公司等 19 号线一期工程参建单位参与编写。本书自启动编写以来，收到了各参建单位踊跃投稿，稿件涵盖建设过程中的各个方面。由于本书篇幅有限，仅选取了部分文稿集结成书，在此感谢所有参与投稿的参建单位。希望通过本书的出版，将工程技术人员在北京地铁 19 号线一期工程建设中形成的卓越成果与宝贵经验，转化为推动我国城市轨道交通行业持续创新与向前飞跃的强大动力。

由于编撰时间仓促、编者水平有限，书中难免存在疏漏之处，敬请广大专家、读者批评指正。

编　者

2024 年 5 月

目录 CONTENTS

纵贯南北 | 北京地铁19号线一期工程建设纪实 | 荟萃京华

第1篇　绪论篇　001

第1章　项目概述与规划建设历程　002

第2章　项目建设创新点　006

第2篇　科技篇　011

第1章　设计思路创新　013

第2章　既有线穿越与保护　028

第3章　穿越老城区的设计与施工组织　039

第4章　极复杂核心城区的施工技术创新　055

第5章　既有线改造　081

第6章　与穿城快线相适应的轨道方案　102

第7章　因地制宜设置机电方案　106

第3篇　人文篇　113

第1章　轨道与文保融合设计　115

第2章　重视车站装修——打造城市文化名片　120

第3章　人性化设计　135

第4章　着眼一体化设计——地铁建设与城市更新并举　144

第5章　金融核心区车站一体化呈现　159

第 4 篇　绿色篇　　　　　　　　　　165

 第 1 章　地下水的处理　　　　　167
 第 2 章　装配式应用　　　　　　174
 第 3 章　综合利用的车辆基地　　182
 第 4 章　绿色施工　　　　　　　187

第 5 篇　智慧篇　　　　　　　　　　203

 第 1 章　智慧化运维　　　　　　205
 第 2 章　BIM 应用　　　　　　　214
 第 3 章　智慧的供电系统　　　　225

附录　　　　　　　　　　　　　　　231

 附录一　工程大事记　　　　　　232
 附录二　奖项及专利（部分）　　243
 附录三　参建单位人员名录　　　251

纵贯南北 | 北京地铁19号线一期工程建设纪实 | 荟萃京华

北京地铁19号线
一期工程建设纪实

第 1 篇　绪论篇
CHAPTER 1

第 1 章
项目概述与规划建设历程

北京地铁 19 号线是北京市线网规划快线系统（R 线）的重要组成部分，其建成通车扩大了中心城站点覆盖率，优化了线网层次结构，缓解了既有轨道交通网络客运压力。线路南北向贯穿北京市中心城西部，主线南起大兴、北至昌平，南端设置支线连接南苑枢纽，北端设置支线连接清河枢纽，为外围新城与中心城提供了快速、大运量的轨道交通服务。其中，19 号线一期工程南北向贯穿中心城，服务金融街、中关村、右安门等多个重点功能区，缓解平行线路的客流压力，同时担负着为大兴机场线收集中心城客流的重任。

1.1 项目概述

北京地铁 19 号线一期工程线路南起丰台新宫，北至海淀牡丹园，主要沿规划南公路环、京开高速东侧规划绿地、南三环、右安门外大街、牛街、赵登禹路、北太平庄路、花园东路敷设，线路全长 22.4km，全部为地下线，两端均预留二期延伸条件。一期工程共设 10 座车站，均为地下站，平均站间距约 2.3km。线路设车辆基地 1 座，位于丰台新宫地区，占地约 30 公顷（1 公顷 = $1 \times 10^{-2} km^2$），采用"八字线"分别接轨于新宫站—新发地站区间和新宫站。19 号线一期工程采用的 8 辆编组 A 型车，设计速度为 120km/h，采用 DC1500 架空接触网供电。在北太平庄站预留与 12 号线联络线条件，实现资源共享。

▲ 北京地铁19号线一期工程线路示意图

绪论篇

▼ 19号线一期工程车站表

序号	车站名称	换乘线路
1	新宫站	与4号线—大兴线换乘
2	新发地站	—
3	草桥站	与10号线、大兴机场线换乘
4	景风门站	与14号线换乘
5	牛街站	与7号线虚拟换乘
6	太平桥站	与R1线（规划）换乘，与1号线、2号线虚拟换乘
7	平安里站	与4号线、6号线、3号线（规划）换乘
8	积水潭站	与2号线换乘
9	北太平庄站	与12号线（在建）换乘
10	牡丹园站	与10号线换乘

1.2 规划建设历程

为了完善北京市轨道交通网络层次，提升线网整体服务水平，《北京市城市轨道交通第二期建设规划（2015—2021年）》（以下简称：《二期建设规划》）中提出建设轨道快线，并将北京地铁19号线作为远景网规划中的一条大运量轨道交通快线，纳入《二期建设规划》。19号线一期工程项目于2016年开工，2021年12月建成通车，总工期6年。项目总投资为263.94亿元，地铁轨道交通工程投资约240亿元，工程造价为10.71亿元/正线公里。

○ **2014年**
《北京城市轨道交通建设规划（2014—2020）》报送国家发展和改革委员会（以下简称"国家发改委"），上报方案中19号线一期工程线路南起新宫，北至牡丹园，与大兴机场线中心城段上下叠落共走廊敷设。

○ **2015年5月14日**
北京市规划委员会批复19号线一期工程规划方案。线路南起新宫站，北至牡丹园站，线路全长约22.4km，全部为地下线，设站9座。在草桥站与大兴机场线换乘，保障机场乘客接驳进城。

○ **2015年9月14日**
《北京市城市轨道交通第二期建设规划（2015—2021年）》获得国家发改委批复。

19 号线一期工程纳入《二期建设规划》，线路自牡丹园至新宫，线路长 22.4km，设站 9 座，线路采用 8 辆编组 A 型车，最高设计时速 120km。

2015 年 9 月 29 日
北京市规划委员会批复北京地铁 19 号线（一期工程）增设北太平庄站，与地铁 12 号线换乘，并增设与 12 号线联络线。

2015 年 12 月 30 日
《北京市轨道交通 19 号线一期工程可行性研究报告》获得北京市发展和改革委员会批复。批复线路南起新宫，北至牡丹园，线路全长 22.4km，全部为地下线，共设车站 10 座，在新宫地区新建车辆段 1 座。

2016 年 3 月 21 日
北京市规划委员会组织开展 19 号线一期工程初步设计专家评审，同意按照 19 号线全线最高运行速度 120km/h、中心城段受土建条件限制按照限速 100km/h 运行。

2016 年 6 月 30 日
19 号线一期工程正式开工。

2016 年 10 月 28 日、2017 年 6 月 6 日
分别开展初步设计补充评审，明确 19 号线供电系统采用 10kV 分散供电，景风门站采用倒厅设计方案，车辆基地采用通久路绕行、八字线接轨方案。

2021 年 5 月 10 日
19 号线一期工程全线车站主体结构封顶。

2021 年 7 月 30 日
19 号线一期工程全线长轨通。

2021 年 8 月 20 日
19 号线一期工程全线 400V 电通。

2021 年 9 月 1 日
19 号线一期工程全线联锁系统开通。

2021 年 9 月 2 日
19 号线一期工程全线传输系统、无线系统开通。

2021 年 9 月 15 日
19 号线一期工程全线工程验收。

2021 年 9 月 16 日
19 号线一期工程全线开通试运行。

2021 年 11 月 23 日
北京地铁 19 号线一期工程初步设计及概算获得批复。批复线路全长约 22.4km，均

绪论篇

为地下线；共设置 10 座车站，均为地下站。项目总投资为 263.94 亿元，其中地铁轨道交通工程投资约 240 亿元。

2021 年 12 月 24 日
19 号线一期工程全线竣工。

2021 年 12 月 31 日
19 号线一期工程正式通车试运营，其中景风门站（建设期称"右安门外站"）、太平桥站（建设期称"金融街站"）、平安里站、北太平庄站暂缓开通。

2022 年 7 月 30 日
19 号线一期景风门站、太平桥站、平安里站、北太平庄站开通。同日，北京地铁开始测试虚拟换乘，在 19 号线牛街站与 7 号线广安门内站间、19 号线太平桥站与 1 号线、2 号线复兴门站间，于 30min 内出站换乘可享连续计费优惠。

2024 年 9 月 6 日
北京地铁 19 号线达到开通以来客流高峰，全日客流达 21.35 万人，客流强度为 1.02 万人 /km。

第 2 章
项目建设创新点

1）创新性提出北京市快线系统技术标准

19 号线是北京建设的首条南北向穿城快线，与其他 4 条快线共同构建北京快线骨架网络，既丰富既有线网层次，又提高线网运行效率。同时，缓解 13 号线、4 号线—大兴线等并行线路的客流压力，净化京藏高速—西二环—京开高速一线地面过境交通。19 号线的开通可实现南北四环间半小时通达，大兴国际机场至长安街一线半小时通达，新宫至中关村全程运行时间仅 27min，较 4 号线节省约 19min。远期线路南北设置支线分别衔接清河、南苑枢纽，并与规划的市郊铁路东北环线互联互通，构建南北穿城、主支协调、多网融合的南北干线交通。本线是北京市第一条真正意义的快线，需要借鉴国内快线建设经验，充分研究线路最高运行速度、线路服务标准、区间附属设施、隧道阻塞比等内容，并制定适合本线的设计标准，为后续快线建设积累经验。

2）有效应对城市核心区地铁建设多风险源挑战

根据风险源调查报告，19 号线沿线道路狭窄，13 次穿越既有线路，涉及特级风险源 19 项，一级风险源 433 项，二级风险源 502 项，工程建设难度巨大。

积累工程设计技术经验。19 号线沿线多次穿越既有线，其中：新宫站—新发地站区间四线下穿既有新宫站；牛街站—太平桥站区间首次下穿 1 号线无筋大断面区间、上跨国铁直径线、下穿高人防等级长椿街站，大量小净距穿越既有线工况；草桥站—景风门站区间则是轨道交通首次采用盾构法下穿京沪高铁路基及框构桥，施工过程中最大沉降 2.12mm。

优化工程施工方案。19 号线敷设的右安门内大街、牛街、赵登禹路等道路为中心城南北向交通干道，道路红线宽度 40m，道路交通繁忙，且两侧建筑均未退线，临时用地、永久用地一地难求。为保证地面交通不受影响，全线 10 座车站，6 座采用暗挖法施工，右安门外以北仅积水潭站有条件设置为明挖站，大量盾构始发和接收无法在站端实现。工程中巧妙采用了盾构侧始发、侧接收等多元化施工组织方案，保障了中心城区段工程的按期完工。

3）以工程创新实现对沿线文保风貌的保护

创新轨道减振设计方案。19 号线穿越右安门居住区等大型居住组团，沿线涉及 11 处声环境敏感点、144 处振动敏感点，减振敏感点复杂，正线减振比例高达 84%，设计难度大，铺轨时间紧张。工程中创新采用预制式浮置板道床、优化梯枕铺设方案、加强轨道通用化设计，实现了高可靠、高标准、高工效的减振轨道。

创新施工方案保护周边历史风貌。19号线沿线分布牛街礼拜寺、长椿街、齐白石故居、元大都遗址公园等13处文物保护单位。平安里站及前后区间位于历史风貌区，车站宽度大于街道宽度，部分四合院建筑位于车站上方。如果按照传统暗挖法施工，无法同时实现风貌保护和车站建设。项目创新性地采用棚盖法施工新发明，在明挖覆土条件下实现了暗挖车站，避免了车站上方四合院的拆迁，保护了历史风貌建筑。

4）实现与既有线路的便捷换乘

19号线是线网中新增快线，该通道上既有线车站均未做换乘节点预留。全线共有8座换乘站，其中牡丹园站与10号线换乘，积水潭站与2号线换乘，平安里站与4号线、6号线换乘，景风门站与14号线换乘，新宫站与4号线—大兴线换乘。5座车站均未对本线进行预留，改造方案在确保对既有线影响最小的情况下，实现最便捷换乘、最安全施工。

5）攻克施工期地下水降水控制技术难题

19号线轨面平均埋深达到33m，较北京地铁上一轮建设的线路埋深增加约11m。其中，北太平庄站站顶覆土15m，底埋深38m，入水深度7～11m，为同期建设地铁工程中埋深最大车站。近年来，北京市地下水位逐渐回升，各暗挖车站地下水处理方案极其困难。为落实北京市关于轨道交通水资源保护、促进水资源节约与合理开发的指示精神，以及北京市重大项目建设指挥部办公室相关要求，全线开展不降水、少降水施工方案研究，提高不降水、少降水技术水平，为后续轨道交通深层空间开发利用进行技术储备。

6）探索绿智融合的城市轨道交通发展道路

绿色化、智慧化是本轮城市轨道交通建设项目的重要特征。北京地铁19号线一期工程项目从勘察设计阶段便开始探索绿色轨道、智慧轨道建设。

绿色化方面，在新发地站系统性地研究装配式地铁车站二次结构，根据站内作业空间、预制构件的运输及吊装条件，提出适应不同条件的二次结构装配方法，装配率可达75%。平安里站首次进行了预制可拆卸装配式支护结构研究及应用，在洞内对初期支护结构进行螺栓连接拼装，取消了喷射混凝土作业环节，解决传统暗挖法洞内喷射混凝土施作方式带来的洞内作业环境差、废弃工程量大、建筑垃圾多的问题，极大地改善了洞内作业环境。

智慧化方面，本线是全专业、全过程、全生命期应用建筑信息模型（Building Information Modeling，BIM）技术的线路，在建设过程的"先试后建、虚拟建造"，推动设计过程二维图纸与三维模型同步提交。建立了设计、建设、施工、运维等多方协同参与的BIM+GIS（地理信息系统，Geographic Information System）等应用平台，进而实现全专业、全过程、全生命期建设管理信息化。

7）综合开发利用车辆段

新宫车辆段紧邻南四环，占地30余公顷，总建筑面积约22万m^2，是北京市规模最大的全自动驾驶上盖开发车辆段。工程可行性研究阶段设计为半地下车辆段，设计过程中结合北侧市政道路实施条件,将新宫车辆段优化为地面车辆段,极大地减少了工程投资,节约了后期运营成本。车辆段采用八字线接轨,实现了地铁列车掉头功能,有效改善了轮对偏磨问题。为实现土地资源的高效、集约利用,车辆段上盖开发,总建筑规模为15万 m^2,包含住宅、幼儿园、中小学校、养老机构及社区医院等建筑的规划用地。

8)打造人文地铁

地铁作为重要的公共交通方式,解决了市民日常出行的基本需求,结合其客流量大的优势,可以将城市的文化底蕴和历史印记在地铁空间艺术设计中合理呈现。19号线在装修设计方面,对标《北京城市总体规划(2016年—2035年)》和北京市新线网,根据《2015—2021轨道交通全网装修概念规划设计》,本着"建地铁就是建城市"的文化目标,在保证原有功能需要的基础上,进一步强化地铁作为文化载体的指导思想。全线以"荟萃京华"为主题设计车站装修方案,深入挖掘车站所处地区的文化内涵,在"功能完备、优雅大方、方便维修"理念的指引下基本实现"一站一景",将地铁车站打造成为一个承载交通功能和文化展示的综合载体。

纵贯南北 北京地铁19号线一期工程建设纪实 荟萃京华

北京地铁19号线
一期工程建设纪实

第 2 篇
CHAPTER 2

科技篇

科技创新是城市轨道交通建设的核心动力。

19 号线一期工程南北向穿越中心城，工程建设的外部条件极其复杂，建设难度巨大。19 号线全线轨面平均埋深达到 33m，较北京地铁上一轮建设的线路埋深增大了近 11m。为保护地下水资源，北京市提出严控地铁施工期间降水。毋庸置疑，地下水问题成为北京地铁 19 号线一期工程面临的一大难题。工程建设团队刻苦钻研新技术，通过采用"倒厅车站"设计方案，创新发明"棚盖暗挖新工法"，全线开展不降水、少降水施工方案研究，最终克服了地下水控制带来的工程难题。

19 号线一期工程 13 次穿越既有线，其中新宫站—新发地站区间四线下穿既有新宫站，牛街站—太平桥站区间首次下穿 1 号线无筋大断面区间、上跨国铁直径线、下穿高人防等级长椿街站，积累了大量小净距穿越既有线设计经验。草桥站—景风门站区间则是轨道交通首次采用盾构法下穿京沪高铁路基及框构桥，并大断面暗挖上跨轨道交通 10 号线既有区间。建设团队通过采用平顶直墙、管幕法控制沉降、无筋大断面预加固等创新技术，实现了既有线的安全穿越。

19 号线一期工程沿右安门内大街、牛街、赵登禹路等中心城内南北向交通干道布设，道路红线宽度仅 40m，道路交通繁忙。为不影响中心城道路交通，减少对周边建构筑物的拆迁，全线 10 座车站，6 座采用暗挖法实施。19 号线采用大量暗挖车站，使盾构始发和接收成为又一难题。通过技术研究与方案创新，工程提出了盾构侧始发、侧接收，盾构机洞内解体等多元化施工组织方案，保障了中心城区段工程的按期实现。为保证相邻工程的后续可实施性，项目团队在中心城最核心地区采用暗挖法施工区间隧道，为远期 3 号线预留建设条件。为保护地上文物建筑风貌，首次采用横向管幕支护下双侧壁导坑法实现单渡线暗挖法施工，是城市轨道交通建设的重要进步。

19号线是规划线网中的新增快线，除既有2号线外，其他车站均未对本线进行工程预留，因此对既有线改造成为本线的又一工程技术难点。其中，对新宫站站厅层侧墙开洞，景风门站拆除既有14号线出入口并进行设备区改造，平安里站重新调整6号线站厅层设施布局并新增换乘节点，积水潭站在保证2号线运营条件下实现40m长移梯加板，牡丹园站在站台开口并调整换乘通道。这些改造以换乘便捷为出发点，以既有线运营和工程实施为边界，用科技创新克服了一个又一个难题。

19号线平均站间距为2.3km，初期论证中采用设计速度120km/h，随着工程方案论证的逐渐深入，受制于相交构筑物的距离、盾构尺寸和环评因素影响，南北五环间限速100km/h。为保证二期工程实现120km/h的车速，车辆具备以120km/h速度行驶的性能。根据测算，一期工程具备提速的条件，并对提速的系统进行了高速适应性创新，设计轨道按照120km/h的速度运行。为减少中心城振动影响并有利于上盖开发，进行了大量的轨道减振降噪的科技创新。

结合19号线穿城快线运行的特点，适应穿越中心城用地紧张的条件，对全线机电系统进行了科技创新设计，包括选择灵活多样的冷却塔等附属设施、设计适应灵活编组试验条件的站台门等。这些机电设备系统的创新，代表着同时期北京城市轨道交通装备体系发展的新方向。

19号线一期工程是北京市《二期建设规划》中第一条按期完成的大运量轨道交通线路。科技创新是19号线完成工程建设的制胜法宝，不仅使建设团队克服了工程技术难题、降低了工程风险，也缩短了工程建设期。

第 1 章
设计思路创新

19号线一期工程为既有线网中的新增线路，线路埋深大、工程入水深是工程面临的第一难题。按照原设计方案，景风门站位于14号线下方，在2014年勘测水位条件下入水深度达11.5m，随着北京市地下水位的回升，2019年入水深度将超过17m。参考处于同一水文地质条件下的北京南站、14号线永定门外站和景风门站工程建设经验，这种入水深度难以满足施工要求。因此，设计人员创新性地采用"倒厅车站"，将轨行区与站厅层倒置，有效解决了车站入水难题。随着车站的倒置，区间在地下水和管线间也找到了相对平衡的位置，降低了工程难度和风险，为工程建设提供可行性。平安里站位于老城风貌保护区，如果采用深埋下穿6号线方案，车站入水过深，车站上方全是四合院风貌保护区，缺少降水条件。设计人员创新设计方案，采用管幕法保护车站上方四合院，在浅覆土条件下实现暗挖上跨既有地铁6号线。

景风门站和平安里站受相交线路限制，是控制因素，工法创新优化了全线入水过深问题，确保了19号线的如期通车。

1.1 景风门站设计"倒厅车站"

景风门站是19号线与14号线的换乘车站。受南侧14号线区间及地下水限制，景风门站采用了上跨14号线区间的倒厅方案，该方案极大地降低了车站入水深度，提高了工程的可实施性，为类似工程提供了一个有益的探索。

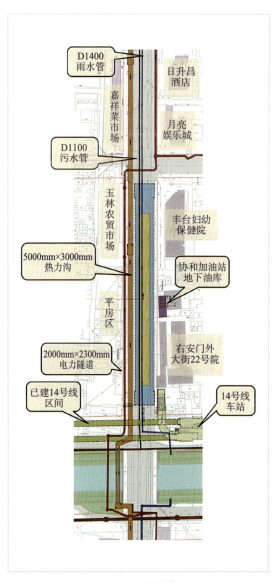

▲ 景风门站周边概况

景风门站位于右外大街东侧、凉水河北岸。右安门外大街规划道路红线宽40m，车站西侧为农贸市场和沿街商铺，车站东侧为丰台妇幼保健院、协和加油站，加油站的地下油库贴临道路红线。路下市政管线密集，主要布设有电力、热力、雨水、污水、上水、燃气等管线，其中西侧的电力沟（2000mm×2300mm，沟底埋深约14.6m）、热力沟（5000mm×3000mm，沟底埋深约13.6m）。车站北侧右外东三条路口，有1条电力管沟。站位南侧有14号线盾构区间，以及凉水河桥桩。

西侧管线、东侧加油站和丰台妇幼保健院的地下室限制了车站的整体宽度，南侧14号线区间、凉水河和北侧跨路口的电力管沟限制了车站的整体长度。地下水和14号线区间成为影响车站埋深的主要因素。

为解决空间及埋深受限问题，景风门站设计了多个方案进行比选。

方案一，19号线区间采用下穿14号线区间的方案，即采用标准的暗挖三层站，车站底板进入地下水11.5m。随着北京市区地下水位回升，该方案在高渗透系数、卵石地层条件下，毗邻凉水河施工难以实现，故本方案被排除。

方案二，向北移动抬高车站方案。该方案将站位向北移125m，区间利用125m的距离，以最大坡度（29‰）上行，使车站主体抬升3.6m。车站北移后底板入水深度依然达到7.9m，未从根本上解决降水的问题，且车站换乘距离增加了125m。此外，受电力管沟横穿车站的影响，站厅中部被切断，形成端厅站，建筑功能不够合理，故本方案被排除。

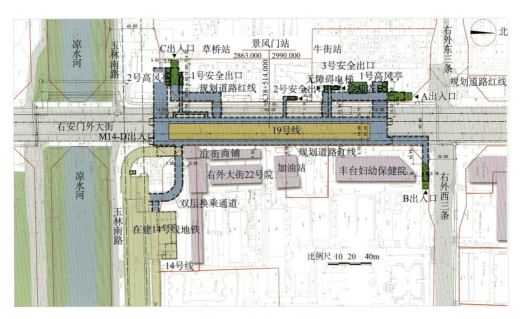

▲ 方案一 景风门站三层方案总平面

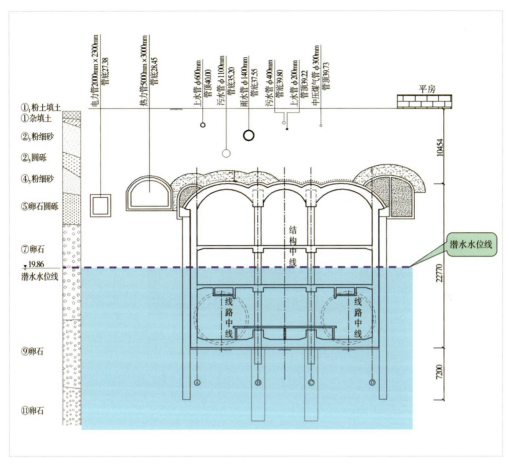

▲ 方案一　景风门站三层方案剖面图（尺寸单位：mm；标高单位：m）

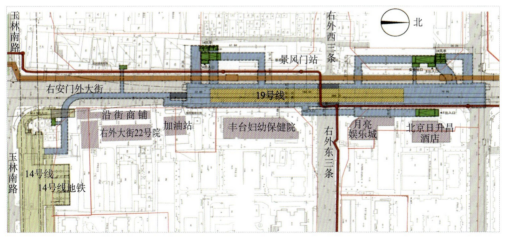

▲ 方案二　车站北移125m方案总平面图

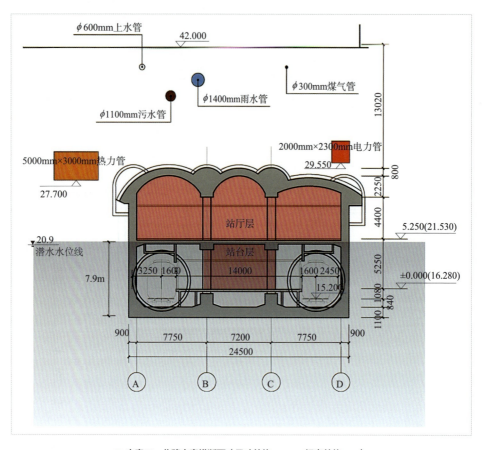

▲ 方案二　北移方案横断面（尺寸单位：mm；标高单位：m）

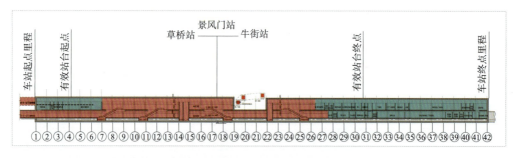

▲ 方案二　北移方案纵断面

方案三，浅埋明挖方案。车站南端区间上跨既有14号线盾构区间；车站层高尽量压低，顶板覆土厚度可控制为2.0m；车站南端为满足换乘需求，局部做成三层结构。该方案解决了地下水的问题，但需要明挖断路施工，右安门外大街作为城市南北向主干道，无法实现断路施工，故方案三被排除。

方案四，倒厅方案。在浅埋明挖方案的基础上，为避免出现明挖方案造成的占路施工问题，仍保持车站较高的高程，项目团队提出了19号线区间仍然上跨14号线区间，但是站厅层设置于站台层下方。

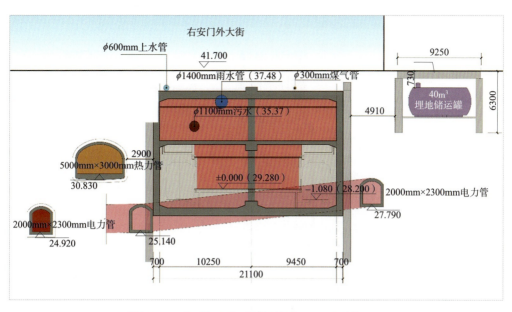

▲ 方案三 路中浅埋方案横剖面图（尺寸单位：mm；标高单位：m）

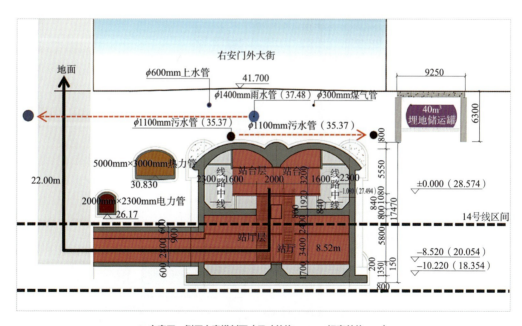

▲ 方案四 倒厅方案横剖面（尺寸单位：mm；标高单位：m）

倒厅方案可实现暗挖施工，避免了上方道路的交通断路以及南侧区间凉水河的导流改造，极大地降低了前期工作的难度。车站底板入水深度只有3.8m，有效降低了降水施工难度。受北侧电力沟迁改限制，本站将设备用房放置在原西北角农贸市场地块内与一体化建筑结合建设，形成一个外挂设备区，避免电力管沟的迁改。经比选推荐方案四。

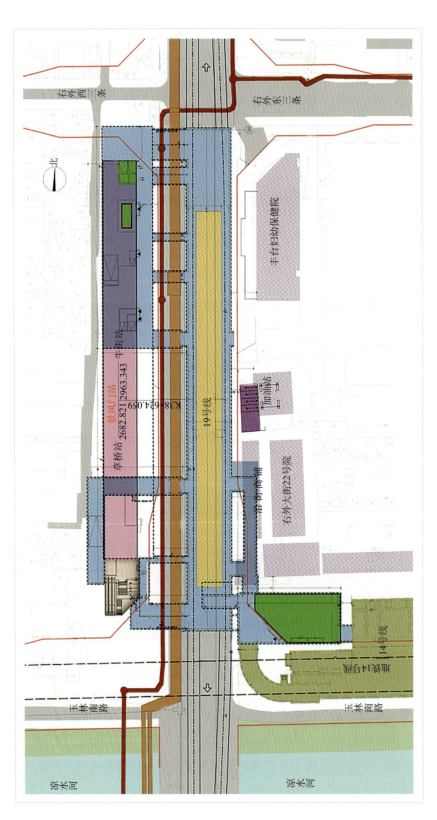

▲ 方案四 倒厅方案总平面图

为避免改移雨污水管，项目组后期进一步优化方案，将拱顶改为平顶直墙。

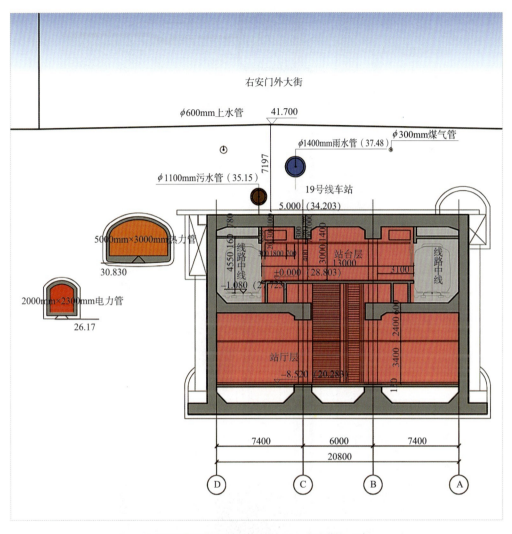

▲ 优化后车站横剖面（尺寸单位：mm；标高单位：m）

景风门站采用岛式车站，车站总长 248.8m，有效站台宽度为 13m，设置 3 个出入口（其中东南侧与既有 14 号线出入口共用，同时设置安全出口；其余出入口均在西侧与地块内建筑一体化设计）。西北角地块内设置了设备管理用房，与建筑一体化设计。设备管理用房位于一体化开发建筑的地下室内。站台层南侧设置换乘通道，与 14 号线站台层相连来实现 19 号线到 14 号线的换乘。东南侧废除 14 号线在道路红线范围内的 D 口，并新建换乘厅实现两线的进站和换乘。

倒厅方案解决了景风门站地下水问题，但存在与乘客传统的行为习惯相反的缺点，乘客出站时需先从站台层下行至站厅层，然后才能从出入口上行出站。因此，站内需要加强导向标识引导。

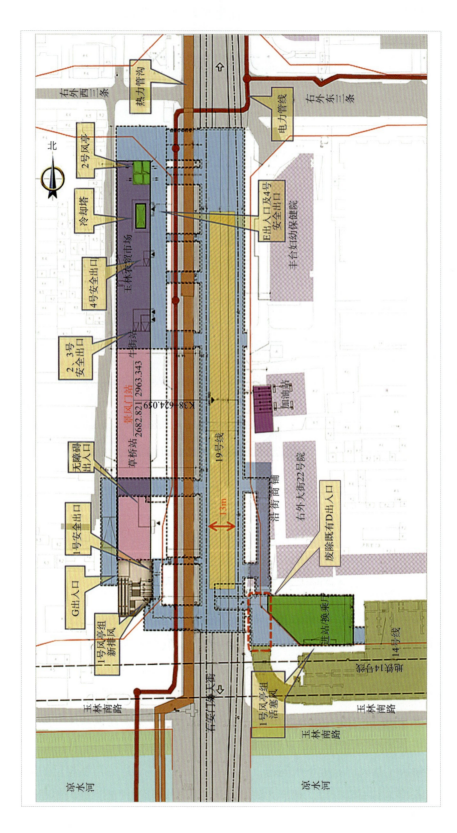

▲ 景风门站总平面图

1.2 草桥站—景风门站区间——在管线、河道、桥梁、既有线、地下水之间寻求"经济之路"

随着城市快速发展，众多高楼大厦拔地而起，而地下市政管线、隧道交错密布，城市地下工程的建设环境日益复杂。沿右安门外大街敷设的北京地铁19号线草桥站—景风门站区间即处于这种复杂的环境之中。19号线出景风门站后向南延伸，在短短的130m范围内先后穿越既有14号线盾构区间、凉水河及凉水河桥、2.0m×2.3m电力管涵、ϕ3.0m污水管涵及ϕ2.0m雨水管涵，风险因素众多、风险工程密集。工程设计人员在众多复杂条件下，选择了一条在管线、河道、桥梁、既有线之间近距离穿行的"经济之路"。

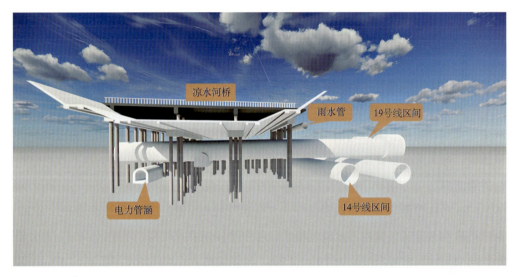

▲ 区间穿越管线、河道、桥梁既有线示意图

针对本区间的众多风险源，在景风门站采用浅埋倒厅车站方案的基础上，工程设计人员进一步梳理工程范围内的众多风险工程，厘清了各风险工程的特点、保护要求，通过设计合理的平、纵断面，充分发挥暗挖工法的灵活性，对不同风险点采取针对性的保护措施。

（1）凉水河桥——桥上正常通行，桥下桩基托换。由于该点位距离车站较近，受线路线形制约，区间无法从桥梁两侧穿越，且现状凉水河桥桥桩之间的净距较小，不足以布置19号线正线区间，对既有桥梁的改造不可避免。考虑到右安门外大街交通量较大，为不影响周边居民出行，对桥梁采用桩基托换的方案，暗挖区间待托换完成后凿除冲突桥桩。

（2）凉水河——超浅埋穿越河道。由于穿河段暗挖区间覆土极浅，为保证工程安全性，结合桩基托换施工步序，分期整修河道围堰、河底衬砌，并对河底至拱顶之间土体进行水泥土换填压实，为后续暗挖施工提供条件。暗挖施工期间，对开挖断面进行深孔注浆，进一步加强止水及土体加固效果。

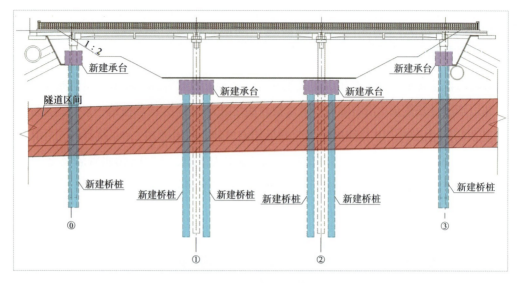

▲ 凉水河桥桩基托换示意图

（3）14号线盾构区间——小净距上跨既有盾构区间。暗挖区间与既有盾构区间竖向净距仅0.9m，考虑到14号线已开通运营，应严格控制既有线轨道的变形。暗挖区间增设中隔板，暗挖上导洞先行穿越既有线，与既有盾构区间保留约4m的安全距离。上导洞通过后在洞内进行竖向注浆加固，最大限度保证加固质量，后期再进行下导洞开挖，施工期间对既有线路结构及轨道进行持续监测。

（4）ϕ3m污水管涵等大型市政管线——"头顶"城市干管，"肩负"安全责任。ϕ3m污水管涵系采用盾构法施工，管内污水流量极大，对变形控制要求较高。暗挖区间与上方大型雨污水管涵、电力管涵间的竖向净距为1.1~1.3m，与侧向热力管沟间的水平距离约3.2m。开挖期间对拱顶土体进行深孔注浆加固，增设临时中隔壁，尽早封闭初期支护，减少管线变形。

▲ 凉水河河底衬砌整修

▲ 区间主体结构施工完成

本区间结合工程周边环境特点，在众多风险控制点中选取合理的设计方案，将各风险控制在可控范围内，同时兼顾工程造价的经济性。在工程筹划中，考虑各邻近风险的相关性，统一采取措施，既加强措施有效性，又提高施工效率。工程对结构密集穿越风险建（构）筑物开展安全风险预测分析和持续监测，结果表明：对密集风险进行的整体方案设计和采取的一系列保护措施，有利于稳定自身变形沉降和周边风险工程沉降控制，将区间施工对周边环境的影响控制在可接受范围，既有地铁区间、桥梁、道路和管线等地下与地上建（构）筑物的沉降均控制在相关标准要求范围内。

1.3 平安里站——奇思妙想，突破创新的棚盖法

19号线平安里站位于北京市风貌保护区范围内，由于道路狭窄，车站主体宽度已经超越道路宽度，如采用传统的轨道交通明挖法、暗挖法施工，会对既有风貌保护区造成不可逆转的破坏。为在保护传统风貌建筑基础上完成轨道交通的建设，我们创新发明了棚盖法，实现在明挖覆土条件下的暗挖法车站施工，开创了轨道交通建设的新思路。

棚盖法建造技术，是一项利用管幕工艺形成棚盖支护体系、在棚盖支护体系下盖挖逆作结构的暗挖建造技术，可实现在明挖埋深条件下的超浅覆土暗挖操作。这种方法既能避免明挖法对交通的导改及管线的改移，也能改善传统深埋暗挖建设与地下水的矛盾。其高度整合明挖及暗挖法的优点，是一种可在明挖车站的深度条件下完成暗挖车站的建造技术。该方法既具有明挖工法提升高差小、节能、大跨、结构构件布置灵活、构件尺寸小的优点，又具有暗挖工法不影响地面交通、不改移管线、扬尘小、整体工期可控、前期费用成本低的优点。

棚盖法车站施工的主要步序及施工工艺如下：

第一步：自横通道进洞前，对开挖范围拱顶及掌子面进行深孔注浆。采用台阶法开挖先行导洞，并施作初期支护（台阶长度为3～5m），开挖步距同格栅间距，封闭成环后，应及时对导洞周圈及基底注浆，并加强监控量测。导洞初期支护（以下简称"初支"）封闭成环后，必须及时进行初期支护背后注浆，必要时进行二次补浆。

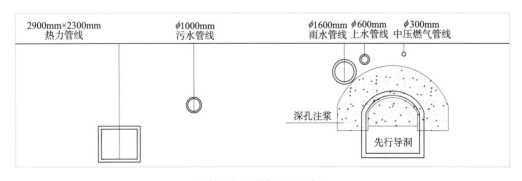

▲ 第一步　开挖先行导洞示意图

第二步：待先行导洞贯通后，采用顶进法向垂直于导洞方向顶进棚盖暗作钢管，严格控制顶进方向，不得偏转。顶进顺序为先东侧，后西侧。棚盖顶进后，开挖下层导洞，下层导洞应

滞后棚盖顶进工作面 15m 以上。下层导洞平行开挖时，先开挖两侧导洞，后开挖中间导洞，且相邻导洞开挖面互相错开 8～10m。

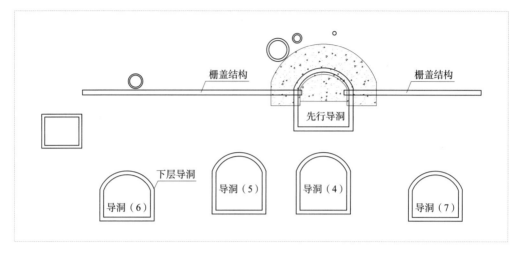

▲ 第二步　开挖下层导洞示意图

第三步：待东侧棚盖暗作钢管顶进完成后，开挖上导洞（1）；待西侧棚盖暗作钢管顶进完成后，开挖上导洞（2）及（3），导洞（2）开挖面滞后导洞（3）开挖面 8～10m。上层导洞贯通后，导洞内施工挖孔桩（挖孔桩须跳孔施工，隔 3 挖 1，下导洞拱部开孔时仅凿除初期支护混凝土，格栅钢筋不切断），并施工上下导洞间钢管混凝土柱挖孔护筒。

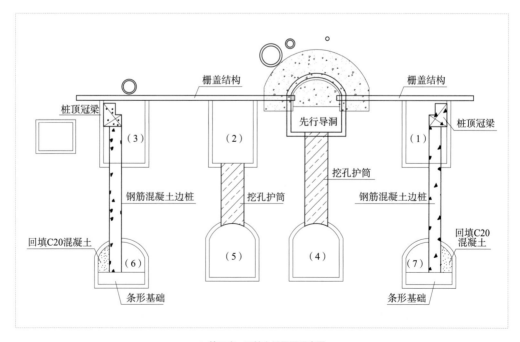

▲ 第三步　开挖上层导洞示意图

第四步：在下导洞（4）（5）内施工底板梁防水层及底板梁后，施工钢管混凝土柱（挖孔护筒与钢管混凝土柱间空隙用砂填实）；在导洞（2）及先行导洞内施工顶梁防水层及顶纵梁，并在先行导洞内连通棚盖暗作钢管，施工时需保护顶板梁上防水层不被破坏。台阶法开挖Ⅰ、Ⅱ、Ⅲ部分土体，施作初期支护，初期支护扣拱封闭后应及时进行初期支护背后注浆。

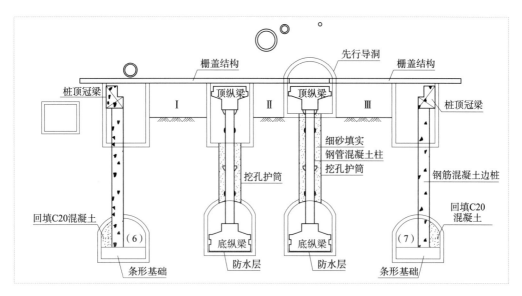

▲ 第四步 顶梁防水层及顶纵梁施工示意图

第五步：导洞Ⅰ、Ⅱ及Ⅲ贯通后，由车站端头（或两横通道中间位置）向横通道方向后退，沿车站纵向分段（每段不大于一个柱跨）凿除上层小导洞部分初期支护结构，然后施工顶板防水层及结构二次衬砌（以下简称"二衬"）。施工过程中加强监控量测。

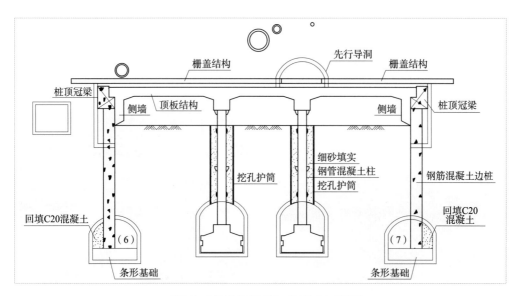

▲ 第五步 顶板防水层及结构二次衬砌施工示意图

第六步：顶板二次衬砌施工完成后，待顶板结构达到设计强度，沿车站纵向分为若干个施工段（不大于两个柱跨）；在每个施工段分层开挖土体至中楼板下 0.2m 处（边开挖边施工桩间网喷混凝土并切割掉挖孔护筒），分段施工中楼板梁及中楼板，并施工侧墙防水层、保护层及侧墙。待中楼板及部分边墙达设计强度后，同上分层开挖土体至基底（边开挖边施工桩间网喷混凝土），并及时施工底板封底、底板防水层及底板，然后施工侧墙防水层及侧墙，完成车站主体结构施工。

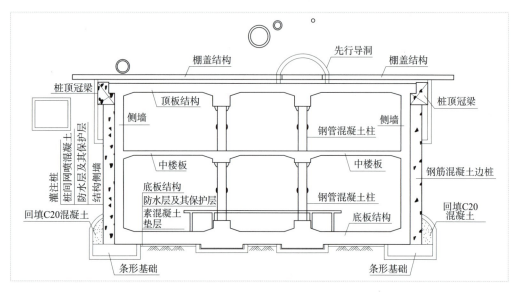

▲ 第六步　主体结构施工示意图

地铁 19 号线平安里站通过采用棚盖法，实现了车站的超浅埋暗挖。这不仅在修建时使车站及两端区间全部位于地下水之上，避免了深埋富水区暗挖造价高、工期及施工安全不可控的问题，还减少了乘客进出站及换乘的高差及距离，极大地节省了乘客通行的时间，为车站创造了良好的使用功能。该工法在平安里站应用后，还在北京多个工程中应用，具有广泛的推广价值。

▲ 棚盖暗作钢管及横向锁扣连接

▲ 棚盖暗作钢管顶进作业

▲ 棚盖暗作钢管孔口对接作业

▲ 棚盖暗作钢管接缝焊机

▲ 先行导洞内完成管幕现场图

2020年6月,"地下空间超浅埋暗挖法建造技术——棚盖法"被中国土木工程学会轨道交通分会评为"城市轨道交通技术创新推广项目(技术类)",并在全国轨道交通建设中予以推广。

第 2 章
既有线穿越与保护

随着我国经济的飞速发展和城市化进程的加速推进，城市轨道交通建设速度也大大加快。北京、上海、广州、深圳等城市的轨道交通网络已经比较发达且在持续建设中。截至 2023 年底，北京城市轨道交通运营线路共有 27 条，运营里程 836km（不含市郊铁路），同时在建线路 11 条；预计到 2025 年，北京地铁将形成 30 条线路运营、总长 1177km 的轨道交通网络。城市轨道交通的大规模建设必然带来各条线路（车站）立体交叉的问题，产生很多节点换乘车站和区间隧道的穿越，新建线路不可避免地需要上跨或下穿既有线。

19 号线一期工程根据既有线的不同条件，结合自身功能需求，采用平顶直墙、大断面管幕控制沉降、无筋大断面预加固等先进的技术措施，确保了穿越既有线施工的零事故和零风险，实现了对众多既有线的安全穿越。

2.1 四线隧道下穿既有运营地铁车站

新宫站是 19 号线与既有 4 号线的换乘站，两站通过换乘通道实现"厅–厅"换乘。19 号线正线区间及出入段线区间 4 线隧道同时下穿既有 4 号线新宫站，穿越净距小，穿越风险极高，施工难度大，如何降低穿越风险，保证既有线运营安全是轨道交通建设需要关注的重点问题。

通过工程类比及有限元计算，并召开多次设计方案研讨会及专家咨询会，确定新宫站—新发地站区间隧道采用平顶直墙矩形断面，开挖宽度为 13.5m，开挖高度为 8.46m，隧道密贴下穿既有站；出入段线区间采用马蹄形断面，开挖宽度为 7.08m，开挖高度为 7.07m，隧道与既有站底板距离为 0.73m。

在穿越过程中，为了控制既有车站的沉降和变形，减少区间隧道施工过程中的各种风险，采取了下列措施：

一是根据工程类比及有限元计算分析，采取小导洞开挖隧道土体，减小对周边土体的扰动；优化施工工序，先施工新宫站—新发地站正线区间隧道，后施工两侧出入段线区间隧道，降低新建隧道间的相互影响。

二是采用全断面超前注浆加固土体，减小新建隧道开挖过程中土体的应力扩散，同时为支护体系提供足够的基础抗力。注浆前设置注浆试验段，注浆参数按照"先试验后施作"的原则进行，以便选取与地层相适应的注浆参数，注浆过程中应加强监测和记录，注浆完成后应检测注浆效果。

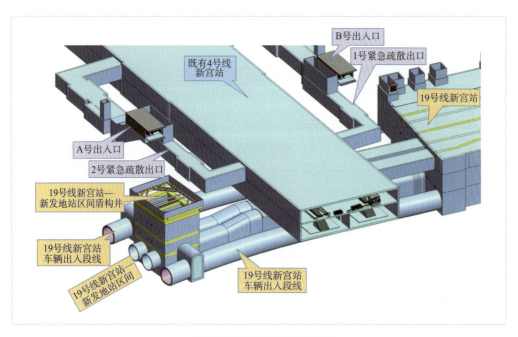

▲ 4线隧道与既有新宫站空间位置关系图

▲ 有限元分析计算模型

三是施工过程中在新建隧道拱顶预埋中空注浆锚管，通过注浆抬升动态控制既有车站的沉降。

四是隧道临时中隔壁拆除前，先采用 $\phi 609mm$ 临时钢支撑顶紧隧道二次衬砌，再严格按照步距拆除临时中隔壁，减小既有车站的变形。

五是进行全过程监控量测，通过监测数据适时调整各项穿越参数。

通过采取多种既有车站沉降及变形控制技术，本工程既有车站的最终沉降控制在 2mm 以内，满足既有线的正常使用和运营安全要求，也保证了工程的顺利完成。

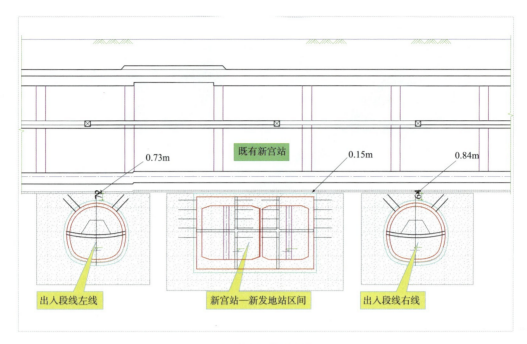

▲ 既有新宫站保护措施

2.2 浅埋大断面区间——新发地站—草桥站区间小净距上跨既有盾构区间

镇国寺北街路下的19号线区间受前后地下障碍物的影响，覆土仅4.4m，区间结构下面距离既有运营的10号线隧道仅0.9m。要在这样一个狭小的空间内，在不影响地面交通和地下交通的条件下，建造一条宽度15.8m的隧道，实属不易。

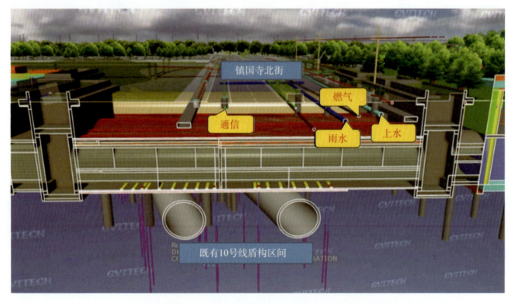

▲ 19号线新发地站—草桥站区间暗挖隧道上跨既有10号线关系纵剖面图

隧道是一种特殊的结构形式，除了靠自身结构保证稳定以外，还要受到周边地层的影响，即隧道的正常工作需要稳定的地层条件才能正常进行，否则它的受力状态就会发生变化，甚至失稳破坏。因此，需要有足够的覆土厚度保证开挖过程中土体稳定，而4.4m覆土厚度相对于15.8m的开挖跨度来说是不足以让土体形成自稳能力。显然，在既有线上方不足1m的位置开挖大型隧道面临重大风险。

工程设计人员针对该工程面临的问题，创新研发出一整套施工设计方案。

（1）针对大断面隧道施工，按照分部开挖、化整为零的思路，将每部开挖跨度控制在4m以内，保证每一条导洞施工都可以有充足的覆土厚度来减小对地面的影响。在先行隧道组成的空间内建造出了桩基础和盖板结构，使用足够刚度的钢筋混凝土结构支撑道路荷载，再逐步完成其余隧道结构。

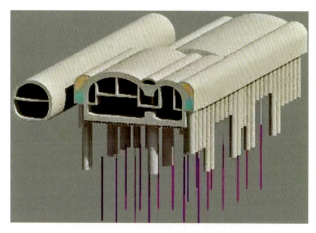

▲ 19号线新发地站—草桥站区间暗挖横断面

（2）针对浅覆土条件，在小导洞上方敷设了长28m、直径108mm的无缝钢管，在内部进行填充注浆，利用注浆+管棚组合工艺提高了岩土体的自稳能力，保证了隧道施工过程中具有足够的强度来支撑地面交通。

（3）针对下方每两分钟通行一班地铁列车的隧道，预设了长39m、直径402mm的无缝钢管。由无缝钢管与锁扣结构组成的大型管幕对既有线进行加固，保证其尽量少地受到19号线隧道施工带来的影响。

新发地站—草桥站区间采用了先进的暗挖技术，辅以一套创新措施，奠定了19号线关键节点工程完成的基础，为全线通车创造了坚实的条件。

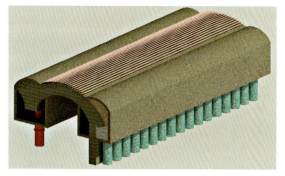

▲ 19号线新发地站—草桥站区间超前大管棚措施大样图

 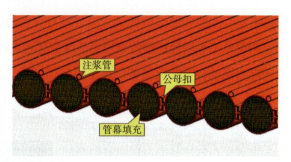

▲ 19号线新发地站—草桥站区间穿越既有10号线管幕措施大样图

2.3 在"夹缝"寻觅出路——牛街站—太平桥站区间上跨国铁直径线、下穿2号线长椿街站

1)"狭路相逢"

牛街站—太平桥站区间垂直下穿宣武门西大街,周边建筑密集,路中管线密布,同时存在既有铁路直径线和地铁2号线长椿街站,在有限的空间内仅为地铁19号线预留出狭长穿越空间。区间隧道位于长椿街站下,竖向净距约3m,位于国铁直径线以上,净距约5m。长椿街站人防等级较盾构区间人防等级高,与既有线路连通,且下穿既有线的区间不应降低既有结构的设防标准。既要保证新建盾构区间的顺利施工、满足铁路微扰动及地铁车站运营变形要求,又要兼顾高等级人防要求,是本工程参建人员需要面对和解决的难题。

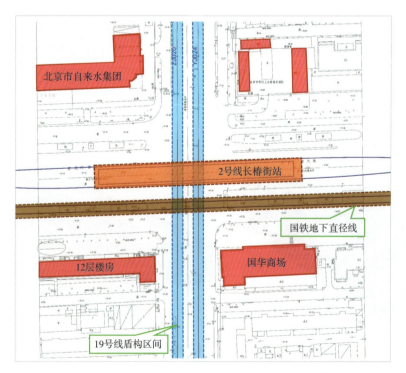

▲ 19号线牛街站—太平桥站区间上跨国铁直径线、下穿2号线长椿街站平面图

2)"寻觅出路"

为了保证盾构区间平稳穿越,首先从影响地层沉降的各种风险因素辨识入手,通过分析穿越过程可能存在的各种风险因素,针对性地设计风险防范措施。穿越过程中的主要风险有以下几点:

(1)车站围护结构(钢板桩)遗留造成盾构机停机开仓处理风险。

(2)长距离穿越卵石层,刀盘、刀具磨损严重风险。

(3)穿越上软下硬地层,盾构机姿态控制不当风险。

以上风险均会影响盾构机匀速连续掘进,加剧地层扰动造成沉降增大,影响既有线的运营安全。针对上述潜在风险因素,针对性地设计与研究穿越方案,提出了相应的安全控制措施:

(1)设置探测通道对障碍物进行超前探测,避免停机风险。

(2)利用探测通道设置盾构检修通道,对盾构刀盘进行检修。

(3)利用探测通道对夹层土体进行预注浆加固。

采取超前控制措施与施工技术措施相结合的方式,保证最大程度上降低穿越风险。

为确保措施的可行性、安全性,穿越前进行大型有限元三维数值模拟,通过理论计算,预测盾构区间穿越国铁直径线及长椿街站的影响。通过数值模拟分析核算,盾构区间隧道开挖引起2号线长椿街站最大沉降约2.9mm,最大横向位移约为0.14mm,变形缝差异沉降值约0.22mm,轨道结构最大沉降约2.6mm,最大横向位移约0.11mm。数值模拟

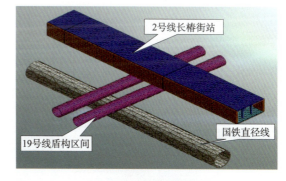

▲ 盾构区间有限元模拟模型

结果满足变形控制指标及相关运营指标要求,说明采取的防护措施可有效控制地层沉降变形,同时为穿越方案的实施提供了理论支撑。

为了保证不降低既有车站的人防设防标准,本工程从现有控制条件入手,对加大管片厚度及增加配筋、管片内浇筑内衬结构、提高混凝土强度、采用钢管片、管片内贴钢环等加强措施进行了方案可行性研究。经过综合比选,最终选用管片内贴钢环的加固方案,探索出一种不用更换管片模具、满足限界、施工简便、经济适用的盾构加强管片,解决本工程和类似工程建设的实际问题,提高了加强型管片的适用性。

3)"柳暗花明"

穿越过程中对既有线结构进行持续监测,监测结果表明,在上述超前控制措施与施工技术措施相结合的方式下,盾构机可匀速、连续、平稳掘进,既有线结构沉降均满足控制标准要求。钢板嵌入式加强管片可有效解决高等级人防荷载条件下管片强度不足的问题;对钢板外露面进行防腐措施处理可满足耐久性使用要求;无须另外定制管片模具,盾构连续掘进无须间歇停机;

管片机械化拼装与常规管片相同，拼装完成后只需焊接钢板接缝；无后续吊装作业，施工简便；绿色环保且造价低，技术合理，为类似穿越工程的方案设计问题提供了新的解决思路。

2.4 与地铁1号线的"亲密接触"——牛街站—太平桥站区间密贴下穿1号线无筋大断面隧道

1）技术的积淀

19号线牛街站—太平桥站区间在复兴门外大街下穿地铁1号线复兴门站—西单站区间。1号线复兴门站—西单站区间建成于1987年，地处北京中心地段，周边建筑物、构筑物众多，人员密集，并且早期地铁设计思路与目前存在差异，区间二次衬砌采用无筋混凝土，穿越段存在多处裂缝及脱空区，因此对于穿越段的设计要求甚高。

2）传承与创新

工程设计人员反复勘察1号线现场，广泛查阅下穿技术的相关研究资料，充分考虑本工程环境条件和制约因素等特殊性，通过综合分析，反复研判，最终决定采用盾构工法施工。

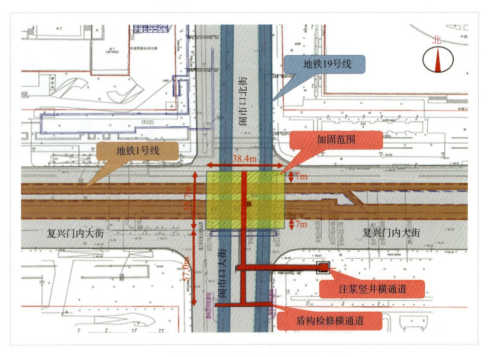

▲ 19号线穿越既有1号线平面示意图

穿越区为1号线折返线区间，大断面跨度达11.86m。盾构下穿无筋混凝土既有线隧道在北京尚属首例，在国内罕有参考案例。技术人员从多角度出发，针对1号线复兴门站—西单站区间隧道结构病害较多，地上处于城市繁华区域等特殊情况，全方位考虑各种因素及影响，力求采用较为稳妥的方式进行穿越，从既有线穿越条件、前后区间及车站控制因素入手，最终形成以盾构穿越为主、既有线洞内及洞外的加固措施为辅的技术方案，同时根据穿越的风险，制定完善的应急预案。

▲ 既有1号线无筋混凝土结构裂缝发育情况

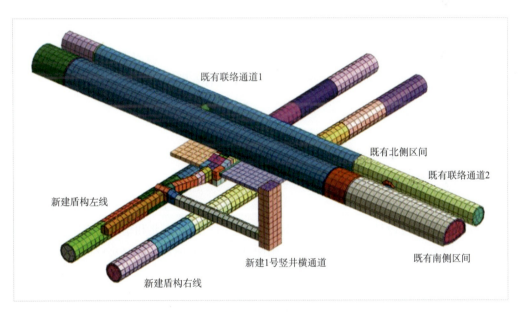

▲ 19号线穿越1号线位置关系图

技术人员结合既有线的情况，确定穿越时的控制指标，并根据控制指标提出盾构掘进期的土仓压力、掘进速度、刀盘转速、出土量控制、刀盘扭矩、渣土改良、盾构姿态控制等施工的具体要求。给出同步注浆、二次注浆、后注浆等辅助措施参数，从精细整体设计到严控施工细节，确保下穿施工的平稳、安全、高效。

结合周边条件设置施工竖井横通道，通过横通道对既有1号线与19号线之间土体进行注浆加固，下穿部位初期支护架设千斤顶，减小暗挖横通道造成的既有线沉降，同时横通道还可以作为盾构检修通道和试验段注浆通道。

针对1号线洞内病害发育情况，采取针对性加固措施：一是对裂缝及空洞进行修补，加固既有隧道；二是采取粘贴芳纶纤维布及钢环的复合加固措施，杜绝穿越过程中发生掉块等情况，确保穿越过程中的运营安全。

▲ 通道内注浆

▲ 既有结构芳纶纤维布加固

3）发展的见证

19号线穿越1号线见证了北京地铁技术的沿革，填补了北京地区盾构工法下穿无筋混凝土既有线隧道技术空白，工程的顺利实施和后期监测数据表明，盾构为主、洞内外加固为辅的措施可有效控制既有线变形及沉降，对今后类似穿越工程有着借鉴意义。

2.5 地铁与高铁的空间交汇

北京地铁19号线草桥站—景风门站区间规划建设时间晚于京沪高铁且两线斜向交叉，因此地铁修建过程中对高铁的穿越施工不可避免。

1）高铁之"重"

京沪高速铁路全线设计速度为350km/h，位于中国东部的华北和华东地区，两端连接京津冀地区和长三角地区。京沪高铁途经区域是中国社会经济发展最活跃的地区之一，也是中国客货运输较繁忙、增长潜力较大的客运专线。

北京地铁19号线草桥站—景风门站区间穿越京沪高铁线位左右50m范围内，影响范围内存在5处道岔、4处硬横跨接触网杆、6处悬挑式接触网杆、1处信号灯杆及1处电线杆。此外，道岔处还存在多处转辙机，铁路围墙电缆沟内通信、信号、电力电缆错综复杂。

2）工程之"困"

地铁穿越段为京沪高铁、京沪普速铁路跨右安门外大街框构桥、桥西路基段以及相邻右外大街路堑挡墙。众所周知，满员高速运行的高速铁路对轨道变形的要求近乎严苛，此穿越段内铁路配套接触网杆等信号设施密集，线路敷设复杂，运营要求的绝对沉降容许值仅为6mm。由于穿越段为道岔区，无法采用如扣轨、纵横梁等线上加固措施。因此，在保证京沪高铁正常运营的情况下，安全顺利地完成地铁区间的穿越是工程的重中之重，而合理选用穿越措施成为工程成败的关键。

3)破局之"法"

依据地铁穿越期间轨道发生变形的理论原理,工程技术人员持续开展了盾构穿越高速铁路的技术探索与工程实践。通过科学选线,确定合理的穿越平面及地层深度,对盾构施工工艺、盾构机推进参数优化、洞内二次深孔加强注浆、设置盾构试验段、盾构信息化动态施工、三维有限元模拟穿越工程变形预测、注浆加固穿越土体等措施,经过研究、分析、比选,最终形成了地铁区间穿越京沪高铁的一系列"微扰动"技术方案。

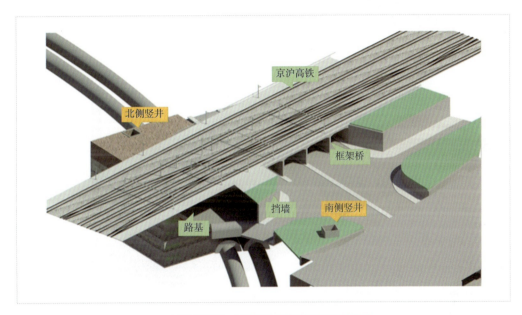

▲ 19号线草桥站—景风门站区间穿越京沪高铁示意图

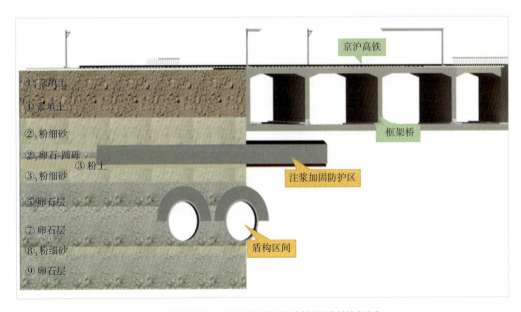

▲ 19号线草桥站—景风门站盾构区间穿越京沪高铁技术方案

微扰动技术方案以科学选线为基础，以加固穿越土体、信息化动态施工为主线，以三维有限元模拟预测、铁路防护为有力补充，针对穿越框构桥线路方案、穿越路基段线路方案、穿越路基与框构桥中间线路方案这三种方案，比选线路半径、穿越角度，综合分析比选穿越难度、风险以及对高铁运营的影响，确定选择风险影响最小的中间线路方案。在洞外深孔注浆、洞内二次注浆加固基础上，辅以"克泥效"工艺，将穿越期间的土体应力损失降为最低。通过三维有限元模拟、预测穿越过程中路基土体沉降以及路基土体与框构桥的差异沉降，并通过对轨道防护、接触网立柱防护、电缆电线设施防护、铁路围墙防护来增强各设备设施抵御变形的能力，将处置措施前置，保证穿越期间高铁的正常运营。

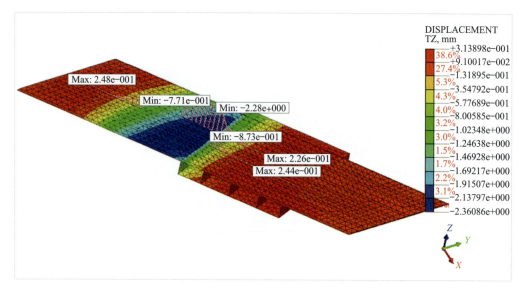

▲ 道岔处结构沉降值

4）和谐之"美"

随着盾构穿越影响段最后一环管片的顺利闭环，高铁轨道变形的持续监测数据表明，通过采用一系列措施，轨道累计沉降2.12mm，达到了地铁穿越高铁"微扰动"的既定目标，保证了京沪高铁的不限速运营，为高铁运营与地铁建设的相遇画上了完美的句号。同时，19号线草桥站—景风门站区间成功穿越京沪高铁也为复杂地质环境中盾构区间穿越隆沉控制严格的铁路、公路、地铁等区段提供了成熟的解决方案。

第 3 章
穿越老城区的设计与施工组织

3.1 复杂敏感城区盾构法关键技术创新应用

1)避让之"道"之横向平移分体始发

牛街站—太平桥站区间盾构始发段位于道路正下方,地下通信、燃气、雨水、污水等管线密布,道路西侧为宣武医院。该区间对环境影响及地面沉降有严格的要求,地面占地及交通导改难度极大,传统盾构始发方案不具备条件,只能避开上述敏感环境及交通道路,向周边要场地,最终确定横向平移分体始发的方案。

为确保方案顺利实施,技术人员从盾构侧向始发控制条件入手,分析沿线地面场地条件,始发场地周边环境条件,水文地质条件,盾构吊装、运输、掘进等施工条件,以及工期筹划条件,确定盾构始发结构最小规模应包含盾构始发横通道、出土通道、暗挖超前段、盾构始发竖井、出土竖井。最终形成暗挖单通道组合结构技术方案,侧向设置盾构始发井及横通道,通过横通道实现盾构平移;设置出土井及通道,实现渣土运输及提升。通过各结构有机组合,形成了以多条地下独立通道为核心的暗挖单通道组合结构,实现了盾构分体始发及掘进。

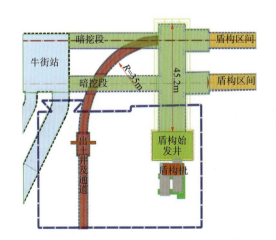 

▲ 盾构横向平移分体始发平面图及现场照片

2)检查之"术"之横通道竖井天窗

盾构掘进主要靠刀盘切削前方土体逐步推进,刀盘的磨损程度是影响掘进的关键因素,而牛街站—太平桥站盾构区间长度约 1.9km,埋深约为 28m,且均在市政道路下,穿越大粒径卵石地层，长距离掘进必然造成刀盘的磨损。为了保证盾构掘进能够持续进行，在掘进过程中需要对盾构机刀盘进行"体检"。传统采用地面开挖竖井的方式提供刀盘检修空间，而地面竖井开挖施工必然对地面交通造成影响。为了不影响地面交通，采用暗挖横通道，在横通道内开挖竖井天窗，刀盘进入竖井内，既可观察刀盘的使用状况及状态，又可通过旋转刀盘进行盾构机检修及换刀工作。

▲ 横通道竖井天窗刀盘检查现场照片

3）盾构接收之"法"之金蝉脱壳

就北京地铁 19 号线一期工程而言，线路沿线位于城市道路下方，地面交通拥堵、建（构）筑物较多、地下管线错综复杂，且整体线路埋深大、入水深、站距长、占地难，区间多采用盾构法施工。同时，中心城区内车站基本采用暗挖工法，盾构机在接收后因无预留井口或盾构吊装条件，无法直接解体吊出。最终，本项目创新性地采用了洞内脱壳、解体接收的方案解决了上述问题。

平安里站—积水潭站区间全长 1318.8m，左线采用直径 6680mm 土压平衡盾构机掘进。盾构机在积水潭站南端盾构始发井内始发，在平安里站北端暗挖渡线段洞内接收。接收位置位于赵登禹路与宝产胡同东北角，为北京市老城区繁华地段，周边道路交通繁忙，地上建筑物非常密集，地下管线异常复杂，占地协调拆迁难度极大，盾构接收井场地及暗挖区间施工竖井场地协调困难。为此，盾构接收端设在渡线暗挖区间，不具备常规接收吊出条件，故本项目采用洞内解体接收、隧道内运至始发井吊出的方案。

牛街站—太平桥站区间创新性地采用盾构弃壳接收的方式，首先在盾构掘进至隧道终点位置后，将机芯部分分块拆解，这是在盾构设计阶段就需要考虑的问题；然后，将内部组件设计成可拆卸模块，盾构刀盘根据不同环境设计成不同模块或者现场切割，化整为零，分块吊装至地面；最后，外部钢壳留在隧道内部作为支撑结构，安全可靠。

▲ 平安里站—积水潭站区间盾构洞内解体接收照片

3.2 与 3 号线长距离并行，预留实施条件

北京地铁 3 号线是一条东西向的骨干线路，沿阜成路、地安门西大街、东四十条敷设。一期工程（东四十条站—东坝站）正在建设中，二期工程（田村站—东四十条站）尚处于前期规划研究阶段。地铁 19 号线太平桥站—平安里站区间与规划的地铁 3 号线阜成门站—平安里站区间在西城区赵登禹路段共路由敷设。为保证后续地铁 3 号线隧道修建时的工程安全，先建的地铁 19 号线区间隧道必须为 3 号线预留充足的条件。

▲ 19号线与规划3号线位置关系平面图

▲ 19号线与规划3号线范围赵登禹路现状照片

赵登禹路位于北京二环内的老城区，现状道路红线宽度为 21～30m，两侧建（构）筑物密集，有多个文物保护单位，保护等级要求高。受到既有建（构）筑物间距过小的限制，为保护北京旧城区内的城市风貌和周边文物安全，本段隧道采用平面重合、竖向叠落的 4 孔矿山法隧道平行敷设的方案，叠落段隧道长约 780m，形成 19 号线隧道在上、3 号线隧道在下的布置形式。

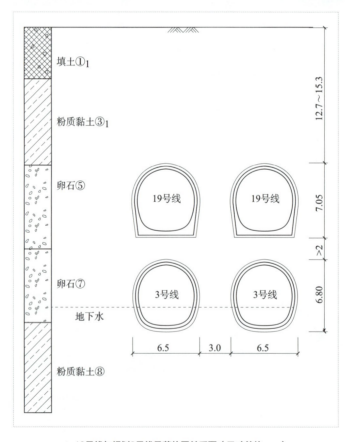

▲ 19号线与规划3号线叠落位置关系图（尺寸单位：m）

先修建上方 19 号线区间的两条隧道，待规划条件成熟后再修建位于下方的两条 3 号线区间隧道。叠落隧道初期支护最小竖向净距仅 2.0m，远小于常规的 2 倍洞跨。

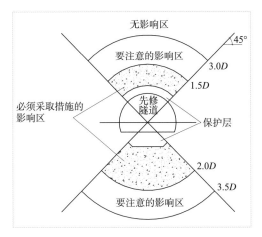 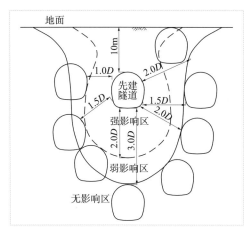

▲ 19号线与规划3号线叠落隧道接近分区图
D-后建隧道的跨度

根据类似工程的研究成果,待3号线实施时,已建成的19号线隧道位于必须采取措施的影响区内,即强影响区。本工程上下隧道间所夹土体为卵石,黏聚力小,自稳能力差,施工时极易发生塌落。

针对本工程特殊的结构形式及地层特点,采取的主要技术措施如下:

(1)针对上洞隧道的措施:隧道的初期支护结构按普通单线隧道进行设计;二次衬砌厚度加大,提高整体刚度;采用平底直墙拱断面,提高自身稳定性;上洞隧道施工时,沿底部环向120°施作深孔注浆,加固隧道间的夹层土。

(2)针对下洞隧道的措施:下洞隧道的初期支护等级提高两级,采用交叉中隔墙法(Cross Diaphragm Method,CRD法),尽可能减小分步开挖的断面尺寸,并采用非爆破、微振动的开挖方式,进而减少对上洞隧道和夹层土的扰动;减小格栅钢架的间距,并加大其厚度,设置纵向连接筋,提高整体受力性能;下洞隧道拱顶180°范围内打设超前小导管,插入已加固的土体中;初期支护与围岩之间、二次衬砌与初期支护之间以密贴为原则进行填充注浆。

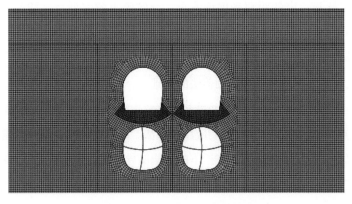

▲ 19号线与规划3号线施工过程模拟计算分析图

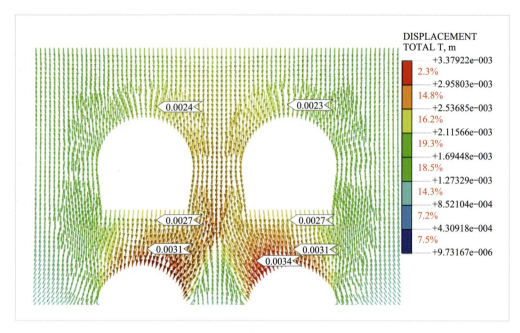

▲ 19号线与规划3号线土体位移矢量图

根据现阶段国内地铁的运营经验，当轨道的沉降不大于3.0mm时可确保运营不受影响。本工程通过采取一系列的针对性措施，保证了先建隧道结构及运营期间的安全，也为后续规划线路的实施预留了条件。

3.3 平安里站—积水潭站区间暗挖实施单渡线

地铁工程区间渡线段具有结构跨度大、断面变化频繁、结构形式复杂、多导洞施工、洞群效应明显等特点。平安里站—积水潭站区间渡线段位于赵登禹道路下方、老城区中心地段内，地面交通繁忙，地表沉降控制标准要求高，施工场地条件局促，因此施工难度大。

渡线段暗挖施工过程中的核心问题主要有两个：一是区间的渡线段断面较大，不同于一般常规的暗挖隧道，大断面隧道不能一次开挖成形，需采用多个导洞进行逐次开挖，并且每个导洞施工过程中还需分开一定的距离来保证安全，导致施工效率低且风险高、对周边环境影响大；二是多导洞开挖施工过程中，开挖卸载会造成地层周边应力重新分布，在隧道拱顶产生塑性破坏区，使土体发生坍塌，造成路面沉降。

工程设计人员在平安里站成功应用棚盖法的基础上，对该工法进行了改进，以解决传统渡线段暗挖困难问题。横向棚盖支护强度高，沉降控制好，工序转换方便简单，吸取洞桩法（Pile Beam Arc，PBA工法）优点，首次在平安里站成功应用棚盖法。在本区间段，结合双侧壁导坑法的特点，利用棚盖管幕的思路，研发了横向管幕支护下的双侧壁导坑法。该工法是一种在横向管幕支护的条件下进行暗挖施工的工法，能更好地用于开挖跨度大、高度高的单层单跨隧道断面。相比传统双侧壁导坑法或者CRD工法，本工法更适用于超浅埋暗挖，并且具有开挖体量小、开挖步序少、施工转换少、施工风险小、综合造价低等优点，适用范围也更广泛。

为避免渡线段开挖隧道断面巨大而造成资源浪费，设计人员将大断面拆分为两个小断面进行支护设计，既避免了开挖回填造成的浪费，也降低了自身的施工风险。隧道施工过程中，周边的地层围岩变形随开挖跨度增大而增大，本段区间设置净宽为5.8m的先行小导洞，降低导洞开挖施工的风险，初期支护施工完成后在导洞的侧壁打设管幕支护超前支护结构，对周边围岩进行结构应力补偿。与传统工法相比，这种补偿有助于降低土体的切向应力集中现象，使土体的应力状态更接近于开挖前的状态，从而避免土体因扰动而发生坍塌。

通过采用棚盖法解决了传统暗挖工法的两大难题，避免了传统渡线段带来的开挖回填废弃量大、群洞施工引起的地表沉降大、二次衬砌回筑风险大等问题。该工法采用了平顶直墙结构断面形式，极大地节省了建筑空间，节约造价、节省工期，为后续的大跨隧道暗挖提供了新的解决思路。

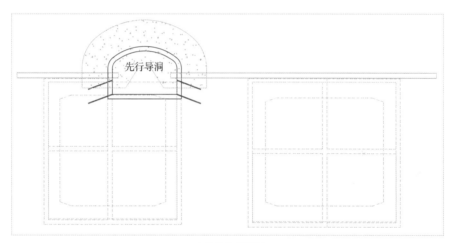

a）施作先行导洞

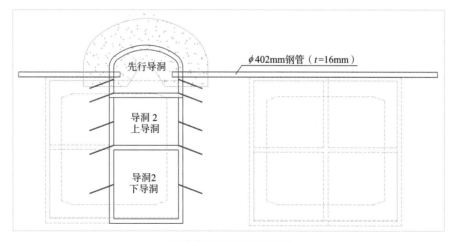

b）先行导洞内施作棚盖结构

▲ 平安里站—积水潭站区间棚盖法施工步序图

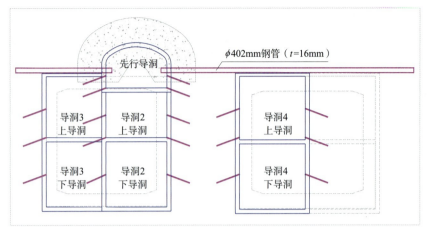

c）棚盖保护下施作导洞3、导洞4

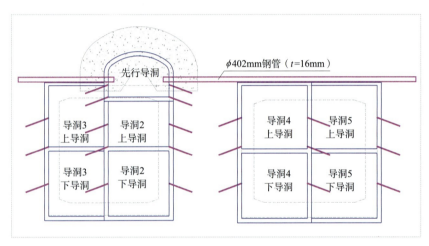

d）棚盖保护下施作导洞5

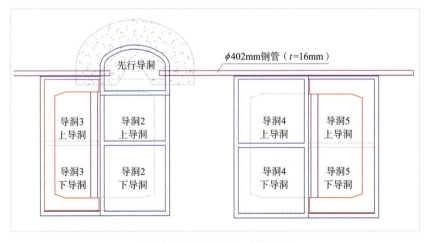

e）棚盖保护下分幅施作二次衬砌结构

▲ 平安里站—积水潭站区间棚盖法施工步序图（续）

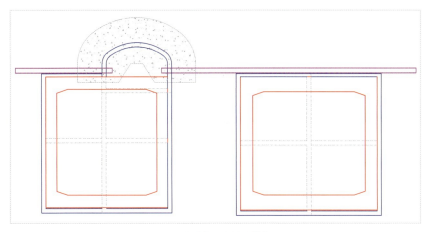

f）施作剩余二次衬砌结构

▲ 平安里站—积水潭站区间棚盖法施工步序图（续）

3.4 平安里站—积水潭站区间密闭空间盾构解体

平安里站—积水潭站区间盾构段从积水潭站盾构始发，在平安里站接收，但平安里暗挖车站不具备接收条件，且赵登禹路道路狭窄，用地条件苛刻，区间渡线区施工竖井占地面积仅500m²，并不具备区间正常接收条件。

常规处置方式是在暗挖车站内预留足够的空间，将盾构机从既有的风井中平推出去。但是，平安里站大里程端存在无法直接盾构施工的单渡线，接近140m范围的区间都必须采用暗挖法施工，且暗挖段范围内地表没有设置独立盾构吊出井的条件。这种情况下，若要将盾构机拉至平安里站吊出，这140m范围区间的暗挖断面必须都扩挖至盾构机能空推的大小，暗挖段的施工费用将大幅增加。除此之外，盾构机从暗挖车站吊出也会影响车站的正常施工进度，无法满足工期要求。

按照常规的思路看，车站端头的单渡线妨碍了盾构的吊出施工。但换一个角度思考，如果盾构换一种方式吊出，那单渡线的存在反过来对盾构施工有利。实际上，要施作单渡线的区间，暗挖段的尺寸比常规区间要大。这种情况下，可在端头让盾构解体或脱壳，并将盾构从附近的施工竖井吊出，或直接拉回原来始发的车站吊出。

盾构解体与脱壳各有优势。盾构脱壳需要的空间较小，但费用比解体高约300万元/台；而解体费用较为低廉，但需要足够的空间。考虑到平安里站—积水潭站区间暗挖段已为单渡线留了较大的断面空间，解体再次扩挖断面所需的费用并不高，故盾构解体是比较合理的选择。

盾构机的解体总体遵循先易后难、先小后大、由后往前、由上而下、由内而外的顺序，先拆除拖拉液压缸，再断开各路管线、拆除各部件连接，然后按照6号拖车→5号拖车→……→1号拖车→设备桥→螺旋输送机→管片拼装机及行走梁→推进/铰接液压缸、人舱拆卸→减速器及电机拆卸→米子梁拆卸→刀盘拆卸→主驱动拆除→盾体外壳及附属物割除拆卸→刀盘分块运输的顺序逐一拆除。全部拆除后,再将盾构的各个部分运输至始发站的盾构始发井吊出。

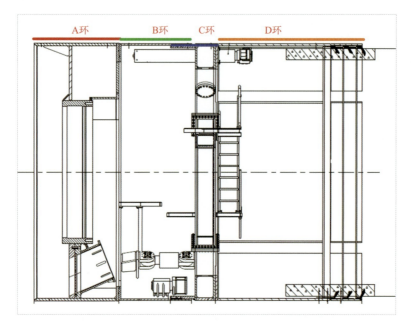

▲ 平安里站—积水潭站区间右线济南重工037盾构机盾体整体图

在区间暗挖段完成盾构机的解体解决了接收端不具备接收条件的难题。利用暗挖渡线段空推到大断面区域,在有限空间内解体盾构机,除了刀盘被切割,前盾、中盾、尾盾都能再次利用,还节省了场地,避免了拆迁,保障了洞通时间节点计划,施工风险可控,满足了工程工期要求。

▲ 平安里站—积水潭站区间盾构洞内解体接收现场照片

3.5 近远期换乘通道的华丽转身

金融街不仅是北京市首个大规模整体定向开发的金融产业功能区，也是最后一个升级改造区。北京地铁 19 号线太平桥站位于金融街南大门，与 1 号线、2 号线、规划 R1 线形成四线换乘节点，近期与既有 1 号线、2 号线复兴门站地面非付费区接驳换乘，远期与规划 R1 线实现四线通道换乘。

换乘通道设计立足四线换乘的功能定位，提高换乘舒适度，为打造舒适、便捷、开敞、高品质的换乘空间，通道净宽设计为 12m。

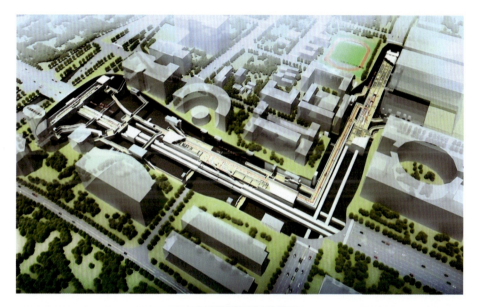

▲ 太平桥站换乘关系鸟瞰图

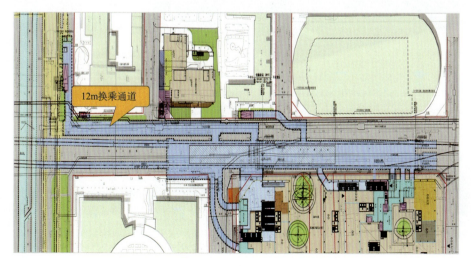

▲ 太平桥站换乘初设图

受到现场占地协调、管线改移、交通导改、园林伐移等环境条件的限制，加上建设工期紧张，难以实现一次到位。工程设计人员第一时间成立攻坚突击队，以头脑风暴的方式考虑了各种可能的方案。秉承着换乘通道功能决不妥协的初心，经过反复推敲，最终确定采取减量设计的思路，将原设计12m净宽的换乘通道一分为二，调整为两个并行设置、相互独立的5m净宽的换乘通道。其中，一个通道在本期建设，作为近期换乘通道和出入口通道使用；另外一个通道远期建设，作为换乘扩能使用，最终实现了换乘通道的华丽转身。

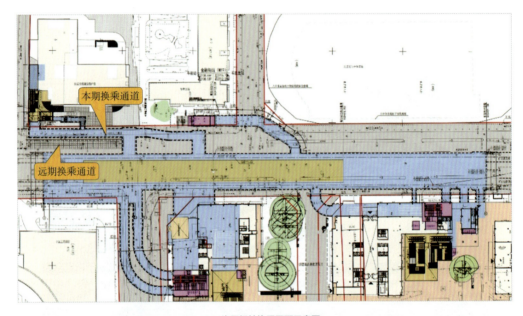

▲ 太平桥站换乘平面示意图

▲ 太平桥站换乘现状照片

该设计兼顾上位规划和建设实施时序匹配性问题的同时，创新地提出了近、远期不同建设阶段换乘方式转换的设计思路。从近期工程建设看，这不仅减少了近期的工程量，降低了近期工程投资，同时也大大缩短了近期换乘通道的建设工期，保证了太平桥站顺利开通。从远期轨道交通规划看，不仅预留了远期规划 R1 线更为灵活的建设条件，同时也保证了远期 19 号线、既有 1 号线、2 号线及 R1 线便捷的四线换乘功能。这不仅保证了不同阶段的轨道交通换乘枢纽功能，更是对城市最后一个金融升级改造区更新建设的一道防护和加成。

3.6 建筑结构的共融共生

在常规地铁车站附属设施设置中，出入口、风道、安全出口、无障碍出入口等附属设施通常根据使用功能和防火、防烟、消防疏散需求的不同而进行独立设置，占用了大量的城市空间资源，且形状各异的附属建筑破坏了城市景观。由于城市中心土地资源日益紧张，城市景观敏感度提高，车站附属设施设置需求的矛盾愈显尖锐，在这种形势下，整合地铁附属设施，减小对城市土地的占用和对城市景观的影响，是顺应时代发展潮流的设计理念。

目前，地铁附属设施合建设计仅仅是功能相近的附属地面亭进行简单的排列组合，地下附属结构常常采用独立设置的方式，使车站附属建筑整合设置达不到理想的效果。

牛街站位于北京市二环老城区内，周边用地功能复杂、环境多样、建设条件局促，在有限的土地空间内，将车站各象限内全部附属设施进行有效整合，是设计面临的巨大挑战。

在牛街站附属设施设计时，坚持布局紧凑、外观简洁和土地高效利用的指导思想，秉持有效消隐车站附属设施的设计理念，坚定轨道交通附属设施和城市环境高度融合的设计目标，在有限的土地空间内，将车站象限内出入口、安全出口、无障碍出入口、风亭等全部附属地下结构和地面建筑进行有效的、全方位的整合设计，并与周边地块环境、功能、交通等方面一体化设计。经过多轮方案比选，最终因地制宜地打造了老城区内车站象限附属建筑结构共融共生的典范工程。

（1）高效整合、多位一体，实现城市空间完美融合

牛街站东南象限附属设施包含 1 个出入口、1 个无障碍出入口、2 个安全出口、4 条风道和 1 座冷却塔。考虑到该地块居民的停车困难和车站附属设施对城市绿地的破坏，通过不断优化车站附属设施设计，最终确定立体化综合利用地下空间，贯彻"穿巷式"的设计理念，将出入口、无障碍出入口、安全出口和新风道 6 个不同功能的附属建筑有序组合，并整合设置于长 41m、宽 16.4m 的地下三层明挖结构内，并将不同方位的附属设施进行有效的位置置换，使之既满足其使用功能，又实现最有效的分隔，从而利用最小的地下、地面土地空间资源，实现最大、最优的整合功能设计。这为周边居民地下停车保留尽可能多的土地空间，同时保留了地下车库和地下车站的连通条件，实现城市交通设施的无缝接驳。活塞风亭和排风亭低矮设置，冷却塔下沉设置，使其全部融入城市绿化用地内。牛街站东南象限附属建筑结构高效整合，轨道交通和城市功能多位一体，最终实现了城市空间的完美融合，从而达到了建筑结构共融共生的完美呈现。

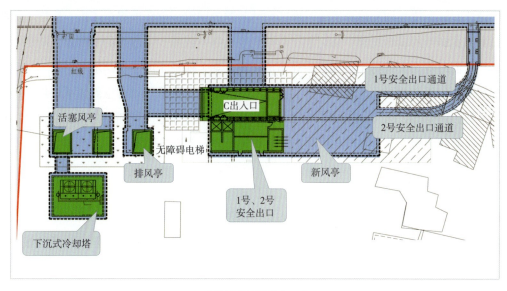

▲ 牛街站附属设施整合设计图

（2）下沉广场消隐设计，实现功能、景观、文物保护相辅相成

牛街站东北象限附属设施包含1个出入口、1个安全出口和4个风亭。该象限用地位于文物保护的一类或者二类建设控制地带内，地铁附属建筑结构既不能对文物产生影响，又要保证车站各附属设施的使用功能。综合考虑该象限内附属设施组合布局紧凑、外观简洁和有效消隐的功能性，决定将全部附属设施组合设置于下沉广场内。方案设计之初，附属结构脱离设置，采用简单的上下叠落组合，新风亭位于人行路线之上，下沉广场的占地面积较大，且下沉广场的景观效果和地面效果也一般。经过综合比选建筑功能、结构安全、施工可操作等因素，下沉广场采用双层设计，将通风道、出入口通道设置于负二层明挖结构内，将6个地面附属设施整合设置于下沉广场内，使建筑结构共融共生，最终达到了地铁附属结构有效消隐和文物保护的高度统一，实现了轨道交通对城市建设的有效更新。

▲ 牛街站附属结构消隐设计图

3.7 盾构侧始发、弃壳接收、风井综合应用，克服老城区环境复杂难题

北京地铁 19 号线一期工程积水潭站—北太平庄站区间连通北二环及北三环城区，沿新街口北大街及新街口外大街南北向敷设，道路两侧已实现规划，城市基础设施成熟，周边工程条件复杂。为减少对城区环境的影响，该区间主要采用盾构法施工。

由于老城区周边环境复杂，本着施工建设临时占用土地尽量精简的原则，区间盾构始发井与区间永久风井合建，并结合盾构侧始发技术，利用风井作为盾构始发的工作井口，完成盾构机的下井与始发。故区间暗挖穿越二环积水潭桥后，于北护城河北侧，北京地铁太平湖车辆段停车列检库场区内设置盾构始发工作井及始发通道；施工任务完成后，盾构始发井兼作区间风井，盾构始发通道兼作区间风道；本着"永临结合"的思路，利用区间风井在施工期和建成运营期的时间窗口，在寸土寸金的老城区复杂环境中，创造盾构始发的条件。

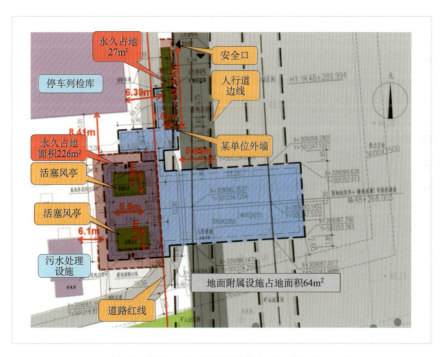

▲ 积水潭站—北太平庄站区间盾构始发井（区间风井）平面示意图

盾构接收端为地铁 19 号线一期工程北太平庄站，位于北太平庄路与北三环中路交口北侧，南北向设置，与 12 号线北太平庄站（东西向设置）采用北 T 形节点换乘，两站同期设计与建设，为地下三层双柱三跨岛式站台车站。由于地面环境及结构形式不具备常规接收条件，故采用洞内解体脱壳接收方案。车站预留弧形接收底板，并预留盾构机拆解作业的结构空间、吊装洞口等条件，盾构机刀盘及盾壳进入车站负三层后，利用车站内的结构空间作为拆解场地，将盾构机拆解为便于运输的小零件后，沿着已经修建完成的盾构隧道回退至始发井吊出回收。该

工法取消了盾构接收井的设置，减少了车站结构的工程量，盾构始发井兼作接收吊出井，一井两用，充分挖掘已有老城区临时占地的使用价值，从而大大节约临时土地的占用，减少了盾构施工对城区环境的影响，也避免了与北太平庄站的施工作业及场地交叉，节约了车站的建设工期。

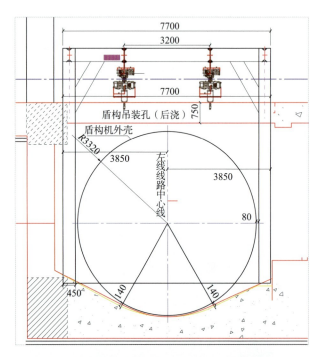

▲ 北太平庄站预留弧形接收底板方案示意图（尺寸单位：mm）

随着盾构机平稳地进入北太平庄站负三层的接收支架，这段老城区内的盾构区间施工宣告完成，盾构机的设计与施工就是"两点连一线"，盾构工作井的永临结合设计与盾构侧始发、分体始发技术灵活地解决了"两点问题"，为类似复杂城区环境中盾构区间施工提供了借鉴和新思路。

第 4 章
极复杂核心城区的施工技术创新

我国城市轨道交通的建设环境日趋复杂，地铁线路下穿江河，穿越既有运营隧道、既有建(构)筑物，穿越富水、软硬不均、卵石地层等复杂环境成为地铁建设的"新常态"。针对高速建设和复杂环境带来的施工困难、安全风险、建设管理等问题，本章主要阐述地铁近距离穿越高富水地层、水下修建车站、大断面开挖穿越既有建筑物、棚盖浅埋暗挖车站、地下水治理等复杂环境的系列施工技术创新。

4.1 富水卵石地层的盾构长距离穿越

草桥站—景风门站区间、景风门站—牛街站区间，盾构段长 4.396km，使用的衬砌管片外径为 6400mm，管片内径为 5800mm。盾构区间穿越地层从上到下依次为素填土层①、粉细砂②₃、卵石～圆砾层②₅、粉细砂③₃、卵石～圆砾层⑤、卵石层⑦、卵石层⑨，盾构主要穿越地层为卵石层⑤、卵石层⑦、卵石层⑨。场地在 60.0m 深度范围内揭露 1 层地下水，地下水为潜水，水层编号为潜水（二）层。

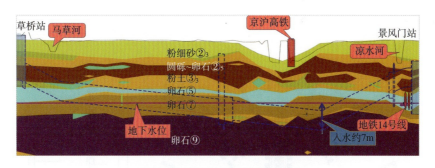

▲ 草桥站—景风门站区间风井地质纵剖面图

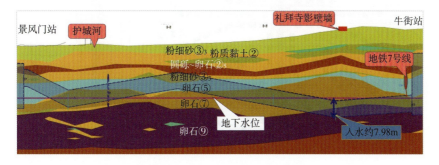

▲ 景风门站—牛街站区间风井地质纵剖面图

土压平衡盾构机穿越砂卵石地层具有良好适应性的基本准则是：啃得动、吃得进、消化好、排泄畅、不喷涌、密封可靠，能满足周边环境对变形的控制要求。

啃得动、吃得进，即要求盾构机的刀盘形式和刀具类型、布置对砂卵石地层具有良好的适应性，能顺利地切削地层，使渣土进入土仓。

消化好，即要求渣土能自土仓顺畅进入螺旋输送机。

排泄畅、不喷涌，即要求有良好的渣土改良效果，避免渣土离析、减少掘进过程中螺旋输送机的喷涌，避免螺旋输送机的堵塞。

能满足周边环境对变形的控制要求，即对于盾构掘进引起的地层扰动变形，同步注浆和二次注浆浆液类型、配比、注入参数等应满足隧道周边建（构）筑物、地下管线、道路、铁路、桥梁等对变形的控制要求。

1）啃得动、吃得进——刀盘刀具

盾构机刀盘类型为辐条式刀盘，主要由轮缘、辐条和布设在辐条上的刀具组成。4根辐臂支撑的厚壁法兰连接主驱动装置并作为刀盘辐臂的基座，以传递足够的扭矩和推力，刀盘可以双向旋转。为了保证刀盘整体结构的强度和刚度，刀盘的中心部位采用整体铸钢铸造，刀盘正面堆焊耐磨板，刀盘上切刀、撕裂刀为螺栓连接，可以实现刀具互换。刀盘上设有搅拌棒，可以随着刀盘一起转动，辅以土仓壁上的固定搅拌棒可起到搅拌渣土的功能，对土仓中的废弃土体进行强制搅拌，使注入在开挖面上或土仓中的添加材料（加泥、水、泡沫）与切削下来的土体在土仓中进行充分的搅拌，提高土体的塑性流动性，使滞留在土仓中的废弃土体具有良好的流动性和止水性。

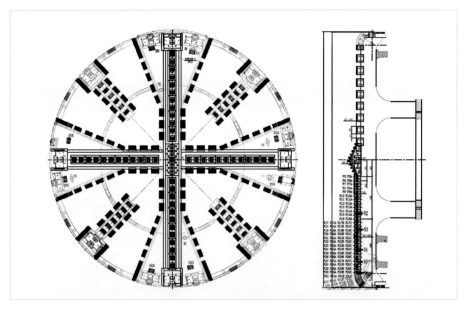

▲ 刀盘结构示意图

2）消化好、排泄畅、不喷涌——螺旋输送机

盾构机配置筒体内径为 850mm 的轴式螺旋输送机，螺旋输送机安装于前体的底部。螺旋输送机从隔板到拖车中心线的上仰角为 22°，螺旋输送机配置有伸缩功能，可伸缩行程为 1000mm，可有效解决螺旋输送机卡死状况。螺旋输送机能通过的卵石最大粒径为 300mm×660mm。

螺旋输送机通过液压马达带减速机驱动，转速可以在 0～22.6r/min 范围内无级调速，从而较好地控制出土量，并通过调节螺旋输送机的出土速度来控制土仓压力。螺旋输送机的出料闸门设有紧急关闭装置，这样在断电等情况下，可及时关闭闸门，防止喷涌等危险情况发生。

螺旋输送机叶片加厚，前端加装有可更换的耐磨块，增强螺旋输送机的耐磨性和抗冲击能力，在螺旋输送机套筒上设置了泡沫、膨润土注入口共计 4 个，必要时可向螺旋输送机内加注泡沫或膨润土，降低螺旋输送机扭矩，减小螺旋输送机套筒磨损，设计满足施工要求。

为了方便螺旋输送机的检修，在盾体与螺旋输送机连接处设有一道防涌闸门，并且在螺旋输送机筒体上设有 4 个检查孔。当螺旋输送机卡死时，可以打开 4 个检查孔，对大粒径卵石进行处理。

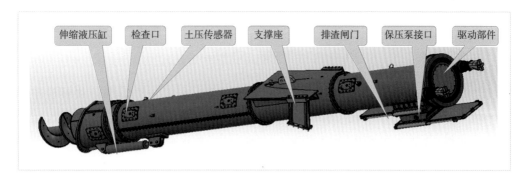

▲ 螺旋输送机结构形式示意图

3）稳固地层——同步注浆、二次补浆、其他土体改良

壁后注浆可分为同步注浆和二次补注浆，是盾构机重要功能之一。盾构法隧道施工中能否及时填充盾尾间隙，是控制地层沉降的关键。针对本线路的地质条件、隧道埋深和隧道穿越地区的重要管线及地面建筑物的状况，所注入浆液要求能够同步及时填满整个盾尾间隙，而且要求浆液短时间固结达到设计强度，满足抵抗土体变形下沉的需要，还可通过二次或多次补注浆，控制后期沉降。

土压平衡式盾构机施工成功的关键是将开挖土体在土仓内调整成一种"塑性流动状态"。盾构机主要穿越卵石、粗砂地层，流塑性差，极容易发生水渣分离的现象。当切削下来的渣土充满土仓和螺旋输送机时，将使刀盘扭矩、螺旋输送机扭矩、盾构千斤顶推力增大，甚至使渣土凝结形成泥饼。所以，开挖时需要向土仓内加入一定数量的添加剂，从而最大程度上控制开挖土体的塑性和流动性，将盾构掘进中喷涌、结泥饼、开挖面失稳、排土不畅等施工故障发生的

可能性降到最低。渣土改良主要采用膨润土及少量泡沫作为添加剂，根据不同地层选择适宜数量的添加剂以及合理的注入工艺。

4）盾构长龙三部曲——始发、掘进、接收

盾构机基座安装前，首先应确定盾构始发线路，根据设计线路坡度调整始发基座的前后高低差。为抵消始发段盾构机栽头的现象，将盾构机刀盘抬高20mm，最终始发线路保持盾构机刀盘中心高程高于设计轴线20mm。由于盾构路线有8‰坡度，盾构始发时始发托架放置需与隧道轴线坡度一致，盾尾中心高程应与设计轴线重合。

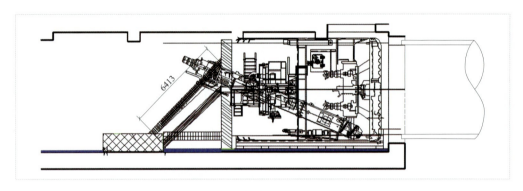

▲ 盾构始发位置布置图（尺寸单位：mm）

盾构基座长9.8m，宽4.28m。整个托架分四部分组装，每部分长2.45m，由螺栓连接，两侧均布牛腿。安装时盾构基座中心线与隧道设计中线同线，盾构基座前端距端墙500mm。托架最小段靠近洞门，托架两侧各均布5根200mm×2000mm的H型钢支撑，支撑顶在对应位置的侧墙、上翻梁和底板上。型钢支撑与侧墙和上翻梁接触位置塞入钢板加强支撑效果，另一侧与盾构基座牛腿焊接加固。盾构基座前部通过200mm×200mm的H型钢支撑在端墙上。

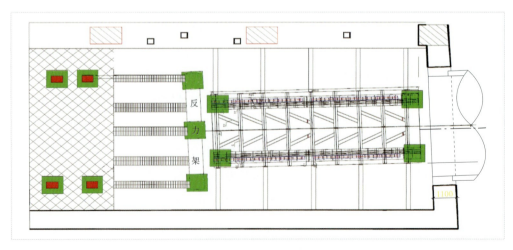

▲ 盾构始发托架放置示意图

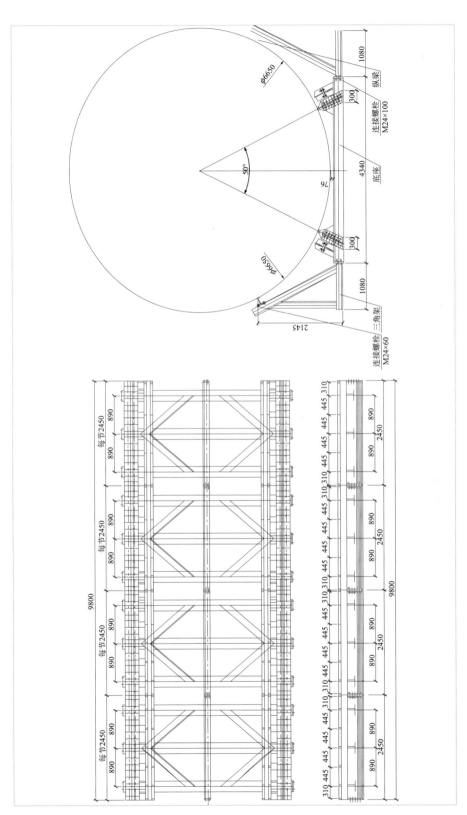

▲ 盾构始发托架设计图（尺寸单位：mm）

在盾构机初始位置，刀盘距离洞门环 500mm，盾尾距反力架 500mm。在盾尾依次安装 –9 环、–8 环，安装过程中盾构机不移动，在反力架上焊接肋板支顶管片。另外，在负环管片角部凿开一定缝隙，在反力架上焊接肋板，卡住管片，防止管片扭转。

草桥站—景风门站区间盾构接收共计 4 次，景风门站—牛街站区间盾构接收 2 次。其中，景风门站大里程接收 2 次，需在站前横通道接收，接收方式为盾构机脱壳，接收端管线较多，需注意保护。

景风门站盾构接收端头采用在暗挖横通道内进行注浆加固。注浆加固在二次衬砌施工完成后进行注浆加固。加固后的土体具有良好的均匀性和自立性，加固后土体不得有明显的渗水。

盾构机的主体设备、刀盘形式和刀具布置、同步注浆及二次补浆设备、螺旋输送机、带式输送机、润滑及密封系统、推进系统、导向系统工作性能完好，能满足质量、安全、进度的要求。通过对盾构机做出客观、真实的适应性评估分析，选用的盾构机适用于粉细砂、粉土及圆粒卵石等复合地层掘进，最终顺利完成北京地铁 19 号线 06 标盾构区间六次始发、六次接收的隧道掘进任务。

4.2 水下修建车站，综合治理见奇效

随着城市轨道交通事业的快速发展，线路密集度逐渐加大，线路交叉频繁，逐渐出现两条线路、三条线路交叉的情况，地铁车站埋深逐渐增大。随着南水北调水资源逐年补充，北京市地下水位逐年提高，目前地铁车站多处于地下水位以下，如何处理好施工中的地下水是一大难题。

北京地铁 19 号线北太平庄站，车站顶板覆土 14.6m，车站底板埋深达 40m，浸入地下水 9～10m，是北京市第一座底板埋深达 40m 的地铁暗挖车站。北太平庄站在施工过程中响应北京市不降水、少降水的政策方针，积极探索不降水、少降水的可实施方案。经过前期的抽水试验、数据建模、专家论证等工作，项目团队提出并实施了车站内降水为主 + 地面降水为辅 + 车站内排水的全方位全断面组合降排水施工方案。

由于本工程位于北三环中路与北太平庄站交叉口下面，地处繁华地段，路面下管线众多，路面降水井不能形成封闭的降水区域，采用地面与洞内降水井相结合的降水方案，有效减少了降水区域面积，达到了少降水的目的。

1）降水试验

通过降水试验，测定北京城市中心区北部卵石⑦、卵石⑨层的渗透系数。

（1）通过测定，北京城市中心区北部卵石⑦、卵石⑨层的渗透系数取值 233.36～273.55m/d。

（2）通过数值模拟计算出整个车站基坑涌水量为 140043.2m³/d，影响半径为 2646.1m。

（3）通过优化降水设计，在保证降水效果并满足地铁车站暗挖施工需要的同时，将原设计降水井数量由 380 口优化到 136 口，减少了降水量，节约水资源，减少地下水浪费。

2）降水方案实施

受地面管线影响，20%的井位布置在地面不受影响的部位，80%的井位布置在车站内部。

降水井施工工艺采用反循环和潜孔锤两种。针对卵石⑨遇到卵石粒径较大反循环施工困难时的降水井，采用潜孔锤钻机施工，其他降水井采用反循环钻机施工。

为了及时了解地下水情况及降水实施效果，需对地下水位进行持续观测，根据观测结果及时地调整泵型、泵量，以确保良好的降水效果。水位观测孔在车站完成以后废弃，并需进行封堵处理。

降水井施工顺序为竖井降水井、暗挖站体降水井共同施工。

3）排水管线

为满足排水要求，车站负一层内设置$\phi1220mm$排水主管，站内降水井排水管通过车站中板孔洞接入排水主管，地面降水井设10个汇水点，由$\phi600mm$汇水管接入排水导洞并与之连接。

北太平庄站以车站内降水为主 + 地面降水为辅 + 车站内排水的全方位全断面组合降排水施工方案成功实施，达到了少降水的目的，有效降低了建设成本，为类似工程建设积累了经验。

4.3 换乘车站同期建，T形车站通四方

北京轨道交通发展近70年，从规划、设计到建设运营积累了相当丰富的经验和成果。地铁19号线规划具有较高的前瞻性与统筹性，与同期规划的12号线综合考量，同期建设换乘站——北太平庄站。

以往的换乘车站均是在已通车的线路上规划连通新路线，被动形成换乘站。新站邻近既有站施工将对既有站结构安全造成影响，或对既有车站的结构改造大、建设成本增大，还可能影响车站的运营和乘客的乘车体验。北太平庄站是19号线规划车站，招投标及建设期间直接将12号线车站部分纳入，将换乘车站作为一个整体进行施工，解决了以往换乘车站施工带来的问题。

北太平庄站的换乘设计很巧妙。大部分换乘车站通过联络通道换乘，换乘距离长，建设费用高，对周边地下和地上环境影响大。北太平庄站位于北三环北侧辅路和北太平庄路下方，采用T形换乘，避免了联络通道换乘的不便。T形换乘结构简单，换乘距离短。19号线与12号线站厅层相通，没有换乘联络通道，并且建设标高相同，可完全达到站厅融合状态；站台层通过简易的换乘楼梯即可达到换乘目的，换乘最短距离不到30m。

19号线贯穿南北，在本站为岛式车站，车站总长266.00m，车站为地下三层结构，北端为矿山法区间，连接牡丹园站；南端为盾构区间，连接积水潭站。12号线横跨东西，在本站也为岛式车站，车站总长268.95m，车站为地下两层结构，车站两端为矿山法区间，西连蓟门桥站，东连马甸桥站。19号线一期工程已于2022年7月30日通车运营，待12号线建成通车后，通过T形换乘设计，北太平庄站将实现便捷换乘。

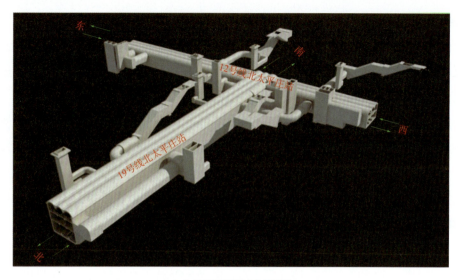

▲ 北太平庄站结构立体示意图

换乘车站同期建设优势不仅体现在规划和设计上，在施工方面也有不俗的表现。

从施工进度和质量来看，换乘站体量大，工作面大，同期建设有利于统筹安排工序和施工人员，不用担心投入过多的人力物力而窝工降效，容易吸收大规模优质的作业队伍。一线人员素质有了保障，进度和质量也有了保障，同样还能减轻总包单位的协调管理压力。同时，大幅缩短了工期，提高了施工效率。

换乘车站在经验积累和施工应用方面也具有优势。19号线和12号线都是地下暗挖车站，水文地质条件对施工起着至关重要的作用，其中涉及砂卵石层地下水治理、洞桩施工、暗挖通道施工等。19号线车站各施工工序稍早于12号线车站，两站地质水文条件和施工工艺基本一致，19号线先期施工可以为12号线施工提供经验借鉴。

4.4 超长大断面风道侧穿既有建筑物

北太平庄站附属4号风道位于车站西北部，北太平庄路西侧和远望楼宾馆门卫楼、农业银行住宅楼、工商银行办公楼东侧。4号风道由明挖风井及暗挖段组成。其中，明挖风井基坑长14.1m、宽6.7m，基坑深28.73m，采用围护桩+内支撑体系；暗挖风道结构全长113m，宽11m、高13.39m，采用CRD法开挖。4号风道在车站北端及车站中部分别与车站进行接驳。

4号风道暗挖拱顶位于粉细砂④$_3$层，围岩稳定性差，易发生坍塌，同时初期支护涉及层间潜水（三），潜水（三）层横穿风道结构，其含水量较小，界面残留水现场采取明排、真空抽水方式排走。抽水效果显著，基本可满足现场暗挖施工作业条件。

4号风道暗挖断面侧穿工商银行办公楼，工商银行办公楼保护方案原设计为打设43根钻孔灌注隔离桩。前期已完成钻孔灌注桩17根，剩余26根钻孔灌注桩，因现场不满足钻孔灌注桩打桩机械和吊装设备的作业空间要求，项目部集思广益，并多次召开施工优化专题会探讨研究，最终确定在邻近房屋一侧施作复合锚杆桩加固，采用锚杆桩钢套管跟管钻进替代剩余26根钻孔灌注桩的保护方案，确保工商银行办公楼的结构安全。

复合锚杆桩施工范围为工商银行门前及农业银行小区门口无法打设隔离桩的区域。此区域打设三排ϕ150mm@1000mm×1000mm共109根复合锚杆桩，孔内安装锚杆（3根ϕ20mm螺纹钢筋），复合锚杆桩长度37m。

由于加固地质复杂，为防止在此段地层成孔过程中发生坍孔，现场采用日本进口RPD130C全液压锚杆钻机成孔，注浆机采用能满足设计注浆压力的双液注浆机。该钻机具有液压全自动操作，作业扭矩大，有击打功能，能够适应各种地层，成孔效率高，定位快捷、准确的特点。

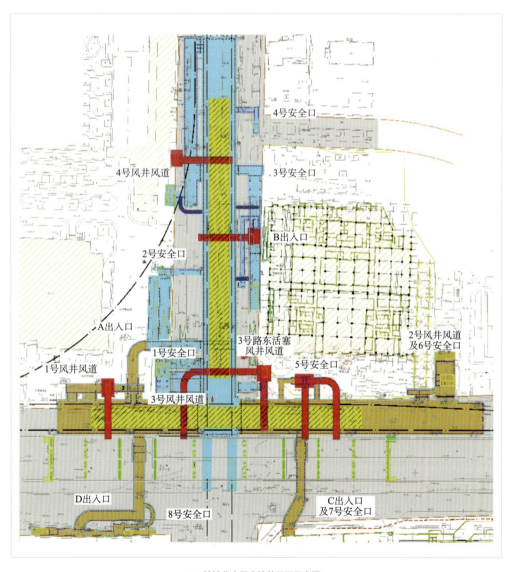

▲ 地铁北太平庄站总平面示意图

钻孔完成并在复合锚杆就位后，拔出钻孔套管，现场采用三根注浆管进行注浆。在现场复合锚杆桩钻孔完成并注浆完毕后，在风道开挖过程中，密切关注此部位土体地质情况，每日监测周边建筑物、地表及洞内，经数据反馈，此部位监测数据稳定，土体加固效果良好，周边建筑物均无明显沉降。

因4号风道采取措施合理，施工效果显著，对周边建筑物北太平庄路西侧远望楼宾馆、农业银行住宅楼、工商银行办公楼均未产生影响。该施工措施具有安全隐患小、空间利用率高的优势，为以后的超长大断面附属结构邻近既有建筑物施工提供了宝贵的实践经验。

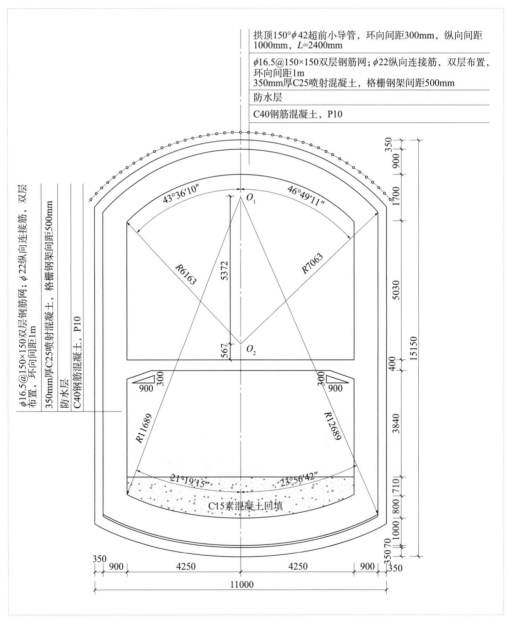

▲ 4号风道大断面剖面结构示意图（尺寸单位：mm）

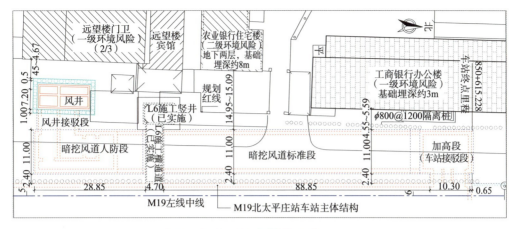

▲ 4号风道侧穿既有建筑物平面示意图（尺寸单位：m）

▼ 4号风道侧穿既有建筑物监测数据统计表

监测项目	监测部位	测点编号	累计沉降值（mm）	变形速率（mm/d）	控制值		监测结论
					变形速率（mm/d）	累计沉降值（mm）	
建筑物沉降	工商银行办公楼	FBC-05-01	−2.74	0.02	2	±15	正常
		FBC-05-02	−5.34	0.01	2	±15	正常
		FBC-05-03	−5.99	0.02	2	±15	正常
		FBC-05-04	−5.70	−0.01	2	±15	正常
		FBC-05-05	−3.46	−0.02	2	±15	正常
		FBC-05-06	−3.02	−0.01	2	±15	正常
		FBC-05-07	−2.80	−0.01	2	±15	正常
		FBC-05-08	−2.75	−0.01	2	±15	正常
		FBC-05-09	−2.83	−0.01	2	±15	正常

4.5 首座超浅埋棚盖法暗挖车站

平安里站为平顶直墙结构，采用超浅埋棚盖法施工，顶进棚盖管幕钢管488根，总长度17080m，棚盖面积8400m^2，首次实现繁华城区采用地下空间超浅埋棚盖法建造地铁车站。

目前，繁华老城区地铁车站建设环境越来越苛刻，交通导改、管线改移等难度越来越大，前期工程量大幅增加，成本越来越高，工期越来越不可控。而类似洞桩法（PBA工法）等传统工法，在超浅埋环境下上导洞起拱条件越来越局限，逐渐不能适用；在现有类似处理技术中，多采用小直径管棚（管径多为79～129mm）与格栅拱架配合短进尺的动态施工方法来控制沉降。但是，对于大跨度超浅埋暗挖地铁车站来说，小直径管棚则不能满足动静荷载要求。

为适应地铁建造客观环境，繁华城区地下空间超浅埋棚盖法建造技术（简称"棚盖法"）应运而生，其是在导洞等有限空间内施作大直径（180～600mm）咬合钢管管幕，形成地下横向棚盖支护体系，然后按PBA工法施作下部结构。该技术为国际首创，其原理是基于自主研制螺旋顶管钻机完成管幕钢管快速顶进，开发自动爬焊设备，实现钢管接头快速连接，建立了集"碳棒、激光成像仪、全站仪+楔形钻头纠偏"于一体的"3+1"多维度、高精度控制体系，保障了横向管幕支护体系的施作精度与效率。发明U形拼装式拱架施作下部导洞，并在导洞内施作结构中柱及顶部扣拱，进而形成梁-拱-柱的框架体系，最终完成剩余土体开挖与结构施工。

▲ 顶进棚盖管幕钢管施工现场

▲ 大直径咬合钢管管幕施工现场图

该技术首次成功应用于北京地铁19号线平安里站。受既有地铁1号线、4号线、6号线及规划地铁3号线等建（构）筑物的限制，平安里站顶板埋深仅6.58～7.03m，先行导洞埋深仅4.3m，属超浅埋车站，不具备起拱条件；车站平面位置、竖向空间均严重受限，站位选址及线路设计难度极大，属于在"夹缝中"建造车站。

该工程开创性地采用"超浅埋棚盖法"建造技术，解决了大型繁华城市超浅埋条件下"管线零改移、交通零导改、房屋零拆迁"修建地下空间结构的技术难题，开创了在大型城市繁华地区、复杂环境下采用"棚盖法"修建地铁车站的先例。

该技术因其安全性能好、施工效率高、可持续性强，被业内专家评定为"国际领先水平"，本工程被中国土木工程学会评选为技术创新推广项目，同步应用于北京地铁19号线景风门站，并在北京地铁13号线、北京地铁8号线、北京大兴机场线、郑州地铁4号线等隧道工程中成功应用，取得了显著的社会、经济、环境效益。

4.6 地铁暗挖车站全面阻水的"探索者"

太平桥站为地下双层岛式车站，双柱三跨（局部为三柱四跨）结构，地下水主要赋存于卵石

⑦、⑨层及以下地层，渗透系数为300m/d，车站底板结构入水约4.55m。为响应"不降水、少降水"的管理思路，确定"堵排结合"的地下水治理方针，明确太平桥站阻水方案。太平桥站经历了一系列重要变革，终止降水井施工；将车站由8导洞洞柱法调整为4导洞PBA洞桩法施工；现场对按原方案施工完成的导洞向下续接改造施工，使其满足洞内机械成孔桩施工作业条件。至此，太平桥站的阻水探索拉开帷幕。

1）头脑风暴，多工艺"有机结合"开创阻水新思路

在工程方面广泛应用的阻水施工工艺主要包括咬合桩、冻结法、深孔注浆、旋喷桩和地下连续墙等。地铁暗挖车站全车站范围采用冻结法施工造价太高，不经济；深孔注浆在富水砂卵石地层阻水效果难以保证；暗挖地铁车站洞内空间受限，地下连续墙实施难度极大。施工单位认真分析总结各阻水工艺特点，充分调研且进行大量理论研究与工程试验，经过多轮方案的专家论证、咨询，最终确立了车站侧壁咬合桩+高压旋喷桩封底+站内疏干联合阻水施工方案，为复杂条件下的地铁暗挖车站全面阻水保驾护航。

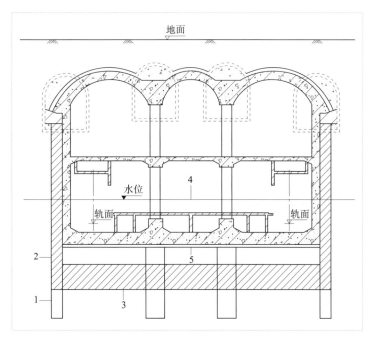

▲ 暗挖地铁车站施工期间全车站阻水结构剖面图

1、2-咬合桩；3-基底高压旋喷；4-水位线；5-基底

在现场实际施工过程中，面临着诸多难题，比如车站主体小导洞净高仅为4.5m，不满足钻机成桩施工条件；咬合桩打设最大深度达28m，需要控制桩体垂直度及咬合厚度；同时保证咬合桩素桩施工工效和抗渗性能，咬合桩素桩若采用超缓凝灌注材料，不满足本车站施工工期要求；全车站范围洞桩施工体量大、交叉多，需要做好工程安全、质量、进度的组织协调工作等。

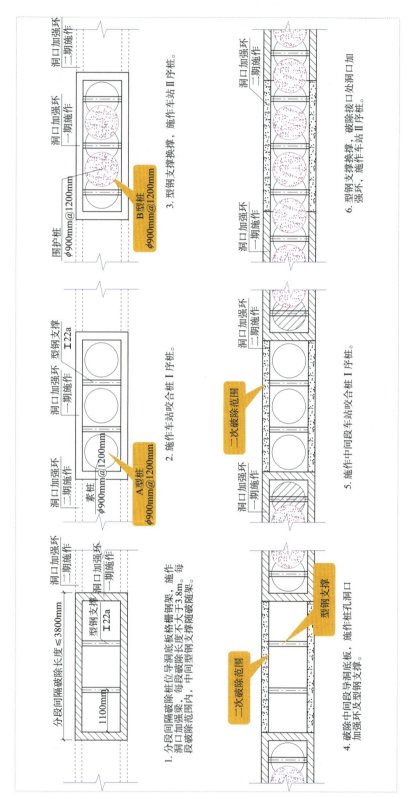

▲ 地铁暗挖车站洞内机械成孔咬合桩施工工艺流程图

2）采用新结构、新材料、新设备多线并进攻坚克难

确定地铁暗挖车站全面阻水方案的同时，问题也已凸显，为此，施工单位开展了技术攻关，发明新工艺、创造新材料、应用新设备，多措并举、逐一击破。

针对车站主体小导洞净高 4.5m、空间狭小的问题，首创低净空洞内机械成孔咬合桩施工工艺，咬合桩采用Ⅰ序素桩＋Ⅱ序钢筋混凝土桩以互有重合交叠的形式间隔布置；通过分段破除导洞底板，施作洞口加强梁及型钢支撑完成孔口加固，先施工一段Ⅰ序素桩人工挖孔桩作为钻进导坑，再换撑施作Ⅱ序钢筋混凝土桩导坑；采用反循环钻机洞内施工完成成片的Ⅰ序素桩后，再通过切削部分Ⅰ序素桩的方式施工Ⅱ序钢筋混凝土桩，形成施工流水。

结合现场实际情况，施工团队发明了一种地铁暗挖车站施工期间全车站的阻水结构及其施工方法，即在地铁暗挖车站洞内施作侧壁咬合桩形成止水帷幕，基底采用高压旋喷桩施工形成隔水层，基底与侧壁咬合桩结合处打设双排旋喷桩补强止水薄弱环节，车站外围整体形成U形箱体止水结构，达到阻水效果。

通过升级和改造传统的洞内成桩机械，以适应暗挖车站作业空间小、施工精度标准高、桩体垂直度控制严的特点。新型反循环钻机夹钻平台钢板厚度由 20mm 增至 50mm，增加自重保证自身稳定性，缩小钻杆与夹钻平台间隙至 5mm；同时采用扶正钻杆，保证钻杆钻进精度。加大钻杆刚度，钻杆径由 273mm 增至 299mm，并对杆端进行处理，提高安装精度。施工团队还发明了一套具有导向功能的硬切割咬合桩施工钻头，利用导向杆超前导向钻进方向，同时约束扩孔筒钻偏移，攻克了因素桩材料与桩间土体软硬差异及砂卵石地层导致的钻孔垂直度控制难题。

施工团队自主研发了一种适用于素桩的新型灌注材料，即补偿收缩膨润土砂浆。该材料终凝后具有强度低、易切削、韧性适中、抗渗止水且不受缓凝时间影响的特点，是采用一定比例的水泥、水、烘干级配砂、膨润土、泵送剂及聚丙烯纤维充分混合而成。现场建立了补偿收缩膨润土砂浆的搅拌系统，能够自行满足素桩灌注材料的供应，通过现场试配，留取试块进行抗压强度、抗渗性能、弹性模量的试验，均符合设计要求。

改进咬合桩接缝处理工艺，采取护壁泥浆改良、接缝预留注浆管措施，强化咬合桩止水帷幕。钢筋混凝土桩切削素桩施工时，采用重晶石代替膨润土制备的泥浆，消除咬合接缝处的泥皮；以及在钢筋混凝土桩内设置 2 根注浆管，成桩后可通过桩侧后压浆施工置换咬合部位接缝处泥渣，通过取芯试验揭示成桩质量良好。

在参建各方共同努力下，太平桥站采用了车站侧壁咬合桩＋高压旋喷桩封底联合阻水施工技术，施工风险可控，工程质量可靠，绿色高效，显著节约土建成本，取得了良好的社会效益和经济效益。结合坑内疏干等措施，车站降水量总体减少 40%，切合当前国内地下水资源保护的大趋势和相关环保政策，符合国家可持续发展战略，切实践行了"绿水青山就是金山银山"的理念，为后续工程提供了宝贵的经验。

4.7 化整为零,多点并进——新发地站—草桥站区间穿越养老院、道路施工组织设计

新发地站—草桥站区间位于京开高速公路东侧、镇国寺北街南侧地块内,该段区间与新机场线磁各庄站—草桥站区间并列设置,19号线盾构区间自绿雕公园南侧接收,向北穿越草桥村养老院,在绿雕公园绿地内设置区间活塞风井,继续向北上跨地铁10号线草桥站—纪家庙站盾构区间、下穿镇国寺北街到达草桥站。

该段区间盾构接收井至草桥站原设计采用明挖法施工,需拆除草桥村养老院,将镇国寺北街向北导改至草桥站施工区域。该段区间结构完成后将镇国寺北街恢复原状交通,再施工导改占用区域的草桥站主体。因此,权衡建设对周边环境的影响与建设工期的匹配是摆在建设者面前的一道难题。

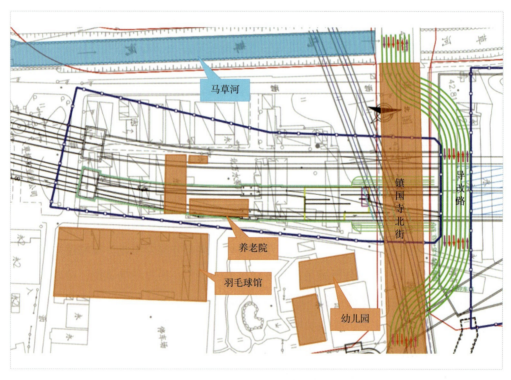

▲ 新发地站—草桥站区间明挖方案示意图

对此,建设团队对穿越点位逐个击破。

第一个点位是草桥村养老院。该建筑建于20世纪70—80年代,原是草桥村工业厂房,在2016年刚刚完成装修功能改造,尚未投入使用,面临征迁工期长与费用高两大难题。对此,设计单位提出优化方案,将穿越养老院区段的明挖法调整为暗挖工法,设置了双线单洞马蹄形断面隧道,解决了征迁难题。但受盾构接收条件和草桥站标高的影响,该段区间调整为暗挖工法

后，隧道埋深仅有 5.1m，隧道拱顶距离养老院基础仅有 3.6m，即便是采取了充分的防护措施，施工期间产生的振动、噪声不可避免地会影响养老院的正常使用。于是，施工单位提出租用养老院作为项目部驻地，既节省了驻地建设费用与周期，提高了施工管理的便利性，又将施工影响控制在了建设者内部，同时建立了与属地合作的基础，实现了多方共赢。

第二个点位是镇国寺北街。按照北京市交管部门的相关要求，交通导改必须"占一还一"，导改路设置在草桥站南端，势必增加草桥站建设周期。而草桥站是 19 号线与新机场线合建车站，草桥站主体与新机场线部分的使用功能需要在 2019 年 9 月与新机场线同步开通运营，建设工期极为紧张。对此，设计单位将明挖方案优化为暗挖方案，解决了明挖占掘路交通导改对草桥站建设的影响。但镇国寺北街范围的环境同样复杂，在镇国寺北街下方，地铁 10 号线与镇国寺北街并行一段后向西南方向延伸。19 号线新建区间在地铁 10 号线草桥站—纪家庙站盾构区间与镇国寺北街的夹缝之间穿过，区间顶覆土约 4.1m，需下穿 DN600 上水管、DN400 污水管、DN400 中压天然气管、DN600 雨水管、60mm×40mm 通信管等市政管线，区间底距离 10 号线盾构管片只有不到 1m。所以这一段区间的核心问题有两个：一是小净距上跨既有地铁盾构区间，施工过程会造成既有隧道周边围岩应力重分布，并且施工卸载会造成既有地铁盾构区间隆起；二是超浅埋隧道的自身风险问题。设计单位提出了左线设置马蹄形断面隧道、右线 6 导洞 PBA 断面隧道的方案，在隧道拱顶设置管棚+超前深孔注浆+超前小导管的控制措施以应对超浅埋隧道地面沉降问题，在右线 PBA 断面隧道采取管幕+锚索的控制措施，以应对既有线变形风险。

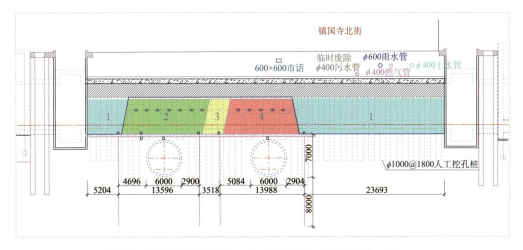

▲ 新发地站—草桥站区间下穿镇国寺北街、上跨10号线方案示意图（尺寸单位：mm）

通过上述方案调整，建设者们将整个区段明挖工法分解为盾构井接收明挖+穿越养老院段暗挖+区间风井明挖+穿越镇国寺北街和地铁 10 号线暗挖共计 4 个分部工程的方案。4 个分部工程同时开工，同期建设，在克服周边复杂环境的同时，显著加快了工程建设进度。

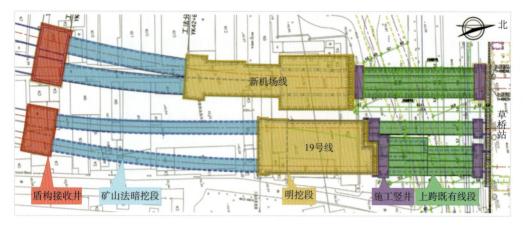

▲ 新发地站—草桥站区间明挖+暗挖方案示意图

4.8 多管同步深孔复合注浆堵水技术

当基底入水5.5m，且位于承压水层中，承压水头最大达2.5m时，确保基坑干作业施工、保证施工安全和质量是工程施工面临的重大挑战。

新宫站—草桥站区间1号风井兼作轨排井，长38m，宽23.7m，深度29.43m，结构为地下四层（含顶板以上夹层），三跨岛式站台结构，基底入水约5.5m，含水层为卵石⑦、卵石⑨。根据北京市地方税务局、北京市水务局发布的《北京市水资源税征收管理办法（试行）的公告》，为更好地落实市领导关于北京市轨道交通水资源保护工作的指示精神，要进一步减少全市轨道交通建设施工降水，提高降水再利用，减少水资源浪费。为保护地下水资源，在保证施工安全和质量前提下，积极研究注浆堵水、冷冻法、水下开挖等非降水干槽水治理方案。通过研究比选，并进行现场试验，确定采用注浆堵水施工方案。

首先采用300mm厚C20钢筋混凝土封底，并采用$\phi 12mm@150mm \times 150mm$钢筋网片抵抗注浆压力，防止压力过大造成漏浆；基底以下预留1m厚隔水层，基底以下1～6m范围内注浆，注浆厚度5m，封闭基底；围护桩内皮至围护桩外皮外侧3m，封闭侧壁。采用多管同步深孔注浆工艺，用"碗"将基底保护起来，为施工提供干作业环境，确保施工安全与质量。在注浆施工结束后，沿基坑周边开挖宽1.2m、深1.2m田字形探沟，桩边预留1.2m护壁土，开挖后观察渗漏点和墙壁有无明水，以此为根据，满足施工要求后进行开挖，否则进行回填补注浆，直至达到效果为止。

通过现场施工，多管同步深孔注浆工艺解决了传统注浆工艺难以解决的跑浆、冒浆和注浆范围难以控制的问题；多功能履带式液压钻机具有体积小、扭矩大、定位方便、可行走等优点，尤其在砂卵石地层中可以显著提高成孔效率；可实现一次同时注3～5个孔，可以精确控制凝结时间和浆液扩散的有效范围。从开挖效果看，绝大部分基面无水，只有少数部位存在渗水，渗水部位可通过二次注浆封堵。最终，此次注浆堵水取得成功。

▲ 多管同步深孔注浆施工现场图

4.9 "施""形""算",迎解密贴难题

在我国城市轨道交通系统中,地铁因其运量大、对环境污染小、速度快等优点而成为城市轨道交通的主要制式。随着地铁线网越来越密集,新建线路和既有线路的交叉穿越已成为必然。地铁穿越工程由于其施工复杂且引起的既有线沉降变形较大,在《北京市轨道交通工程建设安全风险技术管理体系》中被列为唯一的"特级环境风险工程"。在区间隧道下穿既有车站工程中,为达到"零距离"密贴下穿的目的,区间隧道多采用平顶直墙形式。然而,平顶直墙形式不利于形成土拱,初期支护拆除、二次衬砌施作过程中结构受力转换相对复杂,施工具有较大难度和风险,易引起既有结构产生较大沉降变形,因此选择合理的隧道施工参数控制既有结构的沉降变形是十分必要的。本工程采用 midas GTS 有限元软件对下穿全过程进行模拟,并将模拟结果与现场监测数据对比,验证数值模拟的可靠性,得出不同隧道开挖方案下既有结构的沉降变形特征。通过对比分析不同隧道施工参数的沉降差异,在控制既有结构沉降变形的前提下,结合施工速度等要求,确定最优的隧道施工参数。

1)工程概况

北京地铁 19 号线新发地站至新宫站四线隧道密贴下穿既有 4 号线新宫站工程,区间正线在中间,共有三种断面形式,A 断面位于东侧,采用拱顶直墙大断面施工;下穿段(即 B 断面)采用大断面平顶直墙法施工,下穿长达 47m,断面高约 8.36m,宽约 13.5m;C 断面位于西侧,为两个拱顶直墙断面。出入段左右线位于区间正线两侧,断面为马蹄形,高约 7.07m,宽约 7.08m,下穿既有线段采用上下导洞法施工。其中,区间正线及既有站底板之间净距仅为 0.22m,可视为"零距离"密贴下穿。

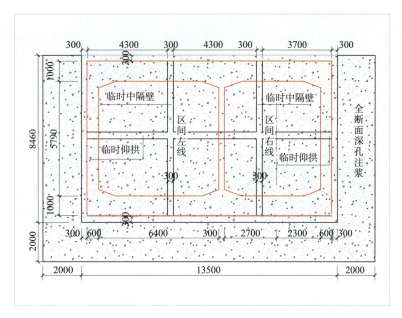

▲ 下穿段区间正线断面图（尺寸单位：mm）

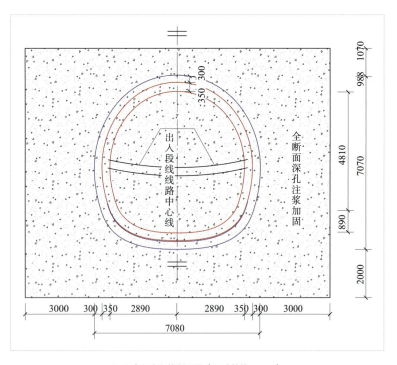

▲ 下穿段出入线断面图（尺寸单位：mm）

既有地铁新宫站为地下双层明挖六跨五柱框架结构，2010年建成。车站总长度360.15m，宽度为40.9m，底板埋深约16.58m，顶板平均覆土厚度约3.2m，顶板厚0.7m，底板厚0.8m，边墙厚0.7m。新宫站东、西两侧布设 ϕ1m、间距1.6m的围护桩，围护桩长23m，混凝土强度等级为C35，新建隧道开挖之前对部分围护桩进行破除，破除长度为6m。

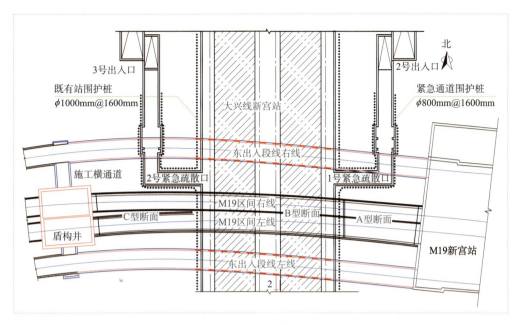

▲ 穿越工程平面示意图

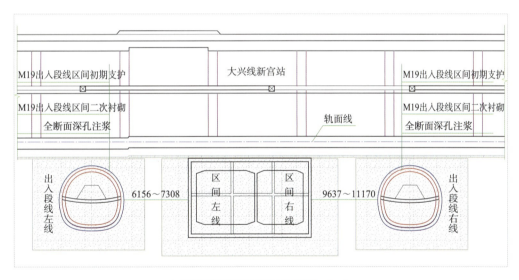

▲ 穿越工程横断面示意图（尺寸单位：mm）

2）隧道施工参数分析

（1）模型建立

根据圣维南原理，地下工程数值计算模型范围一般取隧道开挖跨径的 3～5 倍，考虑到本工程隧道开挖对既有站周围土体的扰动，确定整体模型 X 方向（即隧道开挖方向）长度为 47m，Y 方向（垂直于隧道开挖方向）长度为 120m，高度为 40m。

根据现场地勘资料，土层可分为 8 层，均采用莫尔-库仑本构模型。既有站顶板、侧墙、中楼板、底板以及隧道初期支护、二次衬砌、仰拱等均采用二维板单元模拟，既有站柱、围护桩采用一维线单元模拟，对围护桩底部施加约束限制其竖向的旋转，所有支护结构均采用线弹性本构。模型顶部为自由边界，对于侧面及底面均施加法向约束限制其移动。

▲ 整体模型示意图　　▲ 既有站与新建隧道相对关系示意图

（2）开挖步序

按照相关设计资料，本模型共设置60个施工步骤，大体上可进行如下阶段划分。

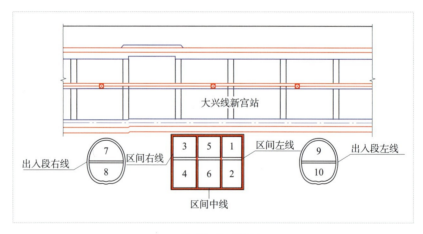

▲ 隧道截面划分示意图

阶段一（步骤1）：设置初始应力场并清零位移。

阶段二（步骤2～步骤12）：破除下穿段区间正线东、西侧围护桩，开挖下穿段1、2导洞土体，并及时施作初期支护。

阶段三（步骤13～步骤21）：下穿段区间左线二次衬砌施作。

阶段四（步骤22～步骤31）：开挖下穿段3、4导洞土体，并及时施作初期支护。

阶段五（步骤32～步骤40）：下穿段区间右线二次衬砌施作。

阶段六（步骤41～步骤51）：破除下穿段出入段左、右线及东、西侧围护桩，开挖下穿段

5、6、7、8、9、10导洞土体,并及时施作初期支护。

阶段七(步骤52～步骤60):施作下穿段区间中线及出入段左线、右线二次衬砌。

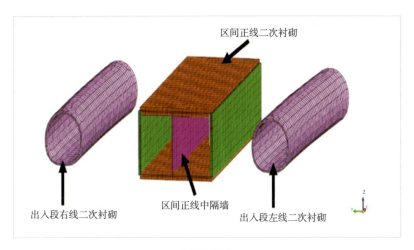

▲ 下穿段施工完成

(3)模型验证

为验证数值模拟的可靠性,对比分析下穿施工完成后区间正线隧道拱顶沉降以及围护桩水平位移两个指标,结果显示,隧道拱顶沉降与围护桩水平位移数值模拟值稍大于现场实测值,两者数值虽不完全吻合,但误差在可接受范围内且具有相同的变化趋势,由此验证了数值模拟的可靠性,为进行隧道施工参数优化提供了可靠依据。

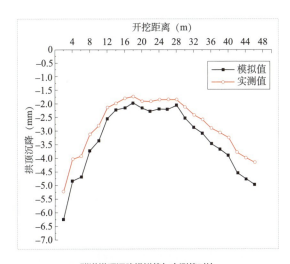

▲ 隧道拱顶沉降模拟值与实测值对比

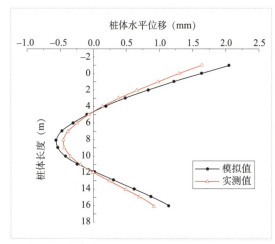

▲ 围护桩水平位移模拟值与实测值对比

(4)结果分析

为了便于分析既有站结构的沉降变化特征,在既有站底板上分别沿隧道开挖方向及垂直于

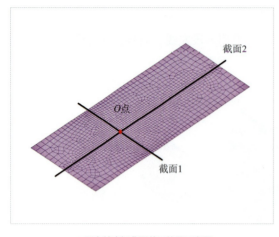

▲ 既有站底板典型截面位置示意图

隧道开挖方向选取典型截面。其中，截面1为区间隧道中线在既有站底板上对应位置，截面2为既有站底板长度方向中位线，点O为两截面在既有站底板上的交点。

本工程下穿段为四线隧道，为研究导洞开挖步距对下穿既有结构的沉降变化特征以及确定最优的导洞开挖步距，参考太沙基（Terzaghi）松散介质平衡理论，计算开挖进尺的合理范围，以确定开挖进尺的模拟工况。其计算公式为：

$$-\left[q_0(l_1+b)\left(q_0-\frac{\gamma l_1-c}{\tan\varphi}\right)e^{-\tan\varphi\frac{h}{l_1}}+\gamma h\right]l_1+\frac{(l_1+b)(\gamma l_1-c)}{\tan\varphi}\leq 0$$

式中：b 为隧道开挖进尺；c 为土体黏聚力；φ 为土体内摩擦角；γ 为土体重度；q_0 为地面超载；l_1 为隧道截面宽度；h 为隧道埋深。

计算得到合理开挖进尺 $b=1.86\mathrm{m}$。考虑到本工程区间隧道采用CRD法开挖且进行深孔注浆预加固，上式计算结果偏于安全，故设置不同工况（$b=1.5\mathrm{m}$、$2.0\mathrm{m}$、$2.5\mathrm{m}$、$3.0\mathrm{m}$）进行数值模拟，并分析对比模拟结果。

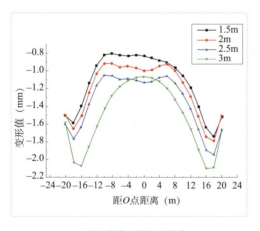

▲ 不同开挖进尺截面1沉降槽

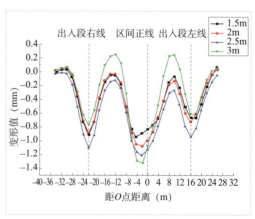

▲ 不同开挖进尺截面2沉降槽

以上两张图分别是不同工况下穿施工完成后既有站底板截面1及截面2沉降槽，可以看出，不同开挖进尺下既有结构沉降变化曲线具有大致相同的变化趋势。随着开挖进尺的增大，既有结构的沉降变形逐渐增大。分析原因是开挖长度越长，初期支护封闭时间越长，造成围岩暴露使得隧道变形增大，故隧道开挖应遵循"短进尺"的原则。开挖进尺 $b=1.5\mathrm{m}$ 时引起的既有结构沉降变形最小,但其结果与 2m 开挖进尺引起的既有结构沉降差别不大,为兼顾施工速度,施工进尺选取 2m 为宜。

在施工步骤较详细时,各种因素都会影响数值模拟的结果。与开挖步距研究同理,对导洞开挖顺序、掌子面错距、临时支护拆除长度、有无围护桩数值模拟结果进行分析,实现了整个施工过程的模拟,实现施工过程"数字化"。

3)总结

该工程通过"施""形""数"结合的模型分析方式,一改以往凭经验、按惯例的施工习惯,以更加先进的方法指导施工,这种分析方式对国内密贴下穿工程也具有一定的参考价值。

4.10 老城区复杂周边环境下的供电施工组织

老城区轨道交通供电系统施工组织是一个复杂的工程,涉及多个方面的问题。在老城区这样的狭小空间内进行施工,需要考虑周围环境、人流量、施工材料的运输等诸多问题,这些问题都会影响施工进度和质量。

首先,老城区供电系统施工中的人员安全问题需要高度重视。由于老城区道路狭小,施工现场空间狭小,车辆行驶状况拥挤,如不加强管理,易导致事故发生,严重威胁人员生命安全。

其次,老城区轨道交通供电系统施工需要考虑到周围环境的影响,例如,施工过程中产生大量噪声和粉尘,严重影响到周边居民的生活、工作和休息。

另外,老城区轨道交通供电系统施工需要考虑到施工材料的运输问题,由于老城区交通不便,道路狭窄,如不采取合理的运输方式和措施,易导致交通拥堵和运输难题。

1)施工组织设计原则

老城区轨道交通供电系统施工组织设计是施工中的重要工作,其中包括确立施工目标、合理分配资源、确定施工计划和施工方案等。其设计原则如下:

(1)合理利用、优化资源配置:老城区轨道交通供电系统施工所需要的资源包括人力、物力、财力等。在施工组织设计初期,需要分析和评估资源,并合理配置资源。

(2)细化施工目标:根据实际情况进行细化和明确老城区轨道交通供电系统施工目标,在制定施工方案和施工计划时,应考虑问题的多样性和复杂性,制定详细的施工目标。

(3)确定施工方案:在制定施工方案时,应从施工的技术性、经济性、安全性,及工期等角度出发,综合考虑并制定具体方案。

(4)落实管理措施:在实施施工组织设计时,需要制定细致的管理措施,对施工过程进行严格管理、控制和监督。

(5)加强安全管理:老城区轨道交通供电系统施工涉及人员的安全,因此安全管理是施工组织设计的重要内容,需要制定完善的安全管理计划、开展安全知识和规范操作行为培训。

2）施工组织流程和实施措施

老城区轨道交通供电系统施工的组织流程和实施措施主要包括以下几个方面：

（1）确定施工流程

在施工组织设计初期，应通过细致的分析和评估，确定老城区轨道交通供电系统施工流程，在施工之前需要制定详细的方案和实施计划。

①制定施工计划：制定老城区轨道交通供电系统施工的计划，考虑到施工过程中出现的各种可能性，需要做好预案，并开展应急预案演练。

②保证施工质量：保证老城区轨道交通供电系统施工的质量，需要严格按照施工方案进行施工，重视对施工人员的培训和技术指导，及时调整和解决施工过程中出现的问题。

③加强安全管理：施工过程中一定要加强安全管理。重视施工现场的安全管理和专业化施工队伍的构建，建立各项管理制度、制定安全标准规范，并加强安全宣传。

④通力合作：老城区轨道交通供电系统施工涉及人力、物力和财力等方面的共同投入。因此，需要各相关部门和专业队伍之间通力协作，形成良好的合作氛围，提高施工的效率和质量。

（2）施工进度控制和质量管理

老城区轨道交通供电系统施工的进度控制和质量管理是保证施工顺利进行和达到预期效果的重要保障。主要的措施如下：

①施工进度控制：老城区轨道交通供电系统施工的进度控制需要建立科学的监管机制和制定相应的措施，强化施工现场的管理和考核，及时发现施工中出现的问题、调整施工计划，保证工期如期实现。

②施工质量控制：保证老城区轨道交通供电系统施工质量，需要强调全过程的施工质量控制，成立质量控制小组，制定标准规范，建立专业施工队伍，加强质量监督和管理。

③项目验收：老城区轨道交通供电系统施工结束后，需要组织相关专家进行验收，评估工程质量、工期和费用，以保证施工的质量和成果达到预期目标。

总之，老城区轨道交通供电系统施工的组织设计和实施措施，需要综合考虑多个方面。只有在科学、合理、协调的管理下，才能保证老城区轨道交通供电系统施工质量、进度和安全达到预期目标。

第 5 章
既有线改造

5.1 平安里站改造——蓦然回首，已是"换了人间"

为保证车站正常运营不受影响，对于既有 6 号线平安里站站厅层改造，建设团队做出了各方面的努力。

1）改造背景

随着北京地铁 19 号线的建成，平安里站由原来 4 号线、6 号线两线换乘车站，变成老城区内唯一一座三线换乘车站。实现多线高品质换乘、降低乘客乘车体验影响、保证 19 号线正式开通运营前改造工程完工等难题摆在建设团队面前，前方面临巨大的挑战，困难重重！

2）改造原则

19 号线与 4 号线分别采用双向换乘通道与 6 号线连通，结合 6 号线预留的换乘条件，在既有预留条件基础上对 6 号线站厅进行进一步改造。车站改造过程中执行"三不"原则，即：

（1）车站不停运

因平安里站坐落于城中心区域，每天客流量巨大，6 号线平安里车站停运不仅影响本站 6 号线和 4 号线的正常运营，还会造成其他车站出现乘客激增的问题。所以，施工期间必须保证各线正常运行。

（2）车站不封口

三线换乘带给大家的应该是更加便利的乘车体验，取消任何一个出入口都会影响周边乘客的出行体验。为实现换乘而牺牲了部分乘客的便利体验有违车站改造的初衷，所以，改造后车站所有出入口功能均需与改造前一致。

（3）既有线换乘路径不中断

该工程主要对 6 号线车站站厅层进行改造，改造过程中需要对部分隔墙、地面墙面、机械设备等进行拆除、改移等。整个改造过程需保证既有 6 号线与 4 号线的换乘路径不中断，并力求将改造期间施工作业对换乘的影响降至最低。

3）改造内容

在建设单位的协调下，改造工程涉及的建筑、结构、通信、动照、安检、导向、给排水、装修、通风等近 20 个专业同心协力，与运营公司、施工单位共克难关，最终确定完美的改造方案。

针对 6 号线站厅换乘功能的改造，首先，需要在 6 号线西侧侧墙处新增连通 19 号线的洞口。其次，为增加换乘过程舒适性，拆除近期临时便民用房及隔墙启用预留的远期便民用房，在保证原本换乘安全的基础上扩大换乘通道的宽度，使得三线换乘更加便利、舒适。站内现有自动售票机均设置到各出入口，保证 19 号线乘客换乘到 4 号线畅通无阻。

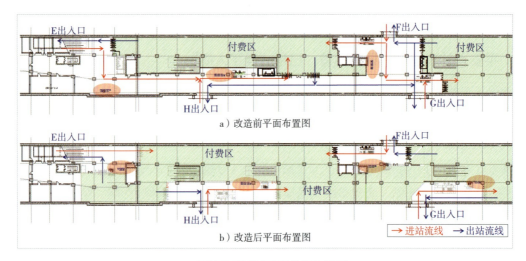

▲ 平安里站6号线站厅层改造前后对比图

（1）E 出入口具备进、出站功能

平安里站 E 出入口改造前只具备出站功能，不具备安检功能，从 E 出入口进站的乘客需要绕至 H 出入口通道进行安检，不仅增加了乘客的走行距离，还增加 H 出入口的安检负担。针对这一问题，将 E 出入口原位置出站闸机南移，将原有双工位票亭改为单工位，同时在进站口增设进站闸机及一台安检机，满足 E 出入口乘客的进出站需求。

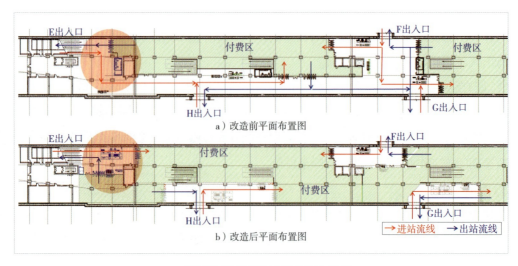

▲ 平安里站6号线站厅层E口改造前后对比图

▲ 平安里站6号线站厅层E口改造效果

（2）H出入口具备进出站功能

改造前，E、H出入口共用进站闸机，G、H出入口共用出站闸机，而且闸机位于G、H出入口之间。改造后，原有双工位票亭改为单工位，出站闸机改移到H出入口左侧，同时将进站闸机摆放角度，以及安检机、TVM设备都进行微调，增大了非付费区的换乘空间，提升了换乘质量。

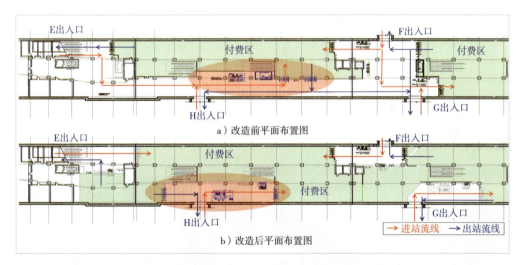

▲ 平安里站6号线站厅层H口改造前后对比图

▲ 平安里站6号线站厅层H口改造效果

（3）G 出入口具备进出站功能

改造前，F、G 两个出入口之间通道将付费区分隔开。为实现 19 号线与 4 号线之间近距离换乘，须将 6 号线付费区连通。

改造前，F、G 两个出入口共用一个双工位票亭，G 出入口闸机只有进站功能，改造后邻近 G 出入口站厅增加一个单工位票亭，进站闸机改为进、出站闸机。同时，调整安检机、闸机、售票亭位置，满足乘客进、出站需求。

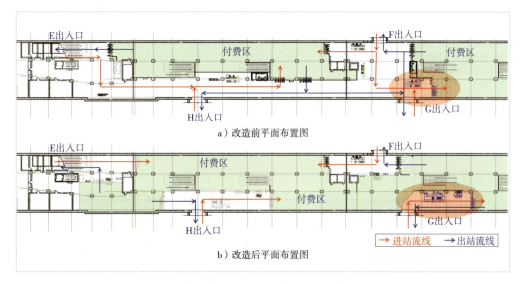

▲ 平安里站 6 号线站厅层 G 口改造前后对比图

▲ 平安里站 6 号线站厅层 G 口改造效果

（4）F 出入口具备进出站功能

为实现 19 号线与 4 号线之间近距离换乘。邻近 F 出入口增加一个单工位票亭，随后将出站闸机左移，同时调整自动售票机位置，增加乘客进、出站舒适性。

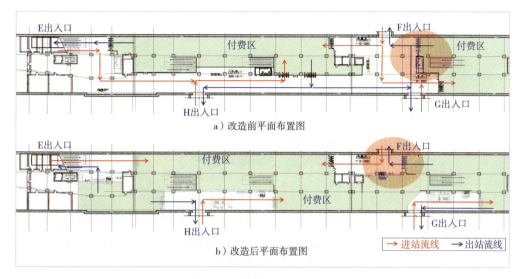

a) 改造前平面布置图

b) 改造后平面布置图

▲ 平安里站6号线站厅层F口改造前后对比图

▲ 平安里站6号线站厅层F口改造效果

4) 改造效果

19号线与4号线分别采用双向换乘通道与6号线连通，改造后的6号线站厅拥有便捷畅通的换乘路径，最大化地满足了19号线与4号线乘客的换乘需求。改造后的6号线新增进出入站闸机、安检设备、客服中心、售票机等设备，使得乘客进出站更加便利。至此，6号线平安里站站厅层改造工程完工，最终完美地实现了三线换乘。

在实现换乘功能的基础上，改造过程中力求保持每个车站的装修风格，如乘客亲身换乘体验，恰如蓦然回首，已是"换了人间"！

▲ 平安里站6号线换乘改造示意图

a）平安里站6号线站厅层改造前照片

b）平安里站6号线站厅层改造后照片

▲ 平安里站6号线站厅层改造前后对比图

5.2 景风门站改造——功能分区和管理界面完美实现

通过研究多种换乘方案，景风门站最终采用了站台层跃层过轨换乘方案。该方案需要在 14 号线站厅层的端部打开一条换乘通道，直通换乘厅；同时改造 D 出入口，将其合并进换乘厅，形成进出站 + 换乘的一体化解决方案。

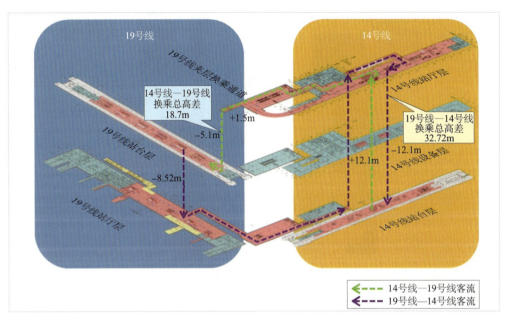

▲ 景风门站换乘示意图

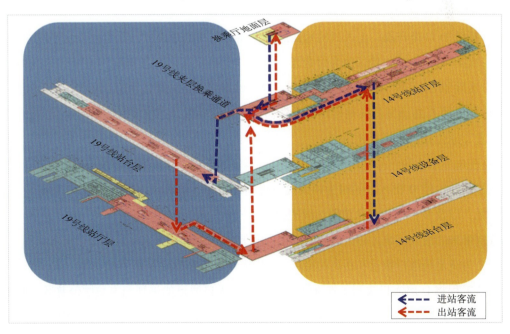

▲ 景风门站D出入口进出站示意图

为实现这一方案,需对 14 号线站厅层西侧端部以及既有 D 出入口进行改造。

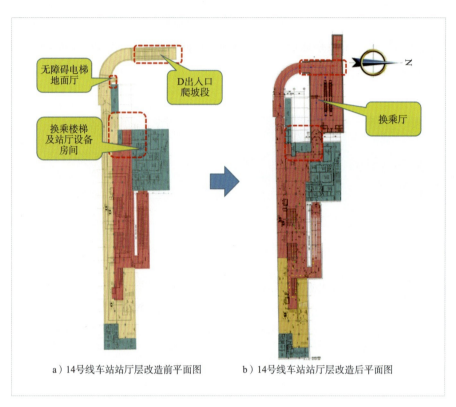

▲ 14号线景风门站站厅层改造前后对比示意图

主要改造内容包括:

(1)拆除 D 口爬升段、出入口的地面厅,无障碍电梯的地面厅;原出入口水平段通道平接换乘厅;站厅 D 口内非付费区改为付费区。

(2)废除原 14 号线—19 号线换乘楼梯,改移站厅层设备区设备用房,新开平层换乘通道。

(3)废除原车站预留的换乘楼梯,在楼梯位置增设楼板,把楼梯北侧的通风空调机房改移到此位置,原位置改为换乘通道。

(4)配电室和人防信号室改移到站厅公共区风室的东侧,原位置改为换乘通道。

通过改造,使 D 出入口同时为两线提供进出站服务,解决了 19 号线车站东南象限无出入口的问题,以及 D 出入口侵入道路红线的问题。

改造带来的最大问题是防火分区的变化。由于 14 号线车站公共区仅有 2 个出入口和 1 个安全出口,为满足疏散口数量和距离的要求,D 出入口改造完后还服务于 14 号线。

改造工程将 D 出入口改到了换乘厅内,原 D 出入口通道如果划归为站厅公共区,则 14 号线站厅内公共区西端的疏散按照到 D 出入口楼扶梯下方计算,将远超过 50m,而周边用地已经没有再增加疏散口的条件。

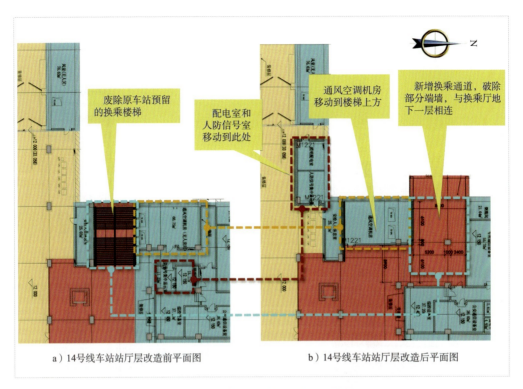

▲ 14号线景风门站站厅层改造前后对比示意图

通过研究防火规范，并与强审部门进行设计沟通，设计人员采取了如下解决方案：原D出入口通道仍然作为出入口，将换乘厅内与D出入口楼扶梯相连的部分也作为出入口的一部分，与公共区的其他部分采用挡烟垂壁隔开。楼扶梯四周以及底部与换乘厅其他部分均按照防火分区的构造要求，采取有效的防火分隔，成为独立的出入口。此方案在不增加安全口的条件下，最终完美地解决了原D出入口通道的疏散问题。

改造工程带来的另一个问题是换乘厅的管理界面划分问题。如果换乘厅划归14号线，就需要对既有设备用房进行改造，以支持新设备和管线的接入；而划归19号线，只需要按照新条件进行设计施工即可。

但是由于D出入口必须参与14号线的疏散，所以D出入口/换乘厅的首层和地下一层必须划归14号线。另外，由于地下一层和地下三层的垂直电梯和楼扶梯直接相连，如果把地下三层划归19号线将造成管理界面不清晰的问题，所以地下三层也划归14号线。同时，由于地下三层是14号线→19号线的换乘通道，该通道起点为14号线站厅，终点为19号线站厅，整条换乘通道内无法再设置防火卷帘/管理分隔界面，所以19号线的新建换乘通道也应划归14号线管理。地下二层主要为19号线的活塞风道，可以和换乘厅其他部分严格分开，所以划归19号线。

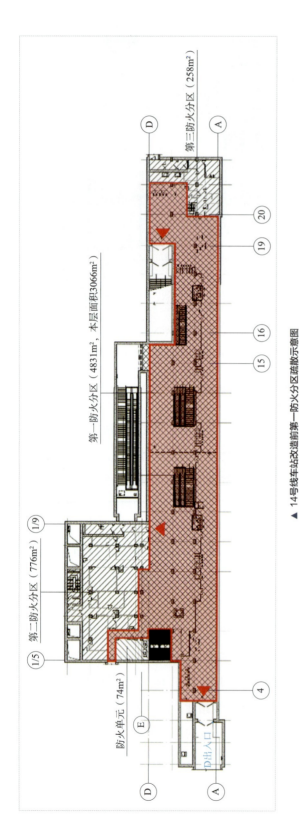

▲ 14号线车站改造前第一防火分区疏散示意图

▲ 14号线车站改造后第一防火分区疏散示意图

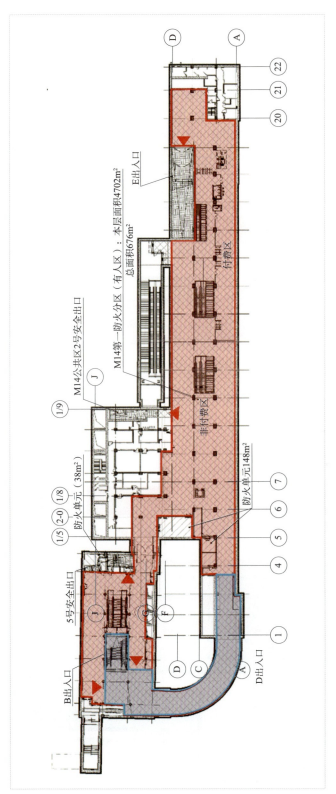

▲ 14号线车站改造后第一防火分区最终疏散示意图

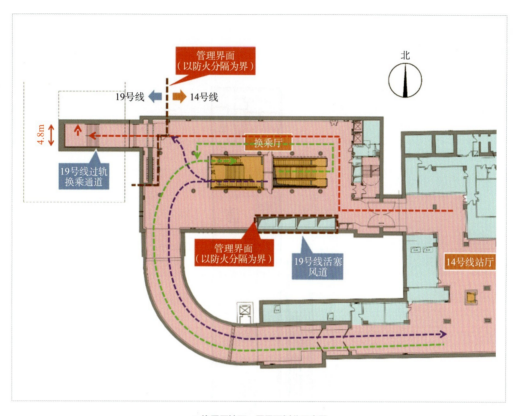

▲ 换乘厅地下一层界面划分示意图

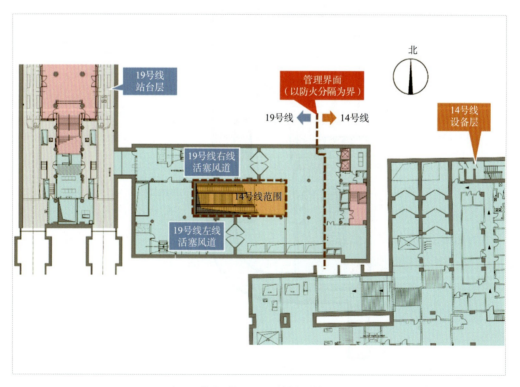

▲ 换乘厅地下二层界面划分示意图

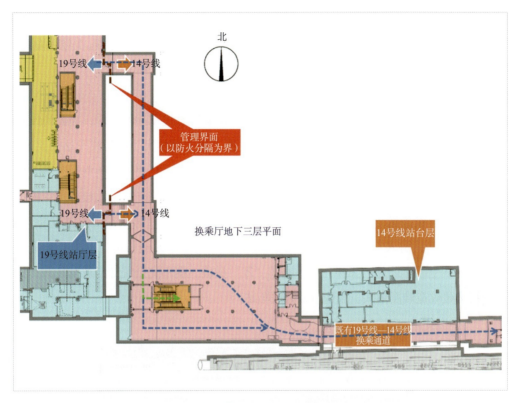

▲ 换乘厅地下三层界面划分示意图

此次改造看似规模不大，但是涉及的专业众多。除结构专业和直接改造设备用房的通风、动照、人防信号专业外，还有给排水、自动售检票（Automatic Fare Collection，AFC）、通信、综合监控［火灾报警系统（Fire Alarm System，FAS）、环境与设备监控系统（Building Automation System，BAS）、门禁］以及导向和装修等专业。由于14号线景风门站当时虽然未开通，但设备均已投入运营，需要在尽可能不影响通车的情况下进行改造，改造时还要协调好各专业的设备拆除和安装顺序，以免影响设备的安装和使用。最终，在各设计专业和施工单位的共同努力下，改造工作顺利完成。

5.3 积水潭站改造

积水潭站为北京地铁19号线和2号线的换乘车站，位于新街口北大街和德胜门西大街交叉路口，东临解放军歌剧院、什刹海西海，西临新华百货商场、新街高和商务楼、徐悲鸿纪念馆，北临护城河、德胜门。周边现状以商业、居住用地为主，规划用地以产业、文物保护区为主。

1）改造难点

（1）换乘流线组织

19号线与2号线运能不匹配，且换乘客流较大（占总客流的84%），19号线换乘2号线客流达1.3万人/h，对既有2号线站台冲击较大，客流组织按照2号线乘客快速离开、19号线乘客缓慢有序进入的原则设计。19号线换乘2号线通过加宽加长换乘通道，扩大地下集散空间，增加楼扶梯设施，缓解换乘通道的通行压力，实现乘客缓慢有序进入2号线；2号线换乘19号线通过加宽通道宽度，加大节点蓄客空间，来实现乘客快速离开2号线。

（2）既有线改造

为实现两线换乘功能，缓解8辆编组A型车对6B编组形式车站的冲击，提升两线车站舒适性，对2号线车站进行了"大幅度"的改造。改造工程主要加大了2号线车站公共区空间，将西侧站厅原有安检及售检票分别改移到地面厅，改造既有A、D出入口地面厅，在2号线车站轨行区上方，沿西侧站厅边跨加长楼板长度约45m，在加板区域新建3组楼梯和1部垂直电梯，加宽站台既有设备区走廊，并改为公共区走廊。利用并改造2号线车站预留节点空间（已封存近40年），在D出入口增设直出地面的垂直电梯，提高车站通行能力，提升车站服务水平，实现2号线全线车站站内无障碍电梯乘车"零"突破。据不完全统计，截至目前，积水潭站是2号线土建改造难度最大、改造量最大的车站。

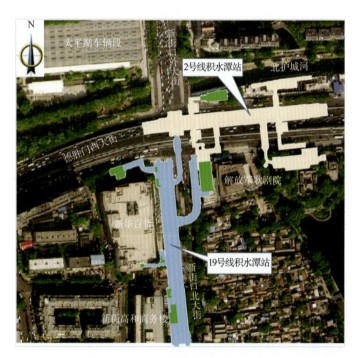

▲ 积水潭站站址环境图

2）改造策略

（1）总图设计

19号线积水潭站为地下三层明挖岛式车站，2号线积水潭站为地下二层明挖岛式车站，两线呈L形站位。两线共设置6个出入口（其中A出入口和D出入口为改造口）、2个换乘通道、6个安全出口、2个无障碍出入口、2组风亭及1组冷却塔。

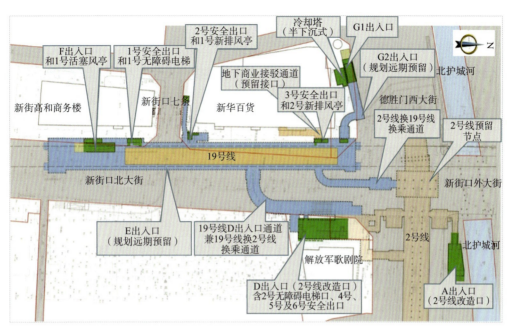

▲ 积水潭站总平面示意图

（2）换乘设计

换乘平面设计为两线采用通道与节点结合的单向循环换乘形式。

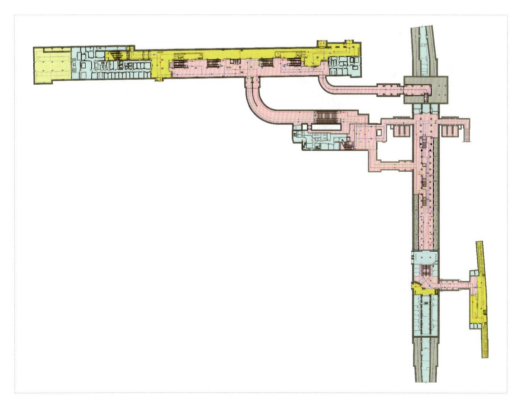

▲ 积水潭站换乘平面示意图

换乘流线设计如下所述。

① 19号线换乘2号线：从19号线站厅层北端付费区引出一条单向10m宽的换乘通道，分别接入2号线西端站厅，并与2号线车站西南口通道连接，改造出入口地面厅为地面售检票，实现台—厅—通道—厅—台换乘；在换乘通道内增设1部无障碍电梯，实现两线无障碍换乘。

② 2号线换乘19号线：从2号线既有换乘节点下层站台引出单向5m宽的换乘通道与19号线站厅层付费区连接，实现台—通道—厅—台换乘。

（3）改造设计

① 平面设计

a. 西侧站厅层改造

将2号线车站西侧站厅层原有进出站闸机组、售票亭、自助售票机和安检分别移到A、D出入口地面厅，将西厅公共区变为付费区，以便19号线换2号线的换乘客流和A、D出入口的进出站客流使用。

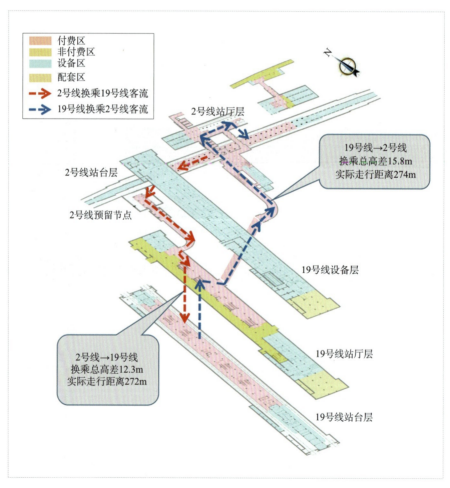

▲ 积水潭站换乘流线示意图

破除 2 号线西厅南侧墙，新建通道接口，在原轨行区上方增加一段楼板，将现有 5.6m 宽进出站楼梯破除，新建 3 组 3m 宽楼梯，1 部无障碍电梯，作为西厅进出站和换乘使用。

b. 西侧站台层改造

为了满足 2 号线至 19 号线换乘客流通行流线及能力需求，需将西侧站台到站厅公共区的一组 5.6m 宽的既有楼梯破除，新建一组 3m 宽的楼梯，扩大了 2 号线侧站台空间，防止狭小空间内站台客流的集聚。

需将现状宽 2.5m 的设备区内部走廊加宽到 3m，同时将其更改为公共区走廊，走廊南侧的民用通信机房需改造，女更衣室和保洁室需改移到站台层的现状浴室，并改造现状浴室。

c. 预留节点改造

将预留节点楼梯由 2.7m 加宽为 3m，并改变楼梯落点位置。

将预留节点下层空间底板回填素混凝土，满足 2 号线换 19 号线换乘通道高度的要求，剩余不利用的空间做防火封堵隔离。

在预留节点侧墙开洞，新增换乘通道接口。

▲ 积水潭站A出入口改造后效果图

d. A 出入口改造

A 出入口位于德胜门西大街北侧，临近北护城河，为 2 号线既有出入口。将现状一层地面亭扩建，现状建筑面积约 165m^2，改造后建筑面积约 363m^2，总占地面积约 803m^2。

现状一层为非付费区，改造后将原车站西厅部分进出站闸机组、售票亭、自助售票机和安检移到一层地面厅内。

现状 A 出入口地面亭距河道管理控制线最近为 6m，改造后地面亭距河道管理控制线最近为 5m，河道管理范围为 8m。

e. D出入口改造

地面建筑改造：拆除现状2号线地面两层建筑和歌剧院综合楼地面两层建筑，新建单层地面建筑。其中，2号线D出入口现状地面建筑，一层建筑面积约290m²，二层建筑面积约290m²，共计580m²；改造后单层建筑面积约707m²，总占地面积约为960m²。现状一层为非付费区和设备管理用房区，设一处安检，改造后将原车站西厅部分进出站闸机组、售票亭、自助售票机移到一层地面厅内。

地下建筑改造：地下一层和地下二层为2号线调度运营用房。19号线D出入口通道超100m，需设1处安全出口，出地面部分需结合D出入口地面建筑统筹布局。

▲ 积水潭站D出入口改造后效果图

② 无障碍设计

在2号线站台至站厅新增1部无障碍电梯，在19号线换乘2号线换乘通道内新增1部无障碍电梯，在改造后的D出入口地面厅内新增1部无障碍电梯，为行动不便的乘客进出车站提供了无障碍设施。

3）改造前后对比

a）改造前

b）改造后

▲ 积水潭站站内改造前后对比图

a）改造前

b）改造后

▲ 积水潭站站外改造前后对比图

5.4 牡丹园站改造——采用多路径换乘既有站改造

牡丹园站是19号线与既有10号线的换乘车站。19号线牡丹园站位于花园东路、北太平庄路与北土城西路的交叉口北侧，与10线牡丹园站呈T形换乘。车站主导客流为C类（甲级、大型居住区），建筑等级为C类甲级。车站形式为地下暗挖两层岛式站台车站，车站采用8A编组形式，有效站台长为186m，宽为15m，标准断面顶板覆土约11.95m。

牡丹园站位于北土城西路南侧绿化带下方，跨路口东西向设置。为两端明挖双层，中间暗挖单层的端进式车站。采用6B编组形式，车站有效站台长为120m，宽为12m。

▲ 19号线与10号线鸟瞰轴测图

1）换乘方案

19号线牡丹园站为8A编组形式，10号线牡丹园站为6B编组形式。大客流量的19号线换乘10号线时，较易形成客流冲击，将19号线换乘路径设置为厅—通道—厅；10号线换乘19号线，则利用下漏通道，设置为台—通道—台的换乘路径。

（1）19号线换乘10号线

由19号线号线站厅引出2条4.6m宽的通道，在每条通道内分别设置1扶梯1楼梯连接10号线的东、西站厅，而后通过1部宽度为3m的楼梯下至站台层，实现单向换乘。由于该处的楼扶梯需承担进出站的功能，因此站台至站厅的楼扶梯为2部上行扶梯，站厅至站台的客流由2部3m宽的楼梯承担，满足运营需求。

（2）10号线换乘19号线

10号线站台层下漏2.4m宽的双换乘通道，折向北，分别设置了1部上行扶梯和1部1.8m宽的楼梯到达19号线站厅标高后，汇入19号线的南端，在南端设置了双扶梯一楼梯到达19号线的站台，实现"台—通道—换乘厅—台"的单向换乘。因此，客流瓶颈在于下漏的换乘通道处，通过客流计算，满足运营要求。

由于既有站的空间规模及结构特点，无论19号线换乘10号线，还是10号线换乘19号线，若采用单一换乘通道均无法满足客流要求且易造成空间失衡，故牡丹园站在两个路径上均设置了2个换乘通道，共形成了4条换乘通道。

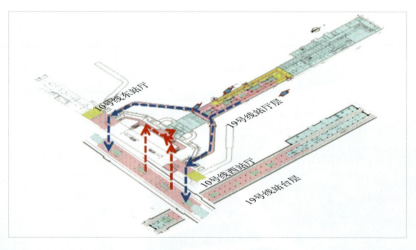

▲ 10号线与19号线换乘关系示意图

2）既有站改造方案

站厅：19号线至10号线的换乘为"台—厅—通道—厅—台"，19号线站厅层采用净宽4.6m的双换乘通道接入10号线的两个端厅。在10号线端厅侧墙开洞（4.6m×4.2m），其设备系统均由19号线车站系统带动，既有10号线站厅的系统不变。

站台：根据换乘方案情况，10号线站台层下漏2.2m净宽的双换乘通道，折向北，分别设置了1部上行扶梯和1部1.8m宽的楼梯，到达19号线站厅标高后，汇入19号线的南端，在南端设置了双扶梯一楼梯到达19号线的站台。因此，需要在既有站站台板和底板上分别开洞，根据结构计算的极限要求，下漏的换乘通道最大宽度有2.2m，底板开洞长约为12.23m，同时需对站台板上的供电线路、消防水管、给排水管及若干动照管线进行改移。

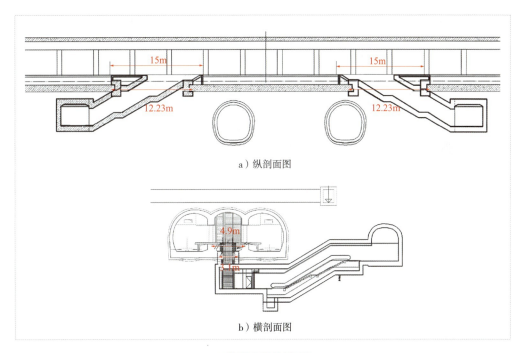

a）纵剖面图

b）横剖面图

▲ 牡丹园站改造剖面图

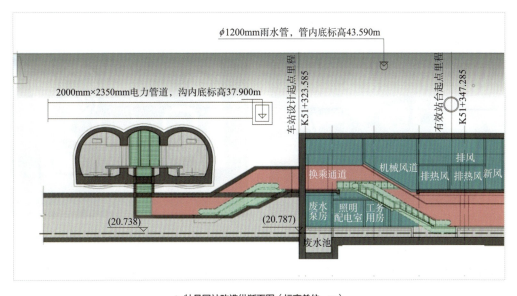

▲ 牡丹园站改造纵断面图（标高单位：m）

第6章
与穿城快线相适应的轨道方案

北京地铁 19 号线作为一条穿越南北城区的大站快线，如何有效保证列车高速行驶状态下的安全平稳和穿越城区的减振降噪成为工程设计的重难点。19 号线在设计阶段成功借鉴我国铁路成熟先进技术，结合工程自身高运量、高速度等特点，把国铁先进技术消化吸收后应用于轨道建设中，通过提升轨道扣件性能，优化道岔结构，应用预制钢弹簧浮置板新技术和优化梯枕铺设方式，分区段采取减振垫、减振扣件、阻尼钢轨等减振降噪措施的创新应用，极大地提高了 19 号线整条线路的建造水准，为 19 号线轨道高水平、高标准、绿色安全的运营打下了良好的基础。

6.1 提升轨道部件性能，改善服役状态

1）行车平稳，扣件护航

扣件是钢轨与轨枕连接的重要连接零件，用来固定钢轨，阻止钢轨纵向和横向位移，防止钢轨倾斜，并能提供适当的弹性，将钢轨承受的力传递给轨枕或道床承轨台。

本工程采用 ZX-2 型有螺栓弹性分开式扣件，弹条Ⅱ型弹性分开式轨道扣件，系统结构为带铁垫板的弹性分开式扣件，具有扣压力大、强度安全储备大、残余变形小等优点。铁垫板上设置 T 形螺栓座，通过 T 形螺栓紧固弹条。T 形螺栓插入铁座与钢轨间，设置轨距块以调整轨距，不同型号轨距块设置不同颜色，便于隧道内识别使用。

▲ ZX-2 有螺栓扣件

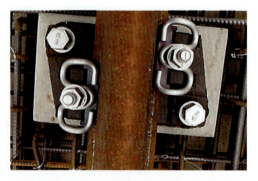

▲ 不同颜色轨距块

2）高速行车，道岔保障

传统地铁 9 号道岔直向允许通过速度为 100km/h。本工程为南北大站快线，设计时速高，

要求传统9号道岔需满足直向120km/h通过速度。按照此通行时速需求，对9号道岔进行设计优化：①辙叉优化设计，优化直向翼轨冲击角；②护轨优化设计，减小冲击角，满足直向120km/h通过速度要求。通过上述优化，实现列车在高速行驶通过道岔时的状态平稳，乘坐舒适性高。此外9号道岔侧向通过速度低，侧向翼轨采用原设计，也满足交叉渡线的使用要求。

6.2 打造"绿色"轨道，实现高可靠、高标准、高工效

19号线穿越北京市中心城区，铺轨条件受限，且沿线环境敏感点多，正线减振地段比例高达84%。因此，轨道减振设计优化时，要提升减振设计方案的可靠性，确保高质量的行车基础；要优化现场施工方案，确保在紧张的铺轨工期条件下实现轨通。

1）高可靠的预制化技术

钢弹簧浮置板自身的固有频率较低，减振效果显著，一般大于15dB。液体阻尼钢弹簧浮置板相较于固体阻尼减振效果有所提升，故液体阻尼钢弹簧浮置板轨道在我国城市轨道交通特殊减振地段普遍采用。

影响钢弹簧浮置板道床减振降噪效果的最大因素是系统设计与制造质量。考虑到现浇施工质量对钢弹簧浮置板减振效果影响大，19号线采用了预制钢弹簧浮置板。预制式钢弹簧浮置板通过标准化、专业化、工厂化的生产，完全消除了因钢筋密集、现场作业条件有限导致的钢筋绑扎不到位问题；消除了顶升过程中的浮置板破损问题，有效提高了浮置板轨道的施工质量。由于预制式浮置板现场拼装施工，不需进行钢筋笼的绑扎、吊运、隔离膜铺设等工作，减少了大量繁重、复杂的手工作业，降低了劳动强度，施工效率提升了15%以上。

▲ 预制钢弹簧浮置板

2）高标准的通用化设计

19号线轨道工程所用钢弹簧浮置板由3个不同的厂家提供，方案的差别将给轨道建设、维护都带来了困难。为提高设计效率、降低采购成本、加快安装速度、改善作业环境、减少维修备品种类，最大限度地实现轨道系统管理和技术人员、维修机械设备、轨道备品备件等资源共享，提高综合效益。19号线在设计上统一采用全线预制浮置板设计方案，实现特殊减振地段高标准的通用化设计。

19号线所采用的预制钢弹簧浮置板结构，是在总结传统设计、生产及施工经验的基础上，考虑预制浮置板形式尺寸、板体配筋、隔振器布置、曲线段调整、杂散电流排流等方面，研究并优化板体结构、配筋设计，既降低整体配筋率，又加强了薄弱环节；曲线地段采用半矢距方式调整横向偏移量，最大限度降低对运营期间扣件调距能力的影响；在板内设置排流系统，避免杂散电流引发的电化学腐蚀。

3）高工效的梯枕铺设方案

由于设计模数问题直线且处于$R \geqslant 500m$曲线段，传统的梯形轨枕应采用6m枕，无法组成25m整轨排，施工中常采用"锯轨法"或"窜轨法"。锯轨法将25m钢轨锯短为24m，造成了轨料的浪费，每公里损失80m钢轨，直接经济损失6万元。窜轨法循环采用"6个轨排+1块梯枕"进行铺设，铺设效率低。

19号线优化设计既有的梯枕方案，将既有的6m梯枕优化为7.2m梯枕，优化后可进行25m整轨排施工，施工效率提升了20%，同时工艺的优化减少了轨料浪费，按照每公里减少锯轨损失6万元计算全线节省投资100多万元。

▲ 50kg/m钢轨7号可动心轨辙叉单开道岔现场铺设图

6.3 上盖建筑，"静轨"保障

为减小振动和噪声对上盖物业开发的影响，轨道针对不同区域采用相应的成熟减振、降噪措施，包括减振垫、减振扣件、阻尼钢轨等设备，并在局部进行技术创新及质量提升，咽喉区无缝化，从源头改善了咽喉区的振动和噪声水平，为下一步土地开发提供更优质的环保保障。

1）消除道岔"有害空间"

既有城市轨道交通车辆段咽喉区7号道岔为固定型辙叉道岔，存在道岔"有害空间"，车轮经过时会发出"咯噔咯噔"声，振动和噪声大。城际及高速铁路的大号码道岔均为可动心轨辙叉单开道岔。经过多年的运营实践，可动心轨辙叉道岔消除"有害空间"后可以从源头上降低振动和噪声，有效改善道岔的工作状态，提高列车运行平稳性，延长设备使用寿命。因此，7号可动心道岔是解决车辆段上盖物业振动噪声的关键设备。与固定型辙叉道岔相比，可动心轨辙叉道岔减振效果为3～4dB、降噪效果为4～5dB（A）。

为从源头减小振动和噪声，借鉴上述高铁技术，19号线在最不利位置处铺设一组50kg/m钢轨7号可动心轨辙叉单开道岔。该道岔消除了有害空间，实现了优化轮轨关系、降低轮轨冲击振动、从振动源头降低振动噪声等效果。

2）咽喉区无缝化

地铁车辆段列车均为空载低速运行，除道岔有害空间外，钢轨轨缝多，接头振动大，是轮轨产生噪声的主要原因。因此，车辆段无缝化能有效减少车辆段的轮轨振动与噪声。车场曲线较多且半径小，且车场内列车速度较低且轴重较轻，其无缝化的关键技术在于如何保证在小半径曲线条件下，线路具有足够的稳定性。

根据无缝线路稳定性影响因素，线路横向阻力是制约小半径曲线地段铺设无缝线路的关键。基于振源控制的轨道减振降噪设计理念，19号线建立了车辆段咽喉区无缝线路计算模型，提出了咽喉区稳定性计算方法，采用了臂展式阻力枕等轨道无缝化关键设备，并在新宫车辆段某曲线实施了小半径曲线无缝线路。碎石道床轨枕纵横向阻力测试表明，臂展式阻力轨枕道床横向阻力均值比Ⅲ型枕道床横向阻力均值提高了23.17%。臂展式阻力轨枕道床纵向阻力均值比Ⅲ型枕道床纵向阻力均值提高了8.79%，解决了车辆段无缝线路稳定性的技术难题。

▲ 臂展式阻力枕现场铺设照片

第7章
因地制宜设置机电方案

随着我国经济社会的不断发展，人民的生活水平越来越高，对城市轨道交通建设的质量也提出了更高的要求。现代城市轨道交通机电设备安装的过程，涉及供电系统、通信系统、信号系统、通风空调、给排水及消防、屏蔽门、电扶梯、报警等多个专业。在安装过程中，需要科学的管理手段，实现多专业工程相互配合，并根据工程需要因地制宜地采用更先进的施工技术与设计方案，来保证机电安装工程的施工质量。

19号线一期工程是一条穿越中心城区的大运量南北快线，车站主要集中在城市中心地区。考虑到每个车站受自身条件的限制，要与环境协调，满足节约土地资源等要求。为保证机电安装工作质量达到一定的标准，并在后期的运行过程中保持安全平稳，在设计阶段因地制宜地进行了巧妙设计，做到了一站一方案。

7.1 结合车站自身条件寻找冷却塔最优方案

每站结合自身条件限制，因地制宜，对沿线冷却塔进行噪声控制，做到一站一方案。通过采用下沉冷却塔、风道内置式冷却塔、屋顶冷却塔、设置声屏障等措施，提升了沿线景观品质，降低了站点的噪声及卫生安全影响。

独特风道内置式技术的应用，创建了适应深度要求的冷却塔形式，采用风道内置式冷却塔技术，突破了常规冷却塔只能室外设置的限制条件，保留了传统高效的冷却系统，为城市繁华地带地铁车站室外冷却塔的占地、景观、噪声等问题带来了新的解决方案。

新宫站：利用下沉广场角落，设置单面进风横流冷却塔，降低冷却塔视角，对周边环境的散热与噪声影响较小。

景风门站与北太平庄站：冷却塔都设置于一体化开发楼顶，环境敏感点的太平庄站采用了单面进风横流冷却塔降噪措施。

牛街站与积水潭站：地处宣武医院、北二环繁华地带，分别采用下沉与半下沉式冷却塔的消隐措施，通过设置冷却供回水管线的管沟和设置通往室外地面检修楼梯保证检修等措施，做到了与环境景观的完美融合。

平安里站：室外冷却塔边缘距居民住宅过近，需要满足《声环境质量标准》(GB 3096—2008)居住区1类标准白天55dB、夜间45dB的要求。因此，采用静音式单面进风横流塔加声屏障方式，达到了在设置冷却塔后，几乎不增加既有环境噪声值的效果。

太平桥站与牡丹园站：室外无冷塔位置，结合车站剩余空间设置风道内置式冷却塔，避免了报规占地、景观、环境卫生、噪声等影响因素带来的一系列问题。

7.2 实现不同市政水压的消防系统均迅速自动启泵

根据车站市政常水压，调试各站消防泵房压力开关动作值，确保压力开关动作值高于车站市政水压，稳压泵组启泵值高于压力开关动作值；确定市政常水压、压力开关、稳压泵组启停泵之间的切换关系。

深埋车站或者结合一体化开发的车站，消防泵房距室外地面 20 多米，市政水压可达到 0.40MPa。不能用市政部门出具的市政最低水压来计算压力开关动作值，须参考全线各站点的现场市政常水压，调试出消防泵房压力开关的动作值，确保压力开关动作值高于市政水压，稳压泵组启泵值高于压力开关动作值，确定市政常水压、压力开关、稳压泵组启停泵之间的压力值切换关系。

7.3 区间管道适应预埋槽道设置转换支架的巧妙思路

国标图集与验收要求区间管道接口、消火栓口、阀门处距离支架不大于 0.3m，盾构区间预埋槽道支架间距为 1.2m，必然要新增区间管道支架。为避免在结构上二次打孔，破坏区间结构盾构管片和防水层，削弱其强度，加强区间消防管道的可靠性，19 号线创新采用了将区间管道新增支架与盾构区间预埋槽道处支架生根的技术措施，研发结果应用于预埋槽道支架体系。

▲ 区间预埋槽道及衍生支架

7.4 厅下台上车站的机电设备系统防灾设计

一般类型的地下车站，站厅层置于站台层上，发生事故时乘客由站台通过站厅疏散到站外。景风门站站厅层置于站台下方，乘客的疏散路径为先下到站厅，再由站厅层直通站外的楼梯疏散到外界。

景风门站站厅发生火灾时，站厅、站台楼梯口之间的防火卷帘落下，站厅层的火势不会蔓延到站台上，站台上的乘客可以通过安全疏散楼梯疏散；如果站台发生火灾，为确保乘客能迎风疏散，需要开启车站送风系统向站厅送风，乘客向站厅疏散。通过对车站排烟系统的模式调整可以满足消防要求。

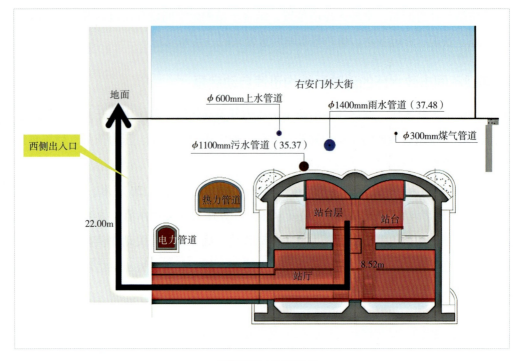

▲ 景风门站防灾疏散示意图

7.5 自动扶梯故障诊断系统

　　自动扶梯作为乘客进入地铁的第一道机械设备系统，且为特种设备，其安全性尤其重要。随着轨道交通线网的发展，每个城市自动扶梯配置的数量也越来越多，全线乃至线网的维修工作量也越来越大。随着轨道交通智能化的发展以及云平台的诞生，从设备计划维修也逐渐过渡到预防维修的阶段。通过设备安装传感器、网络敷设传输数据，经过积累数据、数据分析、故障判断、提前预警等过程，提高了自动扶梯的安全性，也加强对设备的检修、维护管理。这既实现了扶梯维修的降本增效，又促进了自动扶梯维修智能化的发展。

　　2021年年底开通的北京地铁19号线一期工程的10座车站，目前已安装160台自动扶梯。这些自动扶梯全部安装了自动扶梯故障诊断系统，该系统能对主要机械部件的运行状态进行检测，实现自动扶梯主要机械部件的故障趋势预测和机械故障报警及智能诊断。自动扶梯故障诊断系统由传感器、采集器、服务器等设备组成，通过传感器检测主要机械部件的运行状态，进行智能预警判断，并通过专家系统对设备进行智能诊断。基于状态检测与智能预警诊断系统的预测性维护具有提前预警、故障定位能力，可提高维修效率，增强维修水平。

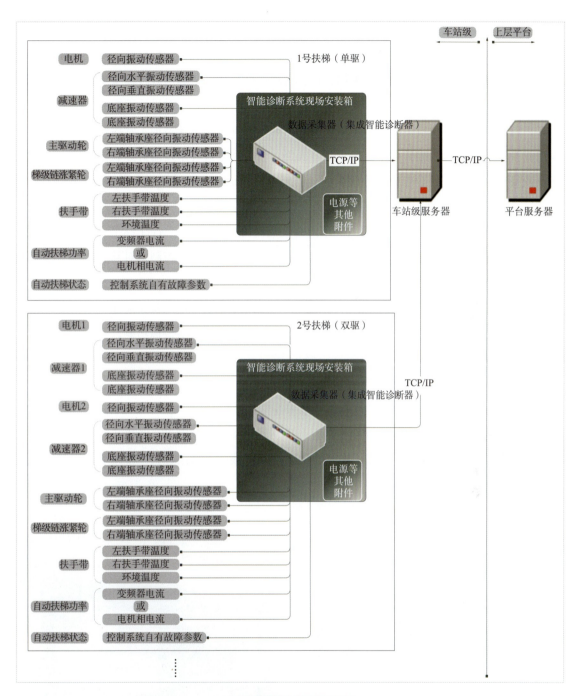

▲ 智能诊断系统主要结构示意图

7.6 站台门系统

1) 站台门与信号系统采用灵活编组设计

建设单位在北京地铁 19 号线一期工程通车前提出二期工程可能采用灵活编组技术，要求一期要预留灵活编组条件，满足不同编组车辆停靠上下客的需求。

站台门系统作为乘客上下车的第一道安全防护设施，在不同编组运营模式下正确启闭相应滑动门，保证乘客通行效率，提高客运服务水平，成为重要研究方向。目前，站台门和车门通过继电器的硬线传输方式来控制开关门，在全自动运行模式下依靠网线传输实现站台门和车门的对位隔离，而这种传输和控制方式仅对单一的车辆编组适用。面对灵活编组和协同编组运营模式，若采用传统的硬线传输逻辑，不仅需要增加继电器数量，还增加了管线敷设工程量、工程建设投资及后期运营维护成本。对于既有线路，管线敷设过程中还需拆除装修吊顶，工程实施及恢复难度较大，还存在既有系统扩容、需要及时调试，改造过程也会影响运营的安全性。针对这种情况，站台门系统急需突破传统开关门控制理念，应用新一代通信技术，代替多编组中继电器的增加，实现不同列车编组、车门对位隔离等信息传递。站台门系统通过软件开发、通信传输、智能化的信息技术，实现对不同编组模式下站台门启闭控制，对互联互通、网络运营、智能运维、节能降耗有着重要的意义。

北京地铁 19 号线一期工程，站台门要适应 4 辆编组、8 辆编组以及 4+4 虚拟编组的混跑模式，站台门与信号系统接口在原有的继电器的基础上，增加了通信传输功能，能够适应不同编组的混跑模式。

2）个别车站站台门与 PIS 屏结合设计

为了提高乘客在车站有效地读取车站车载乘客信息系统（Passenger Information System，PIS）屏信息，在原有的车站 PIS 屏设计的基础上，个别车站增加了车站 PIS 屏和站台门固定门结合设计，扩大了 PIS 屏的尺寸，提高了乘客的观感。19 号线的草桥站和太平桥站均采用了站台门和 PIS 屏结合设计方案。

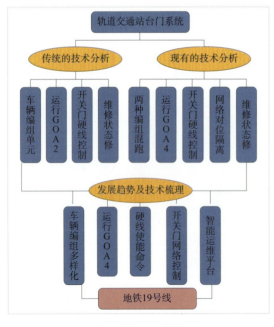

▲ 轨道交通站台门系统图

▲ 站台门和PIS屏结合设计图

7.7 简化折返线事故通风方案，降本增效

国内地铁项目中，线路端头为满足隧道内的通风换气要求，通常做法是在端部设置一个与隧道上下行连通的风井，作为区间通风使用。19 号线区间隧道端头停车线风系统优化，在取消了端头区间风井的同时，利用区间端头停车线满足通风及防灾的功能。新宫站到起点之间的隧道作为停车线使用，除满足通风要求外，还需要考虑防灾要求。

19 号线在隧道的端部以迂回风道的方式将上下行隧道连通到一起。通过新宫站两端的区间事故风机和设置在端头隧道内上下行的射流风机实现联运，无论在隧道内上下行任一处发生事故，都可以利用新宫站距起点的事故风机将发生火灾隧道内的烟气排除，保证另一侧隧道正压，保证司机和乘客可以迎着新风疏散到非事故区间，并为消防人员提供必要的新风。该系统可在不增加投资的基础上，保证正常通风的效果和事故工况下运行安全。

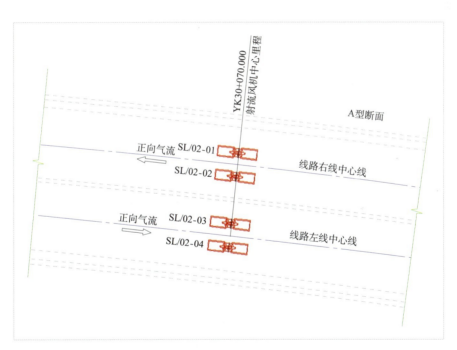

▲ 新宫站射流风机平面布置示意图

**北京地铁19号线
一期工程建设纪实**

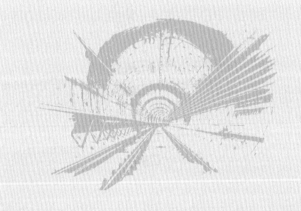

第 3 篇
CHAPTER 3

人文篇

　　城市轨道交通是现代城市高度发达的交通系统中最主要构成方式，是现代社会高科技文明和生活方式的一种具象表达方式，本身就具有其特殊的文化属性。这种属性一方面可以用快速、高效、准时等词语形容其作为现代城市交通文明带来的便利性，另一方面则可用陌生、冰冷、破坏、干扰来形容其建设和运营过程中对城市和居民的影响。随着中国城市轨道交通建设规模的不断增长，越来越多的建设者认识到轨道交通人文属性的重要性。北京地铁 19 号线一期工程，南北向穿越中心城，从元大都遗址到海棠花溪，从积水潭的洗象池到牛街的长椿寺，从右安门的金中都故址到新宫的王朝旧忆，一条线几乎串联了北京城的几百年历史。因此，我们在建设过程中高度重视人文建设，希望在保护这些历史文脉的基础上，让轨道交通能融入这一悠久历史的叙事当中，并成为故事的一部分。19 号线一期工程沿线分布牛街礼拜寺、长椿街、齐白石故居、元大都遗址公园等 13 处文保单位。尊重是我们设计和建设方案的根本态度，在长椿寺片区，让文保成为片区的主角，将地面附属进行全方位的消隐，轨道交通不仅要把自己"藏起来"，还要通过我们的建设改善片区居民与文保之间的融合关系。在平安里片区，我们更是将出入口进行仿古设计，使现代交通设施融入北京的老城风貌之中。

　　在保护历史文脉延续的同时，我们也在思考如何让现代的交通方式成为历史文脉的一部分。19 号线全线 10 座车站，以"荟萃京华"为主体，深入发掘每个车站所经区域的历史文化特征，通过车站装修聚集、放大该区域的文化内涵，并通过车站艺术品的设置打造延续历史文明的现代文明形式。牡丹园采用"海棠花溪"为主题，将车站周边自然景观用抽象的牡丹花形式得以表达；北太平庄以"中华师道"为主题，讲述了中国轨道交通的发展历史；积水潭以"水韵"为主题，回溯万邦来朝、洗象于池的盛世；平安里以"平安灯会"为主题，再现上元灯会盛世；太平桥站以"金融"为主题，讲述了中国经济发展史；牛街以"民族团结"为主题，再现各民族的风土人情；新发地以"菜篮子"为主题，新宫则是再现云上宫阙盛景。我们希望通过这些挖掘和提炼，让城市轨道交通不再是冰冷的交通设施，能给匆匆而过的乘客以文化的滋养，成为城市的文化名片。

19 号线一期工程穿越中心城，在保护历史文物的同时还担负着城市更新改造的任务，是北京首条从全线角度进行一体化研究的线路。项目组首次在城市轨道交通领域提出交通引导城市更新的概念。全线一体化基本分为综合利用、功能织补、通道衔接以及附属衔接等四种类型。在整体思路引导下，我们实现了轨道交通建设更新城市生活的目标。

人文是城市轨道交通建设的高阶目标。我们在建设过程中通过保护、整理、发扬和更新等方法实现人文目标的同时，19 号线一期也成了这个城市文化特征中的一部分，其中包含了轨道交通建设者对历史的尊重，对文化认识和再创造，以及为广大城市居民创造便捷生活的美好向往等诸多要素。

//人文篇

第 1 章
轨道与文保融合设计

文物是一座城市古老历史的投射，轨道交通是现代城市文明的代表。让文物遗存在现代的建设中得以保护和延续，并在现代城市中得以彰显历史的存在，是城市轨道交通建设应有的态度。北京地铁 19 号线沿线穿越中心城核心区，沿线分布着大量国家级文物保护建筑，设计建设过程中我们在牛街站 B 口通过下沉广场将出入口和附属设施消隐于长椿寺的历史风貌当中，在平安里站 K 口建新如旧，将出入口按照周边风貌建筑形式建设。通过一系列的努力，让现代的轨道交通融入北京的历史文脉之中，实现了轨道与文物的共生。

1.1 下沉广场功能融合——满足文保控规

1) 藏起来的出入口

《北京城市更新专项规划（十四五）》明确指出，改善民生的工程要以"立足老城保护"为前提，推动首都功能核心区的"保护性更新"。牛街站 B 出入口位于长椿寺二类建控用地内，新建筑高度不得高于 3m，不满足地铁出入口基本高度要求。然而，经过对客流的一再模拟论证，B 出入口仍需设置于此。经过环境评估、防涝评估、造型论证等多轮技术研究，最终实现了引导人们先进入下沉广场再进入车站的乘车路径，从而实现了改善人们出行的轨道交通发展与首都文保的共生。

(1) 相约口袋公园

该场地所在区域为西城拆迁用地，经历了私搭乱建的房屋扩张，区域内拆迁后留有的场地边界参差不齐；置入地铁出入口、风亭组、安全出口等功能后，与北京回民学校之间的剩余区域已不具备通行条件。因此，该场地设计为口袋公园，既可以满足人们乘坐地铁时短暂休息的需求，又为传统城市片区增添了绿意。植物配置上在保留场地内老国槐的同时，补种牛街地区特色石榴树（因元代在此种植石榴成街而得名"榴街"，后演变为"牛街"），强调城市区域的视觉记忆。

(2) 拾阶而下的仪式感

考虑到地铁的无障碍通行需求，多次论证此处设置垂直电梯的方案。然而，由于地下空间几乎均被风道、出入口、安全口占用，同时有机房垂直电梯无法在 3m 高度下完成，在楼梯旁设置上下行扶梯以提升人们出行的舒适度。虽然要移步南侧 200m 左右的 C 出入口乘坐无障碍电梯，但正是这种局部功能上的不便，才确保到了城市文化内涵风貌的延续。

（3）沿着墙面去乘车

下沉庭院内的出入口在实现长椿寺文保净高的需求下，却也使得B出入口缺乏在城市界面上足够的可识别性；为了弥补这种视觉导向上的缺失，专门在庭院入口处设置了直达出入口的引导墙。同时，弧形墙面将下沉庭院中的乘客疏散区域、设备后勤区域进行了天然分隔。弧墙的内侧形成供大众使用的休息区，满足疏散广场的功能定位；弧形墙面的外侧供紧急疏散及设备维护使用。即弧线墙面与地铁侧壁间围合出两个小院落：一个含有紧急疏散时用的3号安全出口；另一个内置了冷剂式空调系统（Variable Refrigerant Volume, VRV）机组、新风亭、排风亭、活塞风亭等地铁设备设施。墙面采用穿孔金属板，晚间墙体内部透出星星点点的亮光，点亮人们乘车的路径。

2）围起来的城市担当

地铁附属作为交通建筑位于轨道交通用地内；考虑用地性质的公共性与使用功能上的开放性以及便于疏散的需求，使得地铁附属工程无须设置围墙，多采用界石明确用地边界。而牛街站B出入口口袋公园处却由地铁建设了围墙，这象征了轨道交通的城市责任与担当。

永久占地东侧为北京回民学校，现围墙多为原居民山墙，除部分经校方修缮外多已残破且损毁严重。地铁承担了北京市教育委员会、城市管理委员会和街区的委托；在明确双方产权的基础上，在地铁用地红线内为学校建设围墙。地铁建设者主动的拓展身份，深入了解并尊重校方的需求，不断推进方案的演化，为周边城市区域的品质提升贡献了工程智慧。

校内局部围墙作为辽仙露寺故址的景观背景，承载着建校几十年来师生的共同记忆，这里更是毕业生留影的最佳打卡地；南侧还有一棵园林备案的古梧桐树，需要保留其原有生长范围。地铁在充分尊重校方意见下，将围墙边界适当调整，分别采用贴砌、依产权边界重建、依原位重建、保留现状墙体的设计手法，修缮后的围墙承载着更多场地原有的信息，使得树木也有了更优的生长环境，更为校方留下了珍贵的场所记忆。

▲ 牛街站B出入口实景图

人文篇

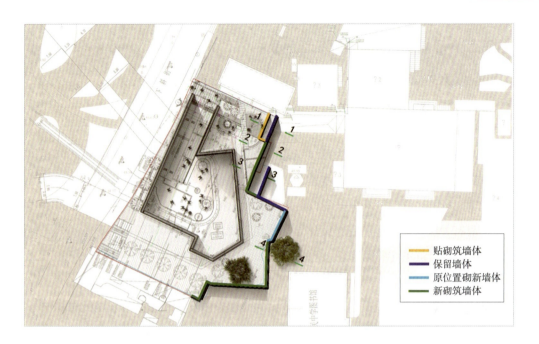

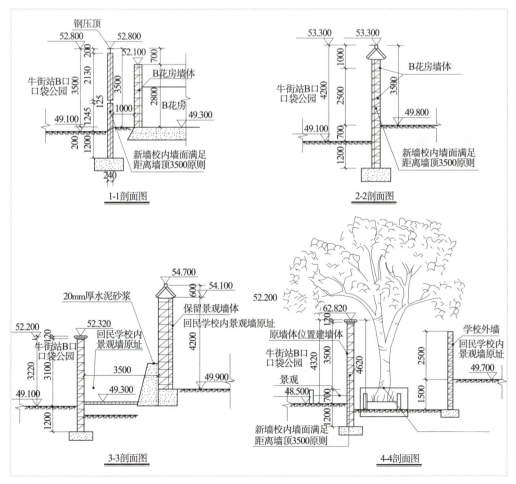

▲ 牛街下沉广场及围墙平面示意图（尺寸单位：mm；标高单位：m）

1.2 空间织补环境融合——实现街区风貌

1)历史建筑旁的城市更新

平安里站 K 口西侧为赵登禹路，北侧是宝产胡同，宝产胡同内曾有元代的古庙宝禅寺，故胡同也因寺得名，叫宝禅寺街，后改名为宝产胡同。隔着宝产胡同是历史文保建筑魁公府。魁公府为清裕亲王后裔魁璋之府，现为福绥境派出所等单位使用。府坐北朝南，自东向西共分六路，每路各有三至四进院落，格局基本完整。历史建筑作为城市记忆和文化遗产的载体，对周边空间有着重要影响。同时，场地处于核心区历史文化街区内，新建的平安里站 K 口需要满足国家和北京市有关法规、规范和更新设计导则的相关要求，保护和延续历史形成的胡同整体风貌也是设计中需要重点关注的问题。

2)化解尺度 融入老城

作为现代化城市公共交通设施，地铁出地面附属设施的尺度和体量与老城民居相比是庞大的。如何化解尺度，让其融入老城肌理？我们首先想到的是尽量减少出地面的建筑体量，整合地铁风亭的地下布置形式，将出地面的风亭数量由四个优化成三个。采用低矮风亭形式，结合景观设计对风亭进行消隐处理，最大限度地降低历史建筑周边的建筑高度。地面出入口延续北京传统建筑风格，采用三个坡屋面与两个平屋面相结合的形式，一方面三个坡屋面的屋面方向能坐北朝南，与历史建筑和周边民居方向一致，另一方面拆解后每个坡屋面的尺度与周边传统民居尺度相适宜。

3)地铁边上的口袋花园

考虑到宝产胡同的空间形态和尺度关系，延续宝产胡同的历史风貌和尺度，除地铁出入口外，几组坡屋顶建筑沿宝产胡同南侧边界贴邻布置，形成宝产胡同的南侧界面，同时以院落整合场地，将地铁出入口和三组风亭组织于三组院落之内，穿行在宝产胡同之间，地铁出入口整合在一组传统建筑群落之中。除出入口、风亭等地铁功能以外的院落，置入社区健身公园、口袋花园等多样功能，将丰富的市民生活融入历史街区。大大小小院落、狭长的巷道空间、有屋架覆盖的半室外亭榭通过洞口互相通达，并与周边胡同和道路相连。围合的社区休闲小院创造舒适的绿化空间，满足居民的休闲需求。悠长的慢行小径，为人们提供欣赏历史风貌和自然元素的机会。在地铁出入口附近设计社区活动场所，促进社区文化活动和居民互动。

4)街角的公共空间塑造

沿着赵登禹路一侧院落以相对封闭的山墙勾勒出沿街界面，院落围合的区域成为城市收纳空间，将与地铁交通接驳的自行车、电动车停车收纳于此。街角开放的集散广场上绿树成荫，与城市家具相结合，作为城市公共空间，给进出站的乘客和周边的居民提供休息和交流的场所。

通过以上的工作，我们在尊重历史建筑的同时，整合不同功能和景观元素，塑造出功能多样、美观宜人的城市公共空间。这样的更新计划将保护历史风貌、整合功能、创造城市公共空间相结合，实现历史街区的保护和更新。

▲ 平安里站K出入口景观风貌设计示意图

第2章
重视车站装修——打造城市文化名片

2.1 轨道空间艺术一体化研究——以新宫站为例

随着城市化进程快速稳定发展，城市轨道交通已经成为解决大城市交通问题的重要手段，轨道交通公共空间是城市公共空间的重要组成部分，是城市文化的重要窗口。公众也对轨道交通在解决城市基本交通功能的需求之上，提出了更高的文化诉求。

轨道交通车站空间环境在满足基本的运营管理功能后，对空间环境的舒适度、艺术化程度、视觉效果等需求也变得更为强烈。城市轨道交通公共空间也是宣传城市形象、承载历史文化的重要空间载体，是城市生态环境和人文生态环境的一部分。

我们提出了空间艺术一体化设计原则，对新宫站进行新的设计方法研究。希望在空间艺术一体化设计原则下，控制建设与运营成本的同时，打造规模适当、以人为本的轨道交通公共空间，现以北京地铁19号线一期工程新宫站为例，阐述这一设计原则。

新宫站与既有4号线新宫站采用双通道T形换乘，车站位于槐房西路与规划京良路东延交叉路口东侧，为明挖地下三层五柱六跨13m双岛式车站。新宫站的装修设计延续19号线"荟萃京华"的线路主题，作为特色文化车站。我们将"新宫新景"定义为本站的文化切入点，将"新宫"建筑轮廓剪影与车站空间造型元素结合，整体空间延续标准站简约现代的风格。以白色为主色调，绿色为装饰色调，与未来新宫生态宜居的发展定位相呼应。同时在站厅中心位置设置公共艺术品《云景宫阙》，与空间主题遥相呼应，打造沉浸式空间一体化轨道交通空间。

新宫站装修首先提出了空间整合原则，具体包括以下三个方面：

一是整合空间功能与乘客行为。城市交通运行具有早晚高峰时效性特点，需要快速汇集与疏解人群。通过合理地运用流线设计、功能分区布置、运营管理等方法整合乘客行为，实现在有限的公共空间中对大批量乘客行为进行统一引导。对新宫车站人流量比较集中的楼梯口区域、进出站闸机区域、换乘通道区域进行重点设计，并且根据功能分区与吊顶的疏密变化进行结合。通过功能与空间形式的结合，更好地服务于乘客，提高乘客的乘车及换乘体验。

二是整合空间界面。常规的导向系统安装位置与形式，往往与车站整体空间脱离，容易影响空间与艺术品的最终效果。通过前期对新宫站的空间梳理与人流分析，结合导向功能的需求，我们通过新宫站全专业BIM的方式进行梳理与碰撞实验，实现取消导向安装在高空间的长吊杆现象。通过整合进出站闸机的AFC系统联动牌体与换乘通道门套的空间界面，最终实现空间效果与导向功能的完美结合。新宫站作为三层双岛四线明挖车站，设备管线路由相对复杂。为了满足设备专业的功能需求和空间效果,通过横担的方式进行整合梳理,并且将灯具、喇叭等功能需求在横担上整合后一起实现。

▲ 新宫站厅实景图

▲ 新宫站进出站闸机

三是按照空间舒适度进行整合。在以功能使用为主要原则的前提下，我们将空间塑造进行局部裸露的处理方式，以创造合理的空间尺度。这可以减少乘客在空间行走中的压抑感，提高乘客在行走过程中的舒适度。运用合理的灯光布置与色彩设计改善实体空间的缺点，以求营造舒适的光环境来提升空间舒适度，从而有效提升运行效率。新宫站通过分层次，抓重点的灯光设计思路，实现功能需求，氛围营造，艺术提升。不同的设计方式进行分层次、分区域的照亮，提高乘客在进出站及换乘过程中的舒适度。

▲ 新宫站厅实景图

新宫站的装修方案还体现了模数化原则。城市轨道交通建筑结构系统单一，空间形式简单，功能组织明确，线路中站点设计具有可复制性。另一面轨道交通施工复杂，造价成本较大，应遵循模数化原则进行设计，降低施工难度与施工成本，便于设计结果满足工业化制造，集成模块建造的需求。新宫站作为文化特色站，我们在实现空间艺术一体化的原则下，装修材料和造型尺寸遵守模数化原则。在实现空间效果的前提下，使建筑的各部位在尺度上和空间布局上趋于合理的配置。

城市轨道交通公共空间设计，早已不是单纯的建筑和室内装饰设计，其俨然成了一个综合性的设计学科。本次新宫站空间艺术一体化设计试图打破城市轨道交通公共空间设计中多专业"各自为政"的传统工作模式，提出了在满足文化需求以及各专业功能需求的前提下，优化设计流程，协同多专业设计信息，实现真正的一体化设计落地，为今后轨道交通车站的装修设计提供一个新思路。

2.2 文化赋能——打造装修艺术车站

艺术品设置对于城市的意义，首先是顺应时代发展，展现新时代特征，提升城市形象，并有助于城市形象创新。其次，通过地铁装修和艺术去了解地域特征，理解城市，从而融入城市。艺术品对于轨道交通的意义，首先是提升公共交通服务形象，建立城市轨道交通服务和交流的新概念。其次是创建新的城市场所，重新建立城市流动认知。装修艺术品对于城市居民的意义，是为市民在地铁出行过程中提供一种新的交通生活方式、新的城市与人的关系、新的工作与休闲的关系。再次是提高城市居民生活质量，提升公众公共服务体验感。最后，提供和增加了民众参与文化艺术的机会和场所。

19号线装修设计总体理念是"荟萃京华"，是对传统文化的一种演绎。全线车站各具特色，都是传统与现代的结合，在建筑空间装饰艺术一体化设计下，最终呈现优美庄重的视觉效果。19号线沿线拥有丰富的文化资源和深厚的文化底蕴，艺术家根据沿途的文化凝练出精彩的艺术品，是物质与精神高度融合的体现，艺术品的设置带给了乘客惊喜，改善了地下车站压抑的心理感受。艺术品的加入让地铁具有了人文属性，用人文艺术激活思维、优化地铁公共空间品质，塑造城市的核心精神和文化格调，构建宜人且丰富多彩的人文活动空间，彰显城市品格、活跃城市人文氛围、培育创新动力。

牡丹园站的"牡丹"一词来源于原牡丹电视机厂，站点周边并无牡丹花文化元素。该站紧邻小月河公园，每年春季小月河两岸海棠花盛开为京城一景。换乘厅以春天盛开的海棠花为主要内容，并把地面的风景延续到地下车站中，以平面化、象征性、装饰性为表现形式。采用玻璃马赛克镶嵌的材料和加工工艺，让整幅壁画特点突出，线条舒展流畅，色彩明艳而靓丽。他们分别安装在换乘通道的两端呈对称关系。鲜明的色调在白色的背景上突出醒目，为空间增加了亮点。

▲ 牡丹园站内壁画《海棠花溪》（作者：陈晓林）

▲ 牡丹园站内壁画《海棠花溪》（作者：陈晓林）（续）

　　牡丹园站厅另外一组作品采用马赛克镶嵌工艺把牡丹平面化，构成艺术品象征性、图案化、同构共形的视觉效果，表现出"花中之王"牡丹花的富贵吉祥、国色天香、仪态万千之美。通过地铁车站的艺术品来呼应牡丹这个词，形成人造景观。艺术品的加入让这个车站个性鲜明，既凸出了花的主题，又融入了周边的文化特色。本站利用公共空间进行文化表达，使乘客形成"积极的情绪"。

▲ 牡丹园站内壁画《牡丹花开》（作者：冯烨）

　　北太平庄站毗邻北京城建大厦，是北京城市建设的一个缩影。站厅层设置了一组作品，分别为《时空穿梭》《跨越未来》《提速时代》《钢铁洪流》《掘进天地》《记忆永恒》六个时代主题，意在表现轨道交通的过去、现在、未来发展愿景，从而彰显城市轨道建设者的艰苦奋进、砥砺前行的远大理想和宽广的胸怀与格局。

整组壁画，由多组异形画面组成，与装修中突出的弧线风格相得益彰，同时运用了具象与象征手法相结合的现代造型语言。整组壁画采用水刀切割天然石材镶嵌手法，共选用世界各地天然大理石近百种，精密切割成各种造型，进行紧密镶嵌。将新颖的构图造型手法，与瑰丽的天然材料肌理相结合，形成极大的视觉冲击。

20世纪80年代德国慕尼黑地铁就意识到："使用艺术元素应该有助于使乘客的等待更加愉快"，北太平庄站的艺术实践也说明了：美使人愉悦。

▲ 牡丹园站内壁画《跨越时空》（作者：孙韬、孙英、禄龙）

▲ 牡丹园站内壁画《跨越时空》（作者：孙韬、孙英、禄龙）（续）

积水潭站，积水潭曾是漕运的总码头，也是皇家的洗象池。从元代起，来自暹罗、缅甸的大象，就作为运输工具和宫廷仪仗队使用，在夏伏之日，驯养员会带领大象到积水潭洗浴。车站站厅侧墙装修设置了窗井，艺术家在窗井内进行创作。以"水韵"为设计主题，整体墙面设计为茶色调。借凭窗远眺积水潭景色，回忆洗象池、漕运船、观鱼曲桥、春堤观柳、德胜门、望海楼的传统古建筑之美景，颇具古风，意在还原传统水墨画的意境。设计以流动的水纹和缥缈的云雾作为墙面背景，与装修设计的网状护板和谐搭配，共融一体。

▲ 积水潭站内作品《凭窗忆景》（作者：夏威夷、滕玥）

站厅层的另外一组作品，以漕运与洗象为主题展现积水潭过往的繁华"画卷"。虽然漕运景观不复存在，但却通过艺术作品重现了这一景象，作为一种美育和文化传承坐落在车站内。艺术存在的作用之一是对抗记忆的流失，帮助乘客追忆往昔，把最美好最珍贵的画面留在墙壁上。

▲ 积水潭站内作品《潭波回影》（作者：芮法彬、石硕）

　　在积水潭站楼扶梯上方设置有两组以鱼为主题的艺术品，通过描绘锦鲤游动的姿态，展现了水的灵动与韵律，力求达到有水不见水的含蓄之美。锦鲤自古被赋予美好的寓意，祥云是吉祥、富贵的象征，现代人又赋予锦鲤和平、友谊、飞黄腾达、健康、幸福好运等新的寓意。

▲ 积水潭站内作品《波光锦簇》《锦华秀波》（作者：张朋、郑克旭）

　　积水潭换乘通道上，一组绿意盎然的作品点亮了通道空间。作品描绘了波光粼粼的水下世界，透过射进水中的光线，茂盛的水草仿佛在随着水流曼舞，红鲤鱼群在水中自由地游弋嬉戏。元朝时期的积水潭曾经是大运河运粮的"终点站",当时的漕运景象十分繁忙,随着时代的变迁,积水潭逐渐成为城里休闲聚集的场所,商业逐渐发达起来。现在,积水潭是北京城中重要的滨水休闲地之一。壁画在波光粼粼的水下静静地躺着漕运的铁锚,仿佛在诉说着悠长的历史。

▲ 积水潭站内作品《曼舞游鱼》（作者：何威、张俊清）

平安里站的装修体现"平安灯会"的主题,艺术品的创作则围绕市井生活展开。在站厅侧墙处有一幅壁画,体现的是灯会的繁华景象。作品画稿采用了油画绘制,制作方法为微晶石雕刻彩印工艺,结合了北京平安里的文化特色,生动地描绘了一个明代元宵灯市和古董贸易相结合的集市活动。作品探寻宋明风俗画的文化规律,又呈现出一种新时代绘画的观看特点,把一种文化方式、精神气质运用到新的绘画语言之中,表现出一个全景视角下中国民俗生活的文化精神内涵。

▲ 平安里站内作品《上元灯会》（作者：叶剑青）

人文篇

　　文化艺术能够让乘客激发出对美好生活的期望，好的作品可以让人心旷神怡，生机勃勃的生活场景是一种美的传递、一种希望的传递。在平安里站的换乘厅，有一幅作品《玉树临风》，表现出四合院安安静静、和和美美、与世无争地生活。运用高温花釉古朴典雅的装饰特点打造了花木扶疏、幽雅怡人的院落景致。仲春时，春风吹醒满院芬芳，玉兰树被春风唤醒，白色与娇粉色的玉兰抢尽了风头，清香四溢，沁人心脾。古藤、古槐、月季、牡丹、丁香、蝴蝶兰等争奇斗艳。空中盘旋的鸽子发出亦低亦昂的哨声，更为四合院家常美景添上几分灵动，为作品增添了生机，带给乘客希望与憧憬。

　　平安里站将站厅中柱通过设计改造成灯柱，包括了旋转"走马灯"灯柱和固定"走马灯"灯柱，并使"点亮生活、光照万家"主题融入每一根灯柱造型的设计之中。站厅中的柱子为东西方向双行排列，为突出重点，在东西两端各设计了一对表现传统节日庆典的旋转"走马灯"，并采用民间皮影戏的表现形式，让"走马灯"动静相宜、独具特色。同旋转"走马灯"接续排列的固定"走马灯"灯柱在设计上强调了窗格造型特点及图案化的都市生活绘。应用玻璃彩绘工艺，使每一根灯柱的光与色都与站厅环境的整体氛围和谐统一。

▲ 平安里站内作品《玉树临风》（作者：赵健峰）

▲ 平安里站内作品《走马灯》（作者：陈晓林、赵健峰）

太平桥站作品将金融商业史和经济发展史中的信息整合、提炼，运用中国水墨画的表现手法，通过铜板腐蚀、锻造等工艺制作，呈现了多幅画面对古今中外的金融历程。作品以"十四五"规划中关于金融和经济的相关论述为主线，结合"金融""经济"等词条，极富创意并形象化地将它们融入"地图"。浮雕部分则分别从农业、运输、货币等多个角度描述了金融形成的历程，以艺术化的方式表现经济的发展脉络，象征着中国经济的蓬勃发展。

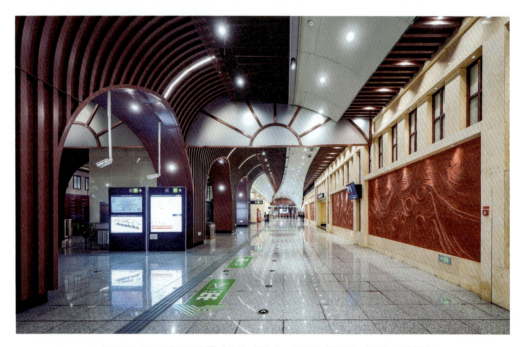

▲ 太平桥站内作品《金融图语》（作者：邱志杰、郭立明、崔冬晖、栾明蔚、刘慧贤）

牛街站壁画是著名画家刘柄江、周玲夫妇历经两年，于1982年完成的大型公共艺术壁画（后被拆除）。壁画通过调整作品构图，着力体现中华民族共同体意识。壁画是由多个少数民族人物、上百只鸟兽和多种民族地区生活娱乐场面组成的大型壁画。作品原作是油画材料表现手法，现在呈现的是符合轨道交通安全规范的马赛克艺术表现手法，在各方的通力合作下，在力保体现作品原貌的基础上，更增加材料的独特艺术表现力。

▲ 牛街站内作品《创造·收获·欢乐》（作者：刘秉江、周菱、刘烨）

▲ 牛街站内作品《创造·收获·欢乐》（作者：刘秉江、周菱、刘烨）（续）

新发地被称为北京的"菜篮子"。壁画充分展示地域特色，以瓜果、蔬菜为主要形象，将形态各异、色彩艳丽的花朵、果实融合并置，形成气氛热烈、喜气洋洋的温馨画面，营造出丰收、甜蜜、幸福的意境。作品借蜜蜂和蝴蝶传花授粉的劳动来赞颂人们的乐观、勤奋和创造，表达对美好生活的向往、热爱。作品采用波普艺术手法，一种主要源于商业美术形式的艺术风格，其特点是将大众文化的一些细节，如连环画、快餐及印有商标的包装进行放大复制。本站艺术品落成后，颇受年轻人喜爱，是流行文化的一种体现，车站艺术成为激活大众审美的一张名片。地铁作为紧密联系生活的公共空间，是良好的美育媒介，展现了地铁建设者的社会责任。画面中一个醒目的巨型西瓜门格外引人注意，是艺术性和功能性的结合体，立体的造型使壁画更加活泼有趣。

▲ 新发地站内作品《瓜果欢乐颂》（作者：李青、陈诗卉）

新发地站楣头墙壁画五彩缤纷的瓜果成为壁画的主角。可爱的造型、亮丽的色彩和律动的线条共同编织出一个奇幻缤纷的童话世界，点亮了空间，带给人们好心情。平淡无奇的水果，在我们的生活中触手可及；而水果又那么不寻常，它带给我们的甜蜜感受无可替代。楣头墙作品仿佛瓜果踏着节拍唱响欢乐的乐章，引导乘客体验生活的多彩多姿。

▲ 新发地站内作品《瓜果蔬香》（作者：李青、宋琨）

　　艺术品可以疏导人的情绪，壁画可以是一个窗口，一个情绪转移的目的地。景风门站壁画作品以意象长卷的形式把乘客带入一种极具老北京特色的夏日情怀，展现了记忆中北京南城惬意、恬静的生活状态。作品以玻璃马赛克镶嵌作为壁画中景物的主体语言形式，前景形象则采用难度极大的手工彩釉陶瓷浮雕形式制作。整体画面温润华丽，色彩丰富，层次鲜明。"虫鸣城池外，鹊起柳荫下"，微风、绿柳、飞鸟、竹笼、蜻蜓、天牛、知了、鸣虫等相映成趣，一步一物，移步易景，展现平静生活中的情趣与大自然的美好。隐约可见的城楼诉说着历史的逝去与永存。作品展现出的活力和生机，打破了地铁车站的冰冷。同时，绿色调也带来了舒适与宁静，引发乘客的共鸣。同一幅作品可以读出喜悦，可以读出悲伤，也可以引发人的思考，让艺术作品成为乘客正视情感的载体。

▲ 景风门站作品《城池柳荫》（作者：王长兴、贺亮）

　　另外一面壁画则表现了右安门外地区的城市夜景。画面选取了周边典型建筑作为主体构图元素，将幻化的右安门城楼廓影与现代城市景象并置叠加，实现历史记忆与现实生活的碰撞。作品采用了金属浮雕、瓷板浮雕、马赛克镶嵌三种艺术语言相结合的形式。蓝紫色调的玻璃马赛克与金色浮雕搭配格外幽静深沉，表现了北京城市的沉稳与大气。振翅的鸽群、翱翔的纸飞机、摇曳生姿的柳树象征着古老的城市愈发生机盎然，承载着我们对未来的美好期望。

▲ 景风门站内作品《右安今韵》（作者：王长兴、李青、贺亮、闫先科）

最南端的新宫站，作品以中国宫殿屋顶为原型，表现一种云景天宫的奇幻景象，震撼心灵。本次艺术品创作的位置选择站厅吊顶处，同时配合地面处理，上下呼应，形成一种强烈的艺术空间氛围。将宫殿屋顶运用玻璃线刻的手法呈现，当配合的灯光泛起，重叠的玻璃之间透露出虚幻的宫殿轮廓，加之天花板的图像对蓝天白云的模拟，使得宫殿如同沉浸云端，梦幻迷离。好的艺术作品可以让乘客达到内心平和与平静，乘客对于艺术品的解读可引发不同的内心触动，地铁艺术旨在引导乘客形成正面积极的情绪反馈。地铁文化艺术不应该是玄妙不着边际的，而应该是具体与环境相融合的，新宫站采用了立体装置式的艺术作品，与车站空间融为一体。这体现了一种艺术精神，一种简单的乐趣，一种美的引导。

▲ 新宫站内作品《云景宫阙》（作者：创作团队）

19号线一期工程全线10座车站，均设置有艺术品。19号线每个车站都各具特色，既有传统的中国画风格，也有现代艺术的特征，不断地丰富着北京城市的艺术文化财产。全线文化主题为"荟萃京华"，装修及文化艺术品通过工程实景实现了这一主题。文化艺术被认为是一种疗愈，乘客在地铁出行途中，艺术发挥了疗愈功能，纾解了紧张、压抑、复杂的心境。艺术作品默默地发挥着功效，填补了车站中的审美空白。艺术与地域、生活又是休戚相关的，全线作品主题与内容均不同，其中的某些作品能够满足特定人群在某些时刻的情感需要。因此，文化艺术可以帮助乘客更好地享受出行。

空间装饰是对地域文化的体现，既是文化自信，也是装修设计创新与精细化结合的体现。艺术家较好的利用了车站空间，实现轨道文化艺术建设对城市物质和精神文明发展的有力推动，也实现了19号线设计之初对于打造"网红线路"的设想。进入19号线，乘客往往被站内的公共艺术品吸引，驻足围观、拍照留念。平安里站、积水潭站、牛街站、新宫站成了城市的新型活力点，吸引了众多年轻人打卡。通过艺术文化和轨道交通的结合，提升整个城市的文化形象。

第 3 章
人性化设计

3.1 迎宾亭——标准出入口人性化设计

出入口是地铁连通城市的主要门户，我们对 19 号线的出入口进行了标准化设计，希望通过统一的建筑语言，能够跨越时间的长河，给人以历久弥新的感觉。标准口地面亭采用了预制装配式或现浇式施工，为地铁出行提供视觉可识别性的同时，还成为可供人们短暂休憩的城市家具。

1）特有的视觉标志物

出入口地面亭作为地铁特有的出入空间，既承载着快速出行的使命，又需具有高度的可识别性，其独特的视觉符号便于在城市背景中被快速识别。而作为穿越北京核心区的标准口，在彰显个性的同时，必须具有高度的文化融入性，不能以奇奇怪怪的形式语言破坏所在区域的和谐。因此，以现代钢结构雨棚隐喻传统大木作屋架形式，配合代表了现代技术的装配式梁柱系统，整体建筑主色调为灰色，在绿树掩映下，融入整个环境，形成特有的既现代又隐喻传统的标准口地面亭——迎宾亭。

2）便于收纳地铁设施

地面亭的一个重要功能就是收纳防洪设施，如沙袋、防洪挡板等。出入口前方的墙面还要预留张贴有关通告的展示背板墙。本工程设计利用幕墙系统构造特点，利用封闭背板墙体范围内放置防洪设施，由此形成整洁统一的视觉效果。

3）亲人的座椅与绿化空间

地面亭作为小尺度交通建筑，除了满足人们的地铁通行需求外，还能为城市、为人们提供更多服务。如结伴出行的人们可在此等候，路途中的老者可在此短暂休息；这里能提供绿色植被，为缓解城市热岛效应尽绵薄之力。将外围护界面的幕墙系统结合座椅设置，在地面亭出入口长向上为街道提供休息座椅；在地面亭背面区域结合地下通道顶板区域设置绿化种植池，利用幕墙拉索构造实现植物攀爬网架。

▲ 标准出入口（装配式）示例

3.2 人文关怀——多样的物业结合方式

随着城市轨道交通里程的增加,乘客在轨道交通系统中逗留的时间日渐增加。如何为乘客提供便捷温馨的附加服务成为轨道交通日益关注的问题。为了让19号线与物业地更好结合,我们在项目上进行了与物业结合的相关探索。

19号线一期工程在规划设计前期就开展了沿线用地综合开发的总体策划。对轨道交通工程用地控制的同时,也对周边可开发用地进行控制。这实现了地块开发设计与地铁车站设计的充分对接和设计预留,并在设计标准、施工分期、界面划分、手续审批等方面达成共识,形成了地铁车站和地块开发的经济和技术可行的一体化设计方案,顺利完成了政府相关部门的方案审查。地铁车站与地块开发一体化结合主要采用了以下四种类型:

1)小巧与便利——车站内部小商铺

在不增加车站规模且满足相关规范要求的前提下,每座车站利用站厅非付费区内的富余空间设置小型商业空间,用于设置书报亭、小型超市、自助售卖机等便民设施,方便乘客出行。

2)富余与利用——车站配线空间利用

新宫站周边规划为商业金融用地,现状已部分实现。既有居住小区和万达购物中心,已形成了客流量较大的商业氛围。因此,对既有地块开发建筑,设置车站和配线位置,利用车站配线对应的站厅层富余空间,作为物业开发空间,并与紧邻的地块开发建筑采用共享下沉广场和通道实现无缝衔接,实现区域内地上和地下的商业融合。

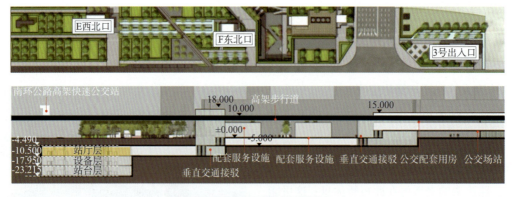

▲ 新宫站及周边规划示意图(标高单位:m)

3)遇见与衔接——车站与既有建筑衔接

位于成熟商业圈中的车站,周边地块有浓厚的商业氛围。车站设计优先落实规划意图,充分调研地块的综合需求。在互不影响、互惠互利的条件下,实现地铁车站与地块建筑的"共生共荣"。积水潭站位于新街口内大街的繁华商圈,在车站西侧外墙采用通道与既有新华百货的地下室衔接,两者既共享客流又独立管理,无论是投资还是运营均互补影响。

4）机遇与融合——车站与规划建筑合建

当地铁的建设引起周边地块的拆迁或周边地块面临更新改造的机遇时，可通过地铁的建设推动周边地块的更新和改造，实现地铁客流增长和地块价值最大化的共赢局面。优先将车站的附属设施与地块建筑合建，既能促使商业客流与地铁客流的增加、联系便捷，又能将原本零星分散的地铁地面建筑整合于物业建筑之内，避免对物业建筑的遮挡，对城市景观有较大提升。牡丹园站、北太平庄站、平安里站、太平桥站、景风门站均采用此手法，与地块物业建筑不同程度的一体化结合。对于地块物业近期不能实施的车站，考虑出入口、风亭的分期实施方案，并做好预留和远期转换的条件。

北太平庄站

牡丹园站

平安里站

太平桥站

景风门站

牛街站

▲ 车站与周边建筑一体化设计案例

3.3 多元化设计——提高与既有线车站的换乘品质

19号线是线网中新增快线通道,因此既有线几乎未对19号线新增车站做规划预留。19号线一期工程10座车站中有8座为换乘站,其中7座与既有线换乘。为了改善19号线的换乘条件,我们对既有线路进行了大规模的改造,以期形成良好的线网衔接换乘条件。

随着城市地铁交通网络的形成,换乘节点逐渐增多,换乘车站在轨道线路中的作用越来越重要,其设计布局合理与否,直接影响着乘客的换乘时间和整个网络服务水平。换乘车站一般位于区域的重要地带,不仅交通功能强大,也是城市人流的交汇点。换乘车站不但承担了交通功能,还能促进周边区域经济的增长,带动了区域土地的开发利用。

19号线一期工程的8座换乘车站中,有7座车站是与既有线车站换乘。既有线的通车年代从1984年跨越至2022年。不同时期的规划条件、技术水平和多变的空间需求,导致了换乘设计出现未在设计前期做好换乘预留或者前期预留条件与后期接入车站的需求不匹配等问题。既有线车站的规模、换乘设施的完备和换乘空间的容纳能力等因素制约了与后期接入车站的换乘效率和体验效果。这时单一追求"零换乘"的设计,反而带来更多的不利因素,如施工过程中的安全风险,乘客过度聚集的运营风险等。如何在避免或减少施工风险的同时,又能给乘客创造良好的换乘体验,是值得我们深入思考的问题。

▼ 19号线一期工程与既有线换乘站一览表

序号	站名	换乘线路名称	换乘线路运能	预留换乘条件
1	新宫站	4号线	6B	未预留
2	草桥站	10号线	6B	未预留
3	景风门站	14号线	6A	设备层预留接口
4	太平桥站	1号线、2号线	6B	未预留
5	平安里站	6号线、4号线	8B	站厅层预留接口
6	积水潭站	2号线	6B	站台预留节点
7	牡丹园站	10号线	6B	站厅层预留接口

7座19号线一期工程与既有线的换乘站设计,优先考量既有线车站的预留情况,评估对既有线的运营冲击和改造风险,调研车站周边地上、地下的可利用空间。根据换乘车站的区位、客流量、换乘方式,进行换乘细化设计,重点处理好以下几种关系:

1）流线与冲击

适当增加换乘流线的长度、分离换乘流线路径，可缓解换乘客流量较大的线路对运能较小线路的冲击。牡丹园站、积水潭站结合换乘客流量对既有线车站的冲击影响，将换入和换出方向分别采用不同的换乘方式。

（1）牡丹园站

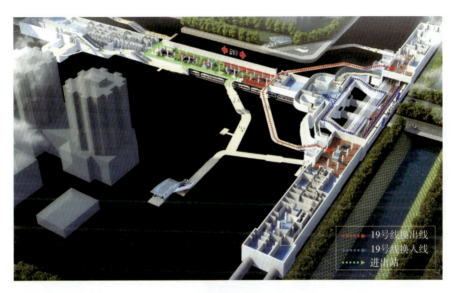

▲ 牡丹园站换乘流线组织示意图

（2）积水潭站

本站与既有2号线车站呈L形通道与节点组合的换乘方式。2号线在上层，19号线在下层。19号线换乘2号线采用单向换乘通道，2号线换乘19号线采用站台层节点实现单向循环换乘。此方案需对既有2号线车站内部进行局部改造。

▲ 积水潭站换乘流线组织示意图

2）空间与冲击

充分利用换乘方式形成站厅层宽敞的空间作为换乘缓冲空间，即使设置较短的换乘通道也不影响运能较小线路的运营。大兴线和19号线的新宫站均为地下双岛四线式车站，两线站厅换乘呈采用L形流线，可利用站厅空间和走行流线作为换乘缓冲，设置了两根长度仅24m的单向换乘通道。

大兴线和19号线换成车站——新宫站采用T形通道形式进行换乘，大兴线车站在上层，19号线车站在下层。此换乘方案需对既有大兴线车站进行少量改造。

▲ 新宫站换乘流线组织图

3）设施与时间

研究表明，大多数乘客的换乘心理时间阈值在5min以内。因此，通过提高换乘设施的能力，弥补换乘距离加长的缺陷，将换乘时间控制在5min以内，可避免乘客产生焦躁不安的心理。草桥站、太平桥站均有潜在商务乘机客流，可能携带大件行李的车站，通过采用换乘人行步道、大吨位和多数量垂直电梯等设施，提高换乘标准，缩短换乘时间。

（1）草桥站

机场线与19号线车站的票制不同，两线车站通过共用站厅层实现换乘。19号线与10号线车站采用单向换乘通道进行换乘。换乘通道长度约300m，在较宽的提升段设置了双向人行步道。换乘通道顶部可以自然采光，提升了换乘的舒适度。此换乘方案需对既有10号线车站进行少量改造。

▲ 草桥站换乘流线组织示意图

（2）太平桥站

车站近期经 D 出入口与既有 1 号线、2 号线车站实现地面非付费区换乘，远期与规划 R1 线呈 L 形通道换乘。利用 19 号线 D 出入口的预留换乘接口，同层接入 R1 线站厅层，借助 R1 号线实现与既有 1 号线、2 号线车站的接力换乘，最终实现四线换乘。

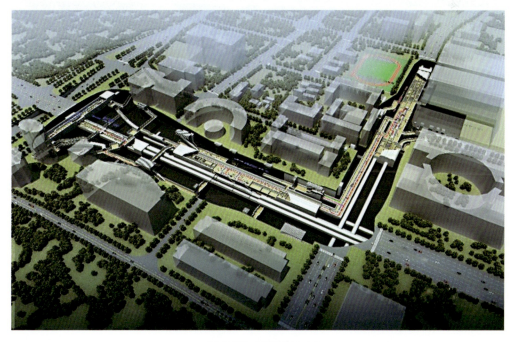

▲ 太平桥站换乘流线组织示意图

4）空间与品质

通过多变的换乘空间、引入自然光的屋面、多样的装饰墙面，提高室内空间的品质，对营造良好的换乘心理有着非常重要的意义。平安里站、景风门站位于老城区，由于受到自身站内空间的限制，换乘空间需要利用已形成的地面空间，结合改善城市功能、优化街区风貌进行一体化结合建设。

（1）平安里站

车站与6号线采用双向换乘通道与换乘厅组合的方式进行换乘，换乘距离约90m。远期利用6号线站厅层实现与规划3号线、既有4号线车站的接力换乘，最终实现四线换乘。此换乘方案需对既有6号线车站进行少量改造。

▲ 平安里站换乘组织流线示意图

（2）景风门站

车站与既有14号线景风门站采用L形换乘通道与换乘厅组合的方式进行换乘。19号线在上层，14号线在下层。19号线车站为倒厅式，站台在上部，站厅在下部。此方案需对既有14号线车站内部进行局部改造。

▲ 景风门站换乘组织流线示意图

▼ 19号线一期工程换乘车站优化设计一览表

序号	站名	换乘线路类别	换乘形式	换乘细化设计类型
1	新宫站	与既有线	通道	优化换乘距离
2	草桥站	与既有线	通道	提高换乘标准
3	景风门站	与既有线	通道+换乘厅	改善换乘空间
4	太平桥站	与既有线	通道	提高换乘标准
5	平安里站	与既有线	通道+换乘厅	改善换乘空间
6	积水潭站	与既有线	通道+节点	分离换乘流线
7	牡丹园站	与既有线	通道+节点	分离换乘流线

第 4 章
着眼一体化设计——地铁建设与城市更新并举

4.1 全线一体化，一站一定位—— 一体化设计总述及重点站设置

北京地铁 19 号线在设计之初，就从全线视角进行了一体化设计，首次在城市轨道交通领域提出交通引导城市更新的概念（Transit-Oriented Renew，TOR）。全线一体化基本分为综合利用、功能织补、通道衔接以及附属衔接等四种类型。在 TOR 概念的引领下，我们对全线车站进行了逐站一体化设计，有效地融合了城市轨道与城市生活，创造了大量换乘便捷、环境友好、人文气息浓郁的人性化空间。

1）便利的出行体验，完善的区域功能

线路始发南部新城区新宫站，贯穿草桥交通枢纽，衔接城市更新区景风门站，穿越古城风貌保护区平安里站，串联金融街、牡丹园等商业核心区。地铁附属设施周边城市区域类型多样、满足人们出行功能的同时，肩负着提升城市风貌、完善区域功能的使命。

地铁 19 号线是北京第一条全线一体化上报市政府批复的线路。一体化工作面临的问题各异，总的来说做到了因地制宜、因势利导；从方案设计到施工图各个阶段，与规划部门、一体化各专业、地铁运营等部门全程合作；实施市区联动，尽可能实现地铁附属一体化效果。

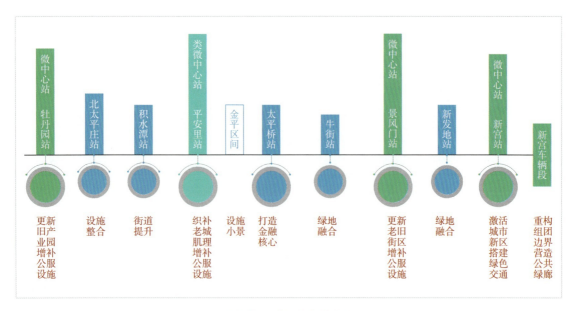

▲ 地铁19号线一体化工作重点

全线 10 座车站一体化方案分为综合利用、功能织补、附属结合及通道衔接等三种类型。将功能、景观、交通接驳等设计要素综合考虑，针对不同车站提出了具体实施策略，并经由市规划和自然资源委员会专家评审，将新宫站、景风门站、牡丹园站列入首批轨道交通微中心，平安里站提升改造成为推动地区持续更新的重点工程。

2）设计整体思路

伴随着北京大规模的轨道交通建设，地铁 19 号线着眼落实市领导提出的"将轨道交通作为城市发展的重要战略导向，促进轨道交通与城市协调发展"原则；在北京"提质减量"的发展大背景下，从城市发展、区域发展的角度出发，不断加深认知线路一体化设计内涵。一体化的工作目标也从简单定义的功能一体化、交通一体化、景观一体化，逐步发展为更具城市整体性、系统性、生长性的轨道交通微中心这一更高的一体化目标。"轨道交通微中心"是指站点周边一定范围内，与轨道交通站点充分融合、互动，可达性高，土地集约化利用程度高，具有多元城市功能，具备尝试感和识别性的城市地域空间。

地铁车站按照与地铁的结合方式主要分为以下三类：

一是附属结合及通道衔接类。这类方式主要体现在地铁 19 号线太平桥站。该车站东北口、东南口、无障碍电梯、安全口、风道等设施与西城区新兴盛项目一体化结合，车站西南口与联通公司通信生产楼项目一体化结合。侧重通道衔接的一体化设计，主要体现在地铁 19 号线积水潭站，该车站站厅西侧和新华百货地下连通。

二是综合利用类。这类方式是指车站周边建设用地，可以与地铁车站同步建设。例如，新宫站结合周边交通接驳、场地现状条件以及社区功能需求，以激活城市功能为主要策略，通过调整站厅布置，形成地下过街网络，建立公交主导模式的新型城市空间；通过敞口风亭、下沉广场等多种景观消隐方法，力求实现融入绿带的区域慢行系统。

三是功能织补类。这一类主要体现在地铁 19 号线平安里站和景风门站，结合车站外挂厅及出入口设置公共服务功能，设置社区服务中心，为居民提供便捷、舒适的城市生活。再如，在平安里站结合周边历史风貌遗存、场地现状条件以及社区功能需求，以功能织补为主要策略，织补了城市空间，完善了社区功能，并消隐了部分地铁 6 号线的遗留建筑。

3）重点站介绍

（1）新宫站——综合利用类

新宫站结合周边交通接驳、场地现状条件以及社区功能需求，建立以公交为主导模式的新型城市空间，力求实现融入绿化带的区域慢行系统。

（2）牛街站——附属结合及通道衔接类

附属结合及通道衔接类主要处理交通效率与城市景观的相互协调关系。B 出入口位于长椿寺二类建控地带内。采用下沉广场整合出入口、风亭等附属设施，以嵌套院落的方式实现内外分流，将轨道出行、尊重文保、口袋公园融为一体。

▲ 新宫站下沉庭院设计示意图（标高单位：m）

▲ 新宫站区域慢行系统

▲ 牛街站下沉庭院实景

（3）景风门站——功能织补类

功能织补类既能实现地铁附属功能，又能更新城市已建成区域，达到丰富区域功能和修复城市肌理的目的。E、G出入口等附属设施和外挂设备区与用地建筑一体化设计，形成地上地下复合利用，补充区域便民设施及公服设施短板，重塑街区风貌。为市民营造出可参与的屋面漫步庭院系统，同时对中部垂直交通空间的室外进行景观化处理，引导人们更多地参与富有活力的轨道交通微中心。

▲ 景风门站E、G出入口一体化结合示意图

▲ 景风门站D出入口安检厅实景

▲ 景风门站一体化鸟瞰图

(4)平安里站——功能织补类

本站处于新街口历史街区与现代城区交织过渡节点区域,项目结合平安大街整治,提升轨道交通节点周边环境品质。一体化建筑在地下换乘厅上方同步建设社区公共服务设施，采用北京传统四合院语言把地铁与公共服务功能有机结合，将新城市生活融入传统街区形态中。开创性地将自然光引入地下换乘通道，在提高空间舒适度的同时增强空间引导性，并提供应急缓冲空间。

▲ 平安里站鸟瞰图

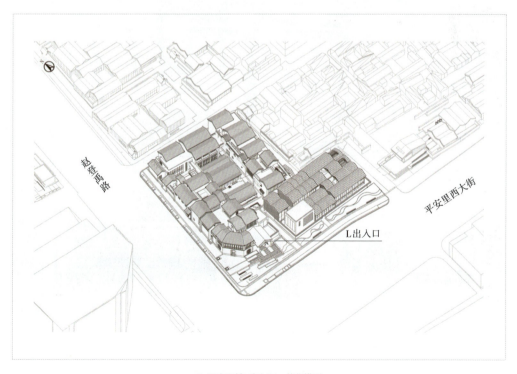

▲ 平安里站L出入口一体化模型

▲ 平安里站L出入口一体化拆解图

▲ 平安里站换乘厅

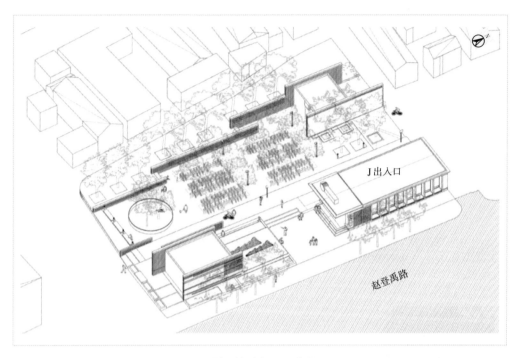

▲ 平安里站J出入口及口袋公园

▲ 平安里站K出入口及风亭组

(5) 积水潭站——附属结合及通道衔接类

本站为侧重通道衔接的一体化设计车站,车站站厅西侧和新华百货地下连通。为实现地铁2号线和地铁19号线的换乘功能,2号线A出入口扩大为地上安检厅,将地铁出入口等附属设施与河道景观、街区环境互动融合。

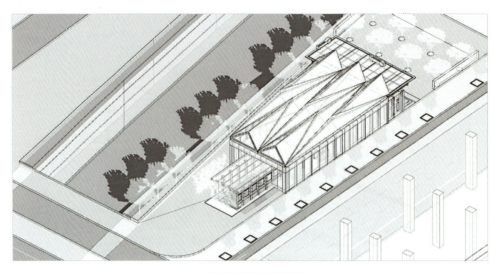

▲ 积水潭站A出入口示意图

▲ 积水潭站A出入口沿河视角

▲ 积水潭站A出入口室内实景

▲ 积水潭站D出入口室外实景

▲ 积水潭站D出入口室内实景

（6）牡丹园站——综合利用类

牡丹集团原拟进行园区的整体品质提升，结合此次地铁工程建设科研用房。F出入口、无障碍电梯嵌入路东沿街建筑；南侧附属采用低矮风亭组，及冷却塔下置的方式进行景观消隐，满足河道文物保护要求。

北京地铁19号线一体化设计共涉及9座车站，含有122项（组）附属设施。设计以塑造区域公共客厅为理念；将轨道出行、社区服务、亲切的空间体验融为一体，从而鼓励人们公共交通出行。我们建议一体化设计早介入，在出入口定位时更多考虑对城市空间的影响；在绿化景观实施中遵循一体化整体效果，从而更积极地提升街区品质并完善城市区域功能。

▲ 牡丹园站一体化效果图

▲ 牡丹园站科研用房与地铁连通示意图

4)一体化设计提升轨道交通的城市体验

城市轨道交通作为城市综合交通体系的骨干,其快速建设对城市社会经济发展起到了巨大的推动作用,北京轨道交通的发展对改善交通出行结构和城市布局优化的成效有目共睹。北京轨道交通一体化规划建设工作,逐步实现了公共交通与城市功能的叠合、聚合、整合与融合,已从早期的出入口与周边建筑一体化合建,逐步扩展至轨道与沿线土地规划实施协同、车辆基地综合利用、车站与重点功能区整体重构、站点与周边地块综合开发设计、站点周边地区地下空间开发利用、枢纽站城一体等多个方面。

2008年奥运会之后，北京城市地面交通拥堵情况愈发严重。以优化城市空间结构和缓解交通拥堵为目标，北京持续加大轨道交通的建设力度，轨道交通建设与一体化工作进入高速增长阶段，基本形成"方格网+环形+外围放射线"的轨道线网形态。

为了有力把握轨道交通发展的重要历史机遇，推进轨道交通场站与周边用地一体化规划建设，北京市接连出台《北京市人民政府关于创新重点领域投融资机制鼓励社会投资的实施意见》《关于加强北京市轨道交通一体化规划的工作方案》《关于加强轨道交通场站与周边用地一体化规划建设的意见》等指导性政策，进一步明确了建立轨道交通建设土地综合利用机制，对具备土地利用资源条件的新建轨道交通场站，划定综合利用范围，对轨道交通站点及周边、车辆段上盖及地下空间进行土地综合利用，相关收益全部封闭运作，用于反哺轨道交通建设。

本线设计之初我们借鉴TOD理论，结合北京城市发展特色，将自北向南穿越城市核心区及不同城市功能区的地铁附属设施充分与所在区域更新相结合；在轨道交通建设的同时梳理城市区域现存的问题，更多地关注老城区中人们对公共服务设施的需求，力求为出行打造更具参与性的动态体验，在实现高效出行的同时，补齐区域功能短板，使城市生活因轨道交通的介入而更加丰富多彩。

设计中采用整合犄角用地、增设公共服务功能、传承城市记忆、提升公共空间、优化各类交通设施接驳等设计原则，进行城市微更新。经由一体化设计形成结合轨道交通设施的城市微中心，使得这里不仅是交通通行空间，更是市民除家庭、工作地点外的"第三生活空间"，是区域的公共客厅；高效的出行、便捷的服务、亲切的空间体验，都是对人们公共交通出行模式的鼓励，从而推进绿色城市建设。

畅想未来，轨道交通的建设为构建高效的地下空间网络创造了绝佳条件，同时更为地上城市生活界面带来了有机更新的绝佳机遇。轨道空间一体化综合利用，地下、地上合理发展，充分考虑所在城市区域的风貌与文化内涵，必将为北京这座历史文化名城注入更多活力，提供出行高效、富有活力、立体集成、高品质的城市区域。

4.2 营造公共绿廊、重构组团边界——新宫车辆段

新宫车辆段位于北京四环外，土地利用价值极高。在新宫车辆段建设中，探索了城市上盖开发与周边规划和自然条件相结合的理念，将新宫车辆段上盖开发地块与北侧的城市公园连通融合，让车辆段上盖成为城市空间联通的纽带。

1) 重建"地面"，完形城市规划格局

新宫车辆段坐落于南四环外，中轴线以西新宫城市组团的西北角，南北向长约1060m，东西向宽约300m。作为大型的基础设施，其尺度对于以步行感受城市的居民来说十分庞大，其面

向城市的界面也是既枯燥又单调。此外，因用地条件限制，车辆段用地北侧楔入南苑湿地公园规划中，影响了湿地公园的完整性。

通过对车辆段进行上盖开发，我们得以利用重建的这层"地面"重新安排城市功能，完善城市规划格局——通过将包括幼儿园、中学、医疗、养老、小商业、住宅功能的综合利用部分南置，使各类使用功能建筑邻近新宫站点，方便市民出行；将北侧上盖区域还给城市，使湿地公园的边界得以完整，守住城市绿隔规划及城市级南苑湿地公园的规划布局。

▲ 新宫车辆段上盖开发后的城市规划格局

2）因地就势，营造区域公共绿廊

根据车辆段的工艺设计，地铁列车将通过八字线从正线爬升到车辆段，经出入段线、咽喉区，进入运用库。我们利用车辆段屋顶形成的第二层地面，借轨道从正线经八字线进入车辆段内部的不断爬升之势，在其上建造两条从城市到达上盖的路径。中间一条为主坡道，既是人们漫步休憩的路径，同时兼顾消防车上盖的功能。主坡道两侧规划了小型公共服务空间，未来可进驻便利店等商业功能，亦可作为社区图书馆等社区配套设施使用。另一条为台阶式缓慢爬升的路径，拆解成台地的形态，可更好地与小店铺等使用功能结合，形成可逛可驻的休闲上盖路径。两条路径在盖上聚成一股，延伸至北侧的咽喉区、运用库区域，并通过预留的绿化过街天桥通往湿地公园，形成了服务于区域的公共绿廊主线。绿廊在中部还向两侧生发，通过预留的过街天桥、侧壁设置的坡道、漫步道等形成网络，把原本被车辆段割裂的城市通过绿廊连接在一起。

▲ 新宫车辆段区域公共绿廊

3）辗转腾挪，重塑面向城市的边界

侧壁一直是车辆段在城市当中需要解决的问题。新宫车辆段面向城市一侧的功能为紧邻用地红线的试车线，其西侧为高达 18m 的联检库上盖，使问题更加棘手。首先，我们利用其距离城市街区及新宫地铁站最近的优势，借其顶面顺势形成一条上盖捷径，延伸出地块，连接至新宫地铁站，将来人们可以从地铁站出来，通过电梯上到空中人行连桥，可迅速地回到位于盖上的家中。又因其顶标高加上覆土正好为 10m 左右，即为盖上住宅地坪高度的一半，刚好可以把侧壁分为上下两段，减弱了 18m 超高侧壁对城市的压迫。其次，虽然试车线离用地红线最宽处只有 7m，慢慢收窄到贴临，但我们仍利用这个窄边，通过与试车线共构的方式，在靠近落地区入口一侧设置一组高低起伏的公共服务空间，未来可用作展厅、餐饮等场地。北侧因人流量会越来越小，公共空间的体量也逐渐减小，在上盖住宅北侧的入口节点附近，设置一组大开大合的坡道作为收束；再向北，放松为与盖上北侧运动活动场结合的攀岩运动设施，以及与湿地公园相结合的垂直绿化。

▲ 侧壁设计重塑面向城市的边界效果图

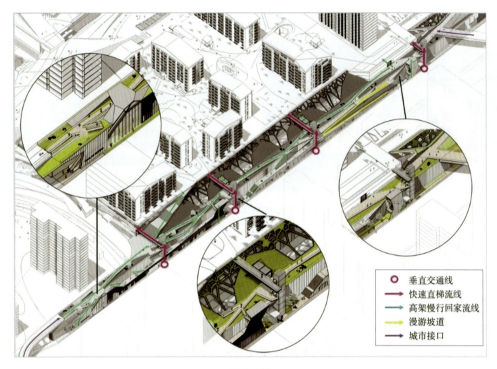

▲ 城市交通流线设计

4）上下统筹，车辆段与公园的握手

以往车辆段上的盖子一盖，盖下就成了"地下室"，没有采光通风，地铁运营人员的工作环境很差。我们通过结合盖上湿地公园的景观设计，设置了一些采光条窗，为盖下的地铁工作人员建立与天空、光线的视觉联系，缓解压抑感。此外，对位于用地西北角的综合楼也进行了优化调整，即通过对建筑进行退台式处理，为其提供了一组平台空间，地铁员工工作之余可以走出办公室，在景观平台上眺望湿地公园的绿色。同时，在退台上设置植物种植槽，将来等植物长出来，可为湿地公园的界面提供良好的景观视野，可连同车辆段北侧的上盖公园与湿地公园融为一体。

▲ 未来车辆段北侧与湿地公园融为一体的效果图

第 5 章
金融核心区车站一体化呈现

5.1 立足轨道交通，树立首都功能核心区城市更新典范

北京地铁 19 号线太平桥站位于首都功能核心区金融街区域，与既有 1 号线、2 号线复兴门站，以及规划 R1 线车站四线换乘，结合周边地面交通形成市内大型的多样化换乘方式的综合交通枢纽。按照先期规划、同步建设、组合重构的思路，本站建设和周边城市更新呈现多样化的设计特点。

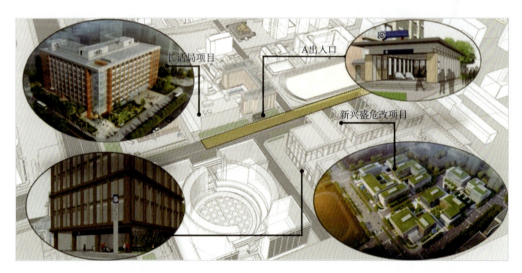

▲ 太平桥站周边重要项目

1）先期规划——金融街地下环廊的研究

金融街是北京市第一个大规模整体定向开发的金融产业功能区。经过二十多年的发展，金融街已经成为中国金融业最具影响力的金融中心区，建成了高品质的建筑群体和城市空间环境。已建成的西二环地下隧道在金融街地区设置若干个出入口，连接金融街地下环廊及各写字楼的地下停车场，但目前并未开通使用。

在继续提高地铁和微循环公交车协同服务水平的基础上，在有条件的区域，结合地铁建设，引入地下步行空间，与原有的金融街地下环隧连通，同时调整地面交通组织，改善地面步行环境，为金融街区构建便捷、舒适、高效的步行环境，提高步行出行、绿色出行比例，缓解城市交通压力。

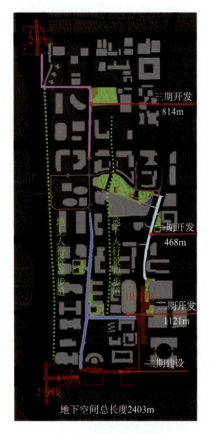

▲ 金融街地下环廊示意图

19号线作为新机场线的饲喂线，太平桥站肩负着为金融街周边的高端商务客群提供便捷高效服务的重任。在太平桥站和金融街地下环廊之间设置的地下连通通道，沿途根据地块出行等需求设置人员进出口、一体化大厅，北端和地下环廊连通，建立全天候、舒适、安全的地下步行路径，服务于周边的学校、居住、商业、办公等用地。将金融街区域的地铁1号线、2号线、19号线、R1线四条线路五个站点串联起来。地铁站厅的14个出入口与地下人行步道的20余个出入口成为地铁网络渗入城市区域的一个个"触点"，在为金融街区提供高效服务的同时，与城市景观、功能的结合，增强了地铁的辨识性和可达性。多元艺术、功能的引入，也为金融街区增添了一抹亮丽的色彩。

2）同步建设——车站东侧附属与新兴盛危改小区项目一体化相结合

19号线太平桥站东侧为新兴盛危改小区项目地块，该地块前期闲置多年，一直没有实现有效的规划和实施。考虑到地铁建设对城市建筑的影响以及对城市景观的破坏，在19号线太平桥站设计时，考虑将东侧附属和新兴盛危改小区项目建筑同步规划、同步设计、同步实施，以轨道交通建设积极促进城市建设的更新进程。

19号线太平桥站东侧附属设施包含B出入口、C出入口与1号无障碍出入口、1号安全出口和1号风亭、2号风亭。设计时将通风道、出入口通道设置于新兴盛项目拆迁地块建筑内，将出入口、安全出口、无障碍出入口设置于新兴盛项目拆迁地块建筑首层，将风亭口设置于新兴盛项目首层和下沉广场内，完美地将车站附属和新兴盛危改小区项目建筑完全融合，打造城市新环境。

▲ 太平桥站东侧附属设施设计效果图

3）组合重构——车站西南象限附属与联通公司通信生产楼建设项目相融合

在 19 号线太平桥站启动时，联通公司通信生产楼建设项目规划、设计已经完成。若考虑车站西南象限附属（D 出入口和 3 号安全出口）独立设置，则对复兴门内大街以及联通公司通信生产楼建筑外观影响破坏较大。为此提出车站西南象限附属与联通公司通信生产楼建设项目结合设置于下沉广场内，打造城市景观小品。

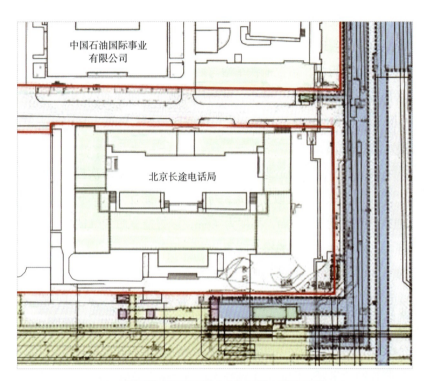

▲ 太平桥站与联通公司通信生产楼项目结合平面示意图

▲ 太平桥站西南象限效果图

太平桥站附属结合周边地块更新建设呈现多样化的特点，本站设计时，坚持先规划、同步建、强融入的设计理念，努力促进轨道交通工程与城市更新的同步进行，实现轨道交通和城建建设的和谐共融，树立首都功能核心区城市更新典范。

5.2 暗挖一体化大空间的完美呈现

为了实现太平桥站与兆泰地块的一体化衔接，并形成开敞的地下空间，首次提出"暗挖大空间"的设计方法，创新性地提出了采用中洞法四跨出入口通道与PBA车站主体衔接，形成了与东侧兆泰地下空间风格一致的人性化空间。

在以往的地铁建设过程中，暗挖地铁车站与城市地下空间的一体化往往通过通道相接。基于暗挖车站工法的特点，为确保施工安全，其与周边地下空间连通结合时，往往采用断面宽度6m、8m等较小的通道形式，连接洞口狭隘、整体空间局促，降低了城市地下空间品质，以及轨道交通和各种城市功能的融合。

秉持着以人为本、匠心营造舒适乘车环境的理念，太平桥站首次提出"暗挖大空间"的设计方法。车站C出入口采取地下集散厅形式，与太平桥站站厅及一体化空间采用暗挖单层超大跨结构平接，通道开挖宽度达30.3m，高度为4.6m，以打造宽敞大气的高净空间通道，营造舒适明朗的地下环境，实现快速便捷的乘车功能。

但在风险极大的暗挖车站，打造高大的暗挖大空间，往往意味着更高的安全风险、更大的施工难度和更复杂的工程筹划。这使得建设者们在提及暗挖一体化大空间时，往往谈虎色变，避而屈之。通常情况，30m跨度的暗挖结构需采用多跨的设置形式。从北京地区多年来的建设经验来看，PBA工法结构受力和转换明确，各工况结构受力体系稳定，施工工艺成熟，对于大跨度暗挖结构沉降控制效果好，因此对于该种大跨地下暗挖结构PBA工法为首选。由于本通道结构为地下单层，若采用PBA工法，需沿结构纵向设置5道导洞，同时结构外侧需打设临时边桩或边墙，作为边拱竖向支撑，经济性较差。为给边桩导洞提供作业面，车站拱墙侧向接口开洞跨度增大3m，结构安全性风险更大。

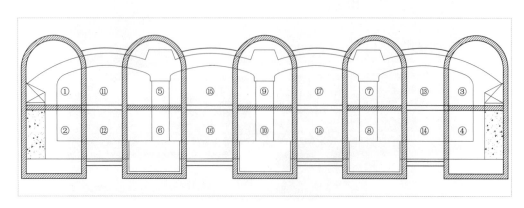

▲ PBA法结构开挖步序示意图

为安全、高效地实现在暗挖车站和一体化空间之间建设跨度超过 30m 开敞明亮的接口，项目组在太平桥站设计时进行了详尽的探讨，并作出了技术突破，通过不断总结、提出了设计方法，对暗挖车站拱墙大跨度侧向开洞接口的处理进行分析与探讨。

为了解决这一问题，建设者们创新性地提出了采用中洞法四跨出入口通道与 PBA 车站主体衔接，并在太平桥站 C 出入口与新兴盛危改小区项目南侧接口处进行了实践。该接口结构沿通道纵向设置 3 个导洞，施作结构梁柱支撑体系，边跨直接扣拱施工，取消边跨临时边桩或边墙，极大地减小了车站侧墙接口的开洞跨度，更为经济、安全，实现了暗挖一体化大空间。

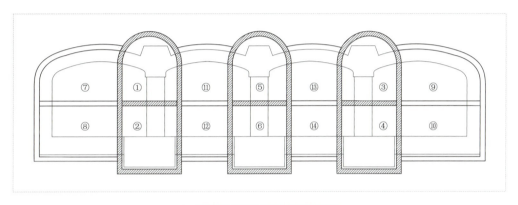

▲ 太平桥站中洞法结构开挖步序示意图

太平桥站 C 出入口超大跨度接口的实施，首次实现了北京地区暗挖四跨大空间与一体化明挖结构的衔接，打造了宽敞大气的高净空间，使轨道功能空间与城市地下空间有机地融为一体，实现了暗挖一体化大空间的完美呈现。

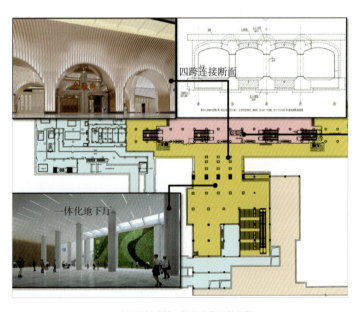

▲ 太平桥站暗挖一体化大空间效果图

北京地铁19号线
一期工程建设纪实

第 4 篇
CHAPTER 4

绿色篇

绿色是轨道交通可持续发展的根本保证。

2020 年 9 月 22 日，习近平主席在第七十五届联合国大会一般性辩论上发表重要讲话，指出应对气候变化，《巴黎协定》代表了全球绿色低碳转型的大方向，是保护地球家园需要采取的最低限度行动，各国必须迈出决定性步伐。中国将提高国家自主贡献力度，采取更加有力的政策和措施，二氧化碳排放力争于 2030 年前达到峰值，努力争取 2060 年前实现碳中和。碳达峰碳中和目标，是以习近平同志为核心的党中央作出的重大战略决策，是我国向世界作出的负责任大国担当的庄严承诺。

城市轨道交通作为大城市公共交通的骨干方式，是各个城市在交通领域实现双碳目标的重要载体。建设绿色城轨是习近平总书记关于"要继续大力发展轨道交通，构建综合、绿色、安全、智能的立体化、现代化城市轨道交通系统"指示的重要内容，也是推动我国城市轨道交通高质量发展的内在要求。北京地铁 19 号线在勘察设计、工程建设等各个阶段全面落实绿色低碳建设理念。

地下水保护是"绿水青山就是金山银山"的重要内容。作为北方城市，北京的地下水资源尤其宝贵。通过南水北调等多种措施，北京市地下水位逐年上升。在地铁 19 号线的修建过程中，对地下水资源进行了充分的保护。项目通过全线优化线路埋深、减少车站降水规模、采用超高压旋喷桩施作止水帷幕、八导洞 PBA 改为四导洞 PBA 等创新技术方案，有效地改善了全线降水量过大的问题。探索暗挖车站全面减少地下水排放的创新道路。

现场浇筑混凝土，工期长，污染大。预制拼装技术是建筑工业化的发展方向。预制拼装有利于改善现场混凝土施作时间长、环境污染大等不利情况，是城市轨道交通绿色化的重要发展方向。19号线在建设过程中将地铁车站轨顶风道、站台板、楼梯板设计成装配式全预制构件，提高了工程质量与施工效率，实现了降本增效，大幅提升地下工程施工工业化程度和绿色施工水平。针对棚盖法支护工程量大、初期支护废弃工程多等特征，研发了可重复利用的装配式初期支护。采用预制拼装技术，极大地提高了19号线的绿色化的水平。

城市轨道交通车辆段占地面积大，为减少对城市用地的占用，新宫车辆段进行了上盖开发综合利用。为提高上盖开发用地的品质，在车辆基地设计、建设和装备配置上进行了大量的技术创新，采用了装配式混凝土轨道桥以提高建设精度和减少现场混凝土施作量；采用双制式供电电力轨道车以改善盖下作业区的空气质量。

绿色施工方面，各参建单位也进行了大量的探索。为了改善传统工地对城市的影响，引进了隔离式防尘降噪钢罩棚，将车站工地与城市生活进行融合，减少对城市的干扰。工地管理严格按照北京轨道交通建设管理有限公司的统一要求，做到标识统一规范，既代表了北京轨道交通的建设形象，又解决了安全文明施工的问题。

19号线在绿色轨道交通建设方面进行了大量的探索和努力，项目在建设过程中尽量减少了对地下水的浪费，将施工融入了城市生活，建成后的线路也达到了节能减排的效果，是北京绿色城轨建设的代表作品。

第1章
地下水的处理

绿色施工是可持续发展思想在工程施工中的应用体现,是绿色施工技术的综合应用。在工程建设中,在保证质量、安全等基本要求的前提下,通过科学管理和技术应用,最大限度地节约资源,可减少工程施工对环境的负面影响。北京地铁19号线面临着地质条件复杂、施工空间狭小等一系列难题,项目参与者在控制地下水、保护环境、节约能源等方面集思广益,克服困难,取得了非凡的成效。

1.1 临时结构兼汇水、排水路径的解决方案

在地铁建设中面临着地质条件复杂、施工空间狭小、环境约束多等诸多难题,其中降水是地铁施工中面临的主要难题。地铁施工中的降水技术是通过降低地下水位将岩土与地下水分离,以达到无水开挖的目的。

在北京地铁19号线的建设过程中,从北三环北太平桥到北土城西路这段不到1km的长度内,分布了北太平庄站及北太平庄站—牡丹园站区间两个子工程,均采用降水施工,其中北太平庄站日降水量约10万m^3,北太平庄站—牡丹园站区间日降水量约6万m^3,合计日降水量达16万m^3。在施工过程中除降水需要充分的设备物资外,更难解决的问题是当前的市政管线无法满足这样大的排水量。

为此,各专业的工程师们通力合作,在车站和区间施工临时结构上想办法,通过已完成的车站临时施工通道和道路两旁的汇水井进行汇水,通过既有的区间临时施工通道设置排水导洞,在车站已完成的中板层敷设排水管道,再连接到区间排水导洞,贯通排水路径,入河前设一处排水泵站,将施工过程中的降水抽排至小月河。该套降、排水系统的设计,在不影响小月河日常排水和环境景观水位的前提下,对入河排水管采取适当的消能防冲措施,减少地铁临时排水设施建设对河底及两岸挡墙产生的不利影响,保证河道排水安全,既保障了施工安全及进度,又加强了小月河局部蓄清排污能力,避免了水资源的浪费。

该方案实现了车站、区间联合区域降水和排水目的,从具体措施入手切实践行了绿色施工的理念。

▲ 太平桥站内布置汇水及排水管道

▲ 汇水井及管道敷设

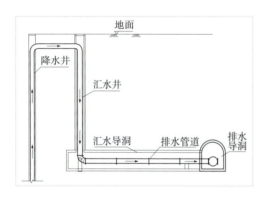

▲ 地面降水井和汇水井关系示意图

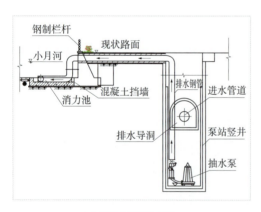

▲ 泵站及入河段示意图

▲ 入河段现场

1.2 北太平庄站减埋深、控降水

北太平庄站是19号线与12号线同期建设的换乘车站。其中，19号线车站为地下三层结构，在初步设计过程中，该车站覆土厚度约14m，底板埋深达39m，车站入水深度7～8m，而车站的平面面积仅有6300m²，如此大体量的地下工程，多入水1m都将带来降水量激增的问题，因此在设计过程中必须寻求减少入水深度的方案。

经过设计方案的细化比较和研究，在车站顶部管线风险可控的前提下，对横通道进行局部上挑开挖，从而使车站整体埋深减小约 0.7m，同时减小车站临时结构、附属结构等一系列相关工程量，节省了建设成本；在车站南端接收盾构范围内，在施工期间，先采用弧形底板方式满足接收条件，后期恢复至板顶设计标高，使该范围内底板避免了 2m 左右的入水深度，减少了降水量。

以控制因素为起点发现问题，提出解决问题的思路，并付诸实际，实现了车站减埋深、控降水的目的。

1.3 不畏湍流几许难，保卫绿水和青山——太平桥站开创暗挖车站止水新篇章

太平桥站采用了洞内咬合桩结合超高压旋喷桩封底进行止水施工，打破了传统暗挖车站必须降水作业的壁垒，是全车站暗挖止水施工的里程碑。

水，是生命之源、城市的命脉。然而，随着建设步伐加快，城市地下水超标开采严重，地下水资源渐趋紧缺。地铁工程作为重要基础设施，随着城市扩容，线网不断加密，暗挖工程越来越多，仅北京地区，近年暗挖车站就达 94 座、占比 37%。

暗挖车站传统建造方法为先行降水，降水周期一般在 18～20 个月，高峰日降水量约 5 万 m^3，平均每座车站抽排地下水达 1500 万～ 2000 万 m^3，降水量巨大，浪费极其严重。这与当前建设"人文北京、科技北京、绿色北京"，以及建设"低碳城市、世界城市"的远景目标极不相称。

为了保护地下水资源，切实践行"绿水青山就是金山银山"的环保理念，轨道交通建设者们身先士卒，暗挖地铁车站止水施工理念应运而生。

太平桥站为业内首座全止水的暗挖车站。该车站埋深大、入水深、地层复杂，且暗挖施工风险大、工期紧、对工艺和设备要求高，新的止水施工工艺对建设者们提出了更高的要求和挑战。结合太平桥站的工程建设和水文地质特点，通过参建各方探讨、研判，并经多次专家论证，

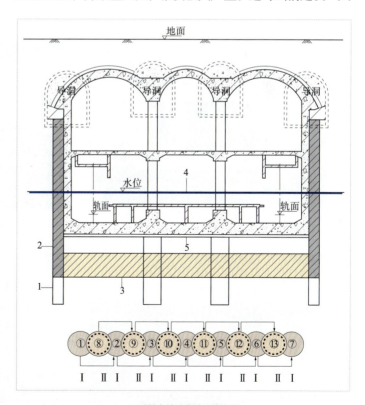

▲ 暗挖车站咬合桩工艺流程

1、2-咬合桩；3-基底高压旋喷；4-水位线；5-基底；①～⑬-施工步序

最终确定将明挖工程常采用的"咬合桩"结构融入暗挖工程，即先在车站入水范围内，侧壁由钢筋混凝土桩与素混凝土桩间隔布置的咬合桩形成止水帷幕，底部由超高压旋喷桩进行封底形成"盆式"的止水结构，最后将"盆"内地下水进行局部疏干来实现暗挖车站不降水施工的目的。

由于传统的咬合桩机械体量大、高度高，无法适应暗挖车站导洞内作业空间有限的条件，工程师们开放思维，大胆创新，将工作状态下整机尺寸为 10.87m×4.9m×25.82m（长×宽×高）的设备"浓缩"至 5.93m×2.3m×4.1m（长×宽×高），同时在尺寸缩小的前提下还能保证必备的动力性能，为暗挖车站咬合桩止水结构的实施创造了条件。为保证咬合桩能"咬合"，针对太平桥站全卵石层的地质特点，发明了具备导向功能的咬合桩施工钻头及新型的"软而不散"的咬合桩桩体材料——膨润土砂浆，在保证止水体强度和韧性的基础上，极大地缓解了咬合桩切削难度，保证了咬合桩的"咬合"度。后续封底结构的施工是利用车站水位以上已开挖的区域作为作业空间，垂直向下施作"梅花形"布置的旋喷桩止水结构进行封底，纵向分区、分段施工，以保证后续开挖的安全性和有序性。

太平桥站的顺利实施，是暗挖车站工程止水施工的里程碑，切实践行了"绿水青山就是金山银山"的理念，填补了国内外暗挖工程止水施工的技术空白，形成了暗挖阻水施工的新型工法，实现了快速、安全、绿色建造暗挖工程的目的。

▲ "浓缩"后咬合桩机械

▲ 太平桥站"盆式"止水效果现场图

▲ 弧形底板现场施工图

▲ 盾构接收现场记录

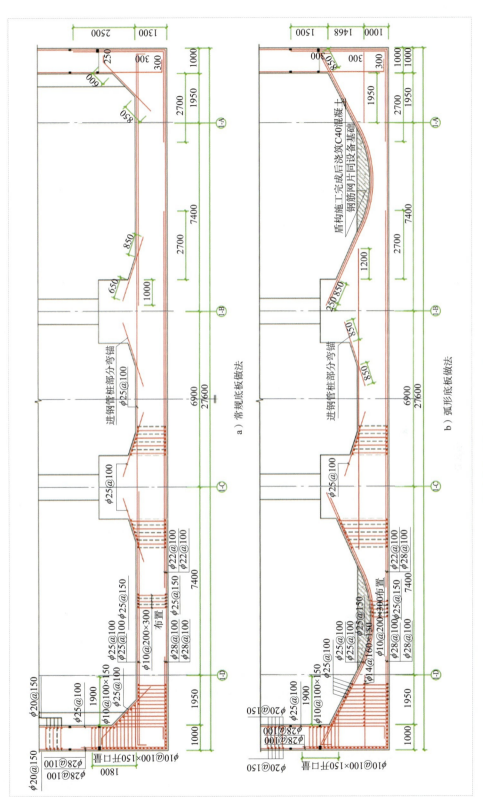

▲ 弧形底板与常规底板的做法比较（尺寸单位：mm）

1.4 优化暗挖车站主体结构施工方案，大大减少降水时间

当前，国家日益重视城市地下水的保护，北京市依据《地下水管理条例》[国务院令（第748号）]也出台了相关政策加强对城市地下水的保护，如《北京市地下水超采综合治理实施方案》（2023—2025年）等，在北京市"不降水、少降水"的政策引导下，北京市政府自2019年开始严格限制北京城区范围内的降水工程，并对工程降水征收水资源税，给轨道交通工程建设增加了难度。

1）八导洞 PBA 工法降水时间较长，降水量较大

传统八导洞 PBA 工程车站均采用上下导洞施工。施工顺序为：第一步施工车站上层导洞及下层导洞；第二步在上层导洞内施工车站顶纵梁及车站大拱，下层导洞内施工车站条形基础，同时施工车站围护桩及中柱；第三步在车站大拱及围护桩保护下施工车站主体结构。若车站入水，传统 PBA 工法需要在第一步，即下层导洞施工期间启动车站降水，降水作业会贯穿整个车站施工过程。一般的 PBA 工法车站施工时间为 2～3 年，期间需持续进行降水作业，保证无水施工，降水量巨大，造成地下水资源浪费严重。

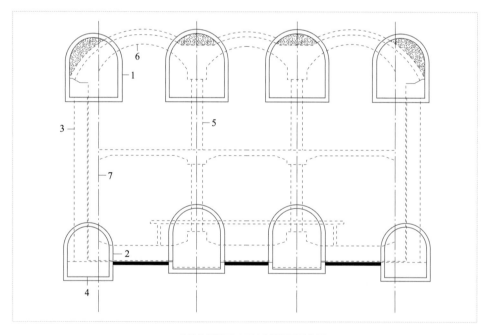

▲ 传统八导洞PBA工法车站断面示意图

1-上导洞；2-下导洞；3-围护桩；4-条基；5-中柱；6-大拱；7-主体结构

2）四导洞 PBA 工法大大减少降水时间

景风门车站主体结构采用 PBA 工法施工，通过取消 PBA 工法的下层导洞，将原来的条形基础改为桩基础，大大缩短了水下作业的时间，有效减少了车站的降水时间。优化的施工步序

为：第一步施工车站上层导洞；第二步施工上层导洞内边桩、中桩及主体结构大拱；第三步在车站大拱及围护桩保护下施工车站主体结构。在这种情况下，将主体结构施工至地下二层，即第三步才需要启动降水，降水时间大大缩短。以景风门车站主体结构施工为例，变更为四导洞工法后，相对于原来的八导洞方案，车站主体降水时间减少15个月，水资源税减少1.1亿元，降水维持费用减少600万元，该项施工方案的调整对水资源保护意义重大。

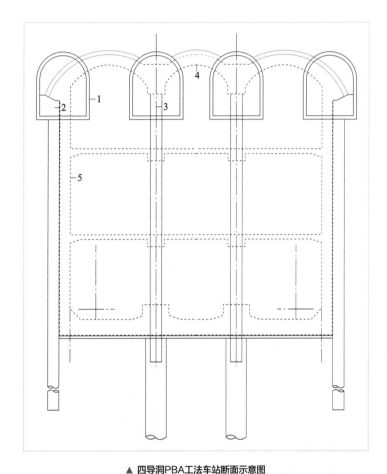

▲ 四导洞PBA工法车站断面示意图
1-上导洞；2-边桩；3-中桩；4-大拱；5-主体结构

第 2 章
装配式应用

2.1 北太平庄站预制装配式楼梯设计

预制构件工厂化生产是工业化的基础，也是产业化的核心。预制装配式楼梯建造技术是绿色建筑、绿色施工的体现。现浇楼梯构件自身模板及脚手架工程复杂，需反复拆装，与其他构件施工干扰严重。而装配式楼梯可实现工厂化预制，待现场其他工序完成后进行拼装，从而提高施工效率。

暗挖车站因受周边环境、吊装作业条件等因素的制约，难以实现车站主体及附属结构的大规模预制拼装，但安全出口楼梯因具有相似的设计模数及较为开放的作业环境，使得此类预制装配式部件成为可能。

在北太平庄站施工过程中，车站的 2 号、4 号安全口就具备了这种条件，在满足净高要求的前提下，以最少模板加工量为指导原则对楼梯踏步板进行归并，相较于传统现浇式楼梯，预制装配式楼梯可提前制作完成，施工效率及外观质量相较于传统现浇楼梯都得到了显著提升，装配式楼梯实施后工程进度得到了保障，为全线通车时间节点目标的实现奠定了基础。

▲ 装配式楼梯工厂预制加工现场　　　　　　　　▲ 装配式楼梯现场吊装现场

2.2 新发地站装配式二次结构应用研究

装配式结构具有建造速度快、气候条件制约小、劳动生产率高、工程质量优、施工用地少、节能环保、无冬季施工隐患等优点。随着城市轨道交通建设的不断发展，预制化、工业化水平的不断提高，装配式结构也必将成为轨道交通工程的发展趋势。

新发地站作为站内构件装配式的试点站,研究开发轨道交通装配式建造的技术方案及相应管理模式。初步解决目前轨道交通建设的人力资源、环境保护、工程效率的发展瓶颈等问题,为国家正在推动的轨道交通现代化建造及可持续发展道路奠定了坚实基础。

1)站台板装配式

拆分是站台板装配式技术的关键环节。采用明挖法施工的车站,因受施工空间和吊装能力的限制小,可将站台板和侧墙当成整体,分成左右对称的2段,每个预制节段剖面为槽形。通过在底板预留杯口的形式,实现站台板的快速拼装;采用暗挖法施工的车站,将站台板沿横向拆分成4段,其尺寸和重量均可满足站内封闭空间的施工要求,采用后浇带和插筋灌浆的形式连接,施工简便,受力合理,可使装配式站台板连成整体。

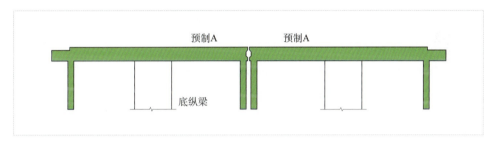

▲ 站台板2段拆分示意图

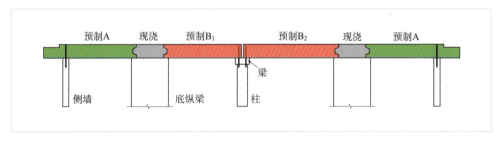

▲ 站台板4段拆分示意图

与现浇方案相比,装配式站台板减少了施工人数,提高了施工效率,同时也提升了施工文明程度。

2)站内楼梯装配式

目前,站内楼梯的主要施工方式是车站主体结构完成后进行现浇。该方法施工工序多、周期长、施工质量难以控制。装配式楼梯不仅可以缩短工期、施工便捷,且能达到平整度好、美观的要求。

车站采用整体装配式施工,节省了站内的作业空间,预制构件的运输和吊装作业比较方便。因此,可采用重量较大的装配式混凝土楼梯,预制梯段与中楼板梁通过叠合梁后浇进行连接。

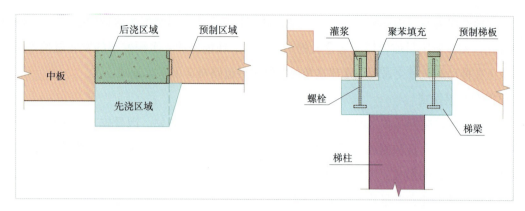

▲ 预制楼梯板连接大样图

混凝土装配式楼梯方案的预制梯段质量较大，对吊装和站内运输能力有较高的要求。当车站采用传统现浇方式施工或吊装能力有限时，混凝土装配式楼梯方案并不适用。因此，提出一种装配式钢结构楼梯方案。

楼梯采用梁式楼梯，梯板采用花纹钢板，梯梁采用槽钢；梯板与梯梁采用焊缝连接，梯段采用铰接连接。梯板间预留10mm缝隙以便在施工现场吊装及安装，梯柱则仍采用混凝土结构。

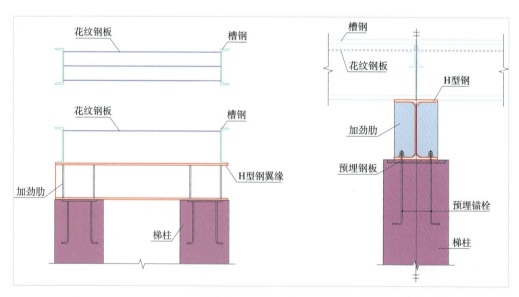

▲ 预制钢楼梯连接大样图

车站主体结构和梯柱均为混凝土结构，而楼梯为钢结构。因此，需要在混凝土构件内预埋连接件，来实现混凝土构件与钢构件的有效连接。

3）轨顶风道装配式

轨顶风道位于轨道的正上方，悬挂于车站中板下方，一般不与车站主体结构同时浇筑，这就意味着车站土建施工需要二次进场,往往要占用后期铺轨、机电安装和装修时间;施工空间狭小,需要搭设大量的支架;施工时混凝土振捣和表面抹平困难,施工质量不易保证,经济性很差。

因此,探索新型的绿色环保的轨顶风道施工技术,对提高城市轨道交通建设科技含量,降低资源消耗,减少环境污染,促进行业与信息化、工业化深度融合,提升工程安全质量水平具有十分重要的意义。

新发地站采用明挖法施工,施工操作空间大,为了尽可能缩短工期,减少支架和模板的使用,提出了车站中板采用叠合板结构的方案,轨顶风道和中板作为整体在工厂预制,预制完成后再运输至现场安装。

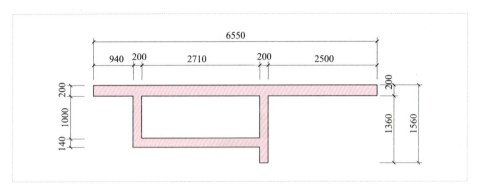

▲ 预制节段剖面大样图（尺寸单位：mm）

针对主体结构已经完成或吊装空间和能力不足时,还提出了另一种装配方案。将轨顶风道的两侧下挂墙、底板和顶板作为一个整体在工厂预制,并在两侧下挂墙和中板内预留连接件,进行现场连接,预制轨顶风道为"口"字形。

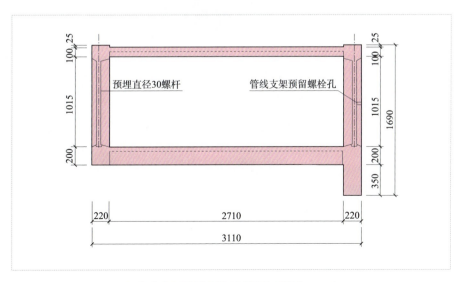

▲ "口"字形预制节段剖面大样图（尺寸单位：mm）

因为预制风道的吊装需在站内有限空间完成,所以必须尽可能地减小预制风道的重量。研究表明,采用轻骨料的轻质混凝土可有效减轻结构自重、减小截面尺寸,以满足站内运输和吊装的要求。

4)站内隔墙装配式

装配式建筑墙板能显著提高施工效率,有利于缩短工期,并改善施工现场作业环境。将装配式技术应用于地铁车站的内部隔墙,进一步提升地铁建造的绿色环保程度。

地铁车站内部隔墙装配式方案的选择主要考虑隔墙材质的耐火极限、隔墙上开洞、施工工艺、板材性能及土建造价等因素,且应具有适应施工环境、技术上可行、满足工期要求、造价较低的特点,综合各因素,内部装配式隔墙的材料选用加气混凝土板。

内隔墙连接形式主要有U形卡和钩头螺栓两种。研究表明,U形卡连接墙板强度更高,且充分发挥了各项材料的受弯性能,施工较简便,更适用于封闭环境的地铁车站装配式施工。

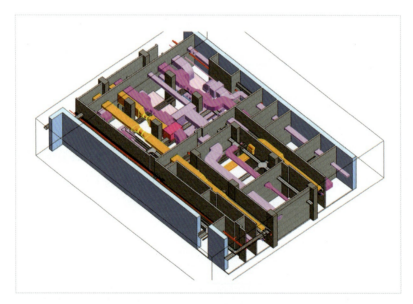

▲ 装配式站内隔墙布置图

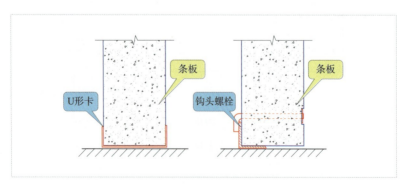

▲ 节点连接方式大样图

通过上述系统性地研究，得出了一整套适用于地铁车站二次结构的装配式技术，可大大节约人力成本，尤其是低技术层次、低产值附加值的简单重复劳动，大大提高了施工现场的建设进度及机械化程度，保障了施工安全，减少了施工现场的环境污染和资源消耗等问题，真正实现了绿色、安全的轨道交通建造工艺，具有重要的应用推广价值，同时也有着广阔的市场前景。

2.3 可重复利用的装配式初期支护

传统的暗挖隧道工法存在施工工序复杂、污染大、工期长、工作环境差、机械化程度低、工程费用高等缺点，为适应新的建设标准，结合平安里站棚盖法的特点及适用条件，设计团队首次提出了暗挖预制可拆卸装配式支护结构，解决了传统暗挖法洞内喷射混凝土施作方式带来的洞内作业环境差、废弃工程量大、产生的建筑垃圾多等问题。

2017年3月，北京市住房和城乡建设委员会颁布的《北京市城市轨道交通建设工程推进绿色安全建造指导意见》要求，在保证安全、质量等基本要求的前提下，通过科学管理和技术进步，最大限度地节约资源，并减少对环境的负面影响；提高城市轨道交通建设工程科技含量和劳动生产效率，降低资源消耗和环境污染，促进行业与信息化、工业化深度融合，改善施工作业条件，提升工程安全质量水平，进一步推进北京市轨道交通建设工程绿色安全建造发展。

在国内轨道交通工程高速发展的背景下，传统工艺弊端较多，无法通过提高技术水平来改善，同时，传统的初期支护施工方案也与国家提出的绿色文明施工的新理念相悖。面对目前浅埋暗挖法存在的问题，需要各参建单位强化管理创新和技术创新，将标准化理念和方法融入整个建造过程中，提升工程建设安全质量的水平。以"通用设计模数化、现场施工工厂化、工序作业机械化、过程管理信息化、绿色施工常态化"为城市轨道交通建设发展的目标，借助于施工设备机械化以及工厂预制化技术的高速发展，借鉴于盾构法装配式管片的应用，探索一种新型初期支护形式，解决目前隧道建设中的速度、质量、环境与效益问题。

设计师们结合平安里站棚盖法的结构特点，提出了暗挖预制可拆卸装配式支护的设计思路，系统地提出了预制装配式支护结构的设计理念、理论基础、关键及核心技术、实施方法，并落地实施了北京市首个预制可拆卸装配式支护结构。

在平安里站实施过程中，采用型钢在洞外加工制作标准件，在洞内通过螺栓连接拼装，取消了喷射混凝土作业的环节，极大地改善了洞内作业环境。因其安装简洁高效，受到了现场作业人员的欢迎。同时，因其便于拆除可重复利用，避免了传统暗挖法对于初期支护混凝土的凿除及洞内扬尘的产生，极大地简化了作业难度，同时避免了大量建筑垃圾的产生。

拼装式型钢具有强度高、拼装便捷等优点，采用"工厂预制钢结构构件 + 现场拼装施工"的施工方法，能更好地配合棚盖管幕结构保证随挖随撑，满足暗挖隧道"强支护""快封闭"的要求。该结构体系全部采用螺栓连接的拼装施工方式，所用工程材料、构件及施工工艺均满足低碳绿色环保要求。该部分构件可实现重复利用，缩减了施工工期，具有较好的经济效益。同时，标准化预制构件的使用也使得机械化作业成为可能，具有显著的技术经济优势。

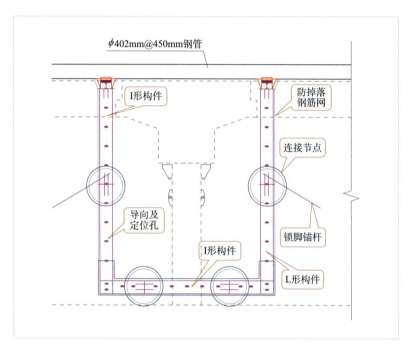

▲ 平安里站U形预制拼装导洞

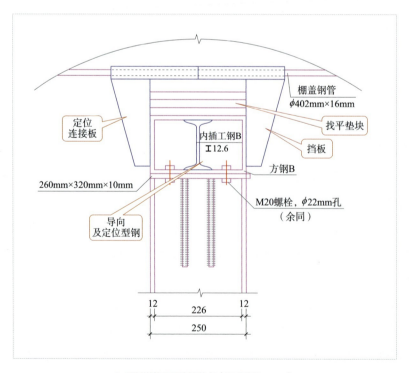

▲ 预制拼装导洞连接节点（尺寸单位：mm）

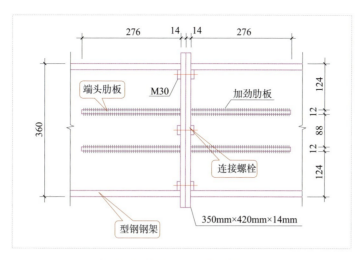

▲ 型钢钢架拼装节点（一）（尺寸单位：mm）

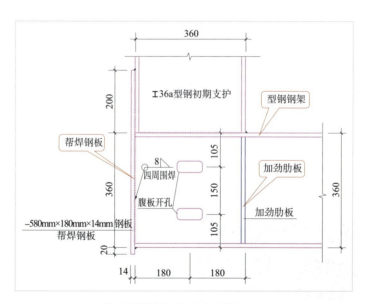

▲ 型钢钢架拼装节点（二）（尺寸单位：mm）

钢结构相对于混凝土结构具有可塑性好、韧性好、轻薄、施工方便快捷等多方面优势。与混凝土构件相比，其劣势在于造价较高和耐久性较差。但随着我国钢产量的不断提升，钢材的性价比也在不断提高，钢材逐渐成为一种经济的选择。拼装初期支护结构一旦得到推广，型钢构件将更多的应用到同类地下结构预制构件中，型钢格栅将得到重复利用。这不仅可以提高工程质量，还可以缩短工期，降低成本，提高地下工程施工的工业化程度，尤其对改善地下工程内的施工环境更为明显。

通过本工程的应用，可以为城市轨道交通可拆卸支护形式的应用提供理论基础及关键技术支撑。其采用装配化建造具有施工速度快、工艺工序简捷、现场人员少、绿色环保的技术特点，符合国家"绿色安全建造"的方针政策，可有力提升地铁建造技术水平，具有里程碑的意义。

第3章
综合利用的车辆基地

轨道交通车辆基地综合利用，可最大限度挖掘城市立体空间资源，实现市政设施与经营性功能的复合使用，是实现土地集约利用、支撑土地减量发展的有效途径。轨道交通车辆基地综合利用还可优化城市界面，提升城市市政交通设施景观品质。北京地铁19号线新宫车辆段地处南四环外，与槐新公园毗邻，是规划万亩湿地之腹地，因此在车辆基地规划设计阶段，提前布局居住、商业、办公、体育活动、景观绿化等功能，采取低碳环保、节能降噪及防渗漏等措施，设计为综合利用的车辆基地，以便后期提供更优质的服务功能。

3.1 钛酸铁锂蓄电池 + 接触网双制式供电的电力轨道车

在城市轨道交通建设中，随着上盖开发项目的增多，综合考虑到减小对周围居民生活的影响，对工作人员身体健康的伤害，要求平时作业避免烟尘、废气的排放，并且降低振动和噪声的污染。为响应国家能源转型，降低碳排放要求，蓄电池工程车正在逐步替代内燃机车成为地铁牵引车辆的发展方向。

新宫车辆段配置2台钛酸铁锂电池+DC1500V接触网双源动力型的电力轨道车，具有新型环保功能，无污染的特点，是目前先进的环保设备，可有效解决新宫车辆段盖下通风不畅带来的环境问题。当由DC1500V接触网提供牵引电源时，能够满足北京地铁19号线初期、近期与远期全线范围内地面、地下区间、车站、车辆段、停车场内等处，在轨道车牵引下进行钢轨、道岔、电缆、枕木、道砟等材料，以及其他机电设备的运输作业；当由蓄电池单独提供牵引电源时，能够满足北京地铁19号线初期全线范围内的上述牵引作业要求。

▲ 电力轨道车

3.2 车辆段上盖，万亩湿地公园中的"绿栈桥"

新宫车辆段屋顶绿地公园为国内罕见的大型屋顶公园，有机连接万亩湿地公园绿地生态系统，成为区域绿地系统中的靓丽景观，依托周边公园景观资源优势，构建城市慢行绿带系统。

项目依托车辆基地平台打造上盖公园，利用立体慢行系统、上下转换节点、桥梁等，实现公园与周边城市生态及生产生活空间的无缝连接，成为对外开放、服务片区的重要活力点。

设计中采用"一段、两区、五点"的规划结构，其中一段为新宫车辆段，两区为盖上开发区与盖下落地区，五点为运营总部办公区、新宫车辆段生产区、盖上生活区、盖上综合区及盖上屋顶公园区。通过上盖屋顶公园开发将片区内的五大功能积极融合，为周边居民提供品质生活之地。

项目实施后，实现了车辆基地上盖空间布局合理化，功能多元化。通过空中走廊、地面慢行交通走廊贯通，实现了用地立体开发、区域用地开放共享、配套完善的目标，提升了土地价值与空间品质，营造出活力社区。

▲ 新宫车辆段上盖鸟瞰图

3.3 新宫车辆段出入线"八字线"形式布置方案

车辆段是承担车辆运行管理、整备保养、检查工作和较高级别的车辆检修任务的基本生产单位。出入线属于配线，是保证正线运营而设置的不载客运行线路，用于向正线收发列车。出入线与接轨站的配线方式不仅要保证远期列车收发间隔的需要，还要保证运营安全和一定的灵活性。常见的出入线接轨形式包括单车站端部接轨形式、"八字线"形式等。"八字线"形式，即出入线自车辆段引出后，呈"八"字形分开，分别与正线不同部位（车站或区间）接轨。两侧出入线均具备向正线收发车的条件。

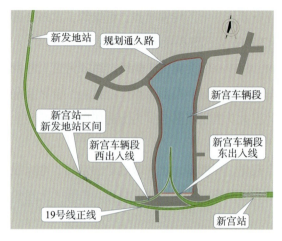

▲ 新宫车辆段"八字线"形式方案

新宫车辆段出入线：东出入线为双线，从新宫站接轨。西出入线为单线，从新宫站—新发地站区间接轨。"八字线"形式的出入线布置方案，使新宫车辆段具备地铁列车的掉头功能，可有效解决轮对偏磨问题，将因轮对同向偏磨导致的镟轮次数降低到 2 次/月。这不仅节约后期镟修成本，更有利于减少列车故障检修，保障列车的行车安全。同时"八字线"布置方案节省用地，而且进出车方式更灵活，有利于行车组织安排及车辆基地的综合利用。

3.4 无缝大跨度预应力设计首次应用

预应力是为了改善结构服役表现，在施工期间给结构预先施加的压应力，结构服役期间预加压应力可全部或部分抵消荷载导致的拉应力，避免结构破坏，常用于混凝土结构。新宫车辆段属于上盖开发车辆段，运用库屋顶设有 2m 厚覆土做种植绿化屋面，库内停放地铁车辆，对屋面的防水要求异常严格。

运用库库长 231m，宽 177m，属于超长结构，收缩变形的程度较大，面积超大、结构超长极易引起结构开裂。为防止其开裂，必须按照规范要求采取针对性技术措施预防。经设计验算，运用库单靠采取构造和工艺措施解决超长结构裂缝问题，无法达到控制裂缝的设计要求。择优采用预应力技术，适应结构受力情况，部分框架梁采用有黏结预应力技术，部分框架梁和板采用无黏结预应力技术，同时结合预留后浇带施工的措施。设计阶段采用有限元分析软件 Midas Gen 模拟分析其超长结构的温度应力问题，按有限元分析，结构中的预应力计算结果为最大温度应力 3.18MPa、施加有效预压应力 3.51MPa。预压应力抵消了全部温度应力，在结构中建立了 0.33MPa 压应力，从而达到防裂、抗裂的目的，避免因设置伸缩缝而导致渗漏等系列问题。

预应力技术不仅可以免除设置伸缩缝带来的烦琐施工工序，而且可使超长混凝土结构的整体性更强，稳定性更优，建筑使用功能得到极大改善，有利于屋面绿化和屋面排水系统的规划。运用库采取预应力技术后，从根本上解决了屋面渗漏水现象，维护费用大大降低。

3.5 装配式混凝土轨道桥在地铁车辆段中的创新应用

随着装配式工艺技术的发展，装配式轨道桥已然成为我国轨道交通建设领域中的关注重点，通过科学把控轨道桥设计与施工技术应用，可实现在短时间内高质量完成库内轨道桥施工，并保证其运行年限符合预期要求。因此，研究装配式轨道桥设计与施工要点，将极大地促进我国轨道交通建设事业的开拓创新。

1）装配式混凝土轨道桥特点

装配式混凝土轨道桥可在工厂模块化生产，能确保混凝土轨道桥外形整齐美观；养护全过程在电子计算机控制之下，可提高混凝土强度，对后期强度和耐久性起到较好作用；采用微机控制配料、专业化搅拌站、电子秤自动称量，能准确测量拌合料的含量和混凝土坍落度，确保混凝土和易性，产品质量稳定可靠。装配式混凝土轨道桥可解决城市轨道交通地铁车辆运行时因轨道基础沉降引起的下沉问题，减少混凝土现浇施工量，还可避免钢结构支柱轨道桥腐蚀问题，具有防腐耐用、后期免维护等特点。

2）需解决的问题

（1）预埋件安装精度及稳定性：预埋件的安装精度及稳定性直接影响着轨道柱的安装。地面结构在浇筑混凝土的过程中，容易产生钢筋扰动，需采取技术措施保持预埋件稳定。

（2）装配式轨道桥安装精度：轨道桥的安装精度直接决定能否顺利铺轨，标高、水平定位的控制及精调都需采取相关措施，使其满足铺轨精度要求。

（3）轨道胶泥注浆：轨道柱与地面之间的缝隙只有30mm左右，采用专用轨道胶泥进行塞缝。

3）解决问题的方案

（1）安装预埋件操作要点

①预埋件初步定位：轨道沟模板支设完成后，在轨道沟侧模顶面标刻预埋件纵向（轨道纵向）定位点，在预埋件位置采用钢筋作为支撑，底部顶住地面垫层，避免预埋件受钢筋扰动而下沉。根据加密后的控制点在马凳竖向钢筋上，标刻出标高控制点。在标高控制点处焊接水平钢筋，形成支撑骨架，以保证预埋件标高满足设计要求。

②精调预埋件定位：在形成支撑骨架并放置预埋件后，需对预埋件定位进行精调，重点是横向定位（轨距方向）。沿纵向定位点拉通线，精调预埋件横向水平位置，确保预埋件顺直且横向间距满足轨距要求，平整度检查合格后，将预埋件与支撑骨架焊接，对预埋件螺栓采用薄膜纸缠绕保护，避免丝扣受损。

▲ 精调定位

▲ 预埋件与骨架焊接固定

（2）安装轨道桥操作要点

①定位控制：以基标为基准，在轨道两侧均弹出轨道桥安装控制线，确保定位准确、顺直。正式安装轨道桥之前，通过调节螺母将底座钢板调整至设计标高。

②安装及精调：轨道桥安装采用改装的轮式挖掘机及人工配合进行吊装，落入预埋件之后，通过轨道桥底座的椭圆孔与螺栓之间的空档，进行微调、精确定位。微调后，再次检查标高，若有偏差可微调底部螺母。

（3）填充轨道胶泥操作要点

①支模：轨道胶泥的流动性大，轨道桥底部的模板必须密封无渗漏，可采用泡沫胶填实缝隙。

②灌浆及养护：从一侧进行施工以防止空气进入，连续施工直至灌浆区域充满以至出现突起，不能间断，必要时可采用竹片等工具导流。经过 3～4h，达到初凝硬化后，可拆除模板，灌浆口处及时用批刀铲平，对轨道胶泥表面进行修整。对轨道胶泥进行至少 3 天的湿润养护，可用麻布或者棉布盖在其表面上。

▲ 水平位置控制

▲ 灌浆后拆模并养护

4）**实施效果**

采用装配式混凝土轨道桥安装精度高，可满足铺轨精度需求；装配式混凝土轨道桥采用工厂化加工及养护，能够保证混凝土耐久性，使其牢固耐用，提高使用年限，且模块化生产能使其安装效果美观。同时，采用工厂预制可减少轨道柱的二次浇筑，减少现场劳动力和周转材料投入，节约成本，降低现场施工作业工作量、减少环境污染、节能减排，做到绿色文明施工。另外，采用装配式混凝土轨道桥方案还具有安装速度快、可有效节约工期的优点。

第4章
绿色施工

城市建设的步伐从未停止过,越来越多的城市轨道交通加快建设步伐,伴随其左右的便是噪声、扬尘、环境污染。随着人们生活质量的提高,环境问题越来越受到关注,人们对生活环境的要求也越来越高。绿色施工这一概念应运而生,如何在施工过程中保护环境、节约资源成为绿色施工的主要任务。细节决定成败,绿色施工并不意味着投入大量的资金,从细节入手,促进材料循环使用,仍然可以为"建设绿色工地,确保首都蓝天"贡献力量。

4.1 标准化建设——融入和谐京城

绿色施工不仅涉及人民群众的切身利益,也是取信于民、维护企业声誉的大事。在北京市轨道交通建设管理有限公司的领导下,北京地铁19号线一期工程各参建单位遵循"快速施工、集中施工、绿色施工"的原则,加强工程管理,改进施工工艺,建立了绿色施工管理网络。

19号线永久围挡统一采用砖墙围挡,运用蓝色格调,呈现出优雅的文艺气息。围墙每单元长度5m,其中构造柱高2.5m。柱顶设北京市轨道交通建设管理有限公司企业Logo顶灯;柱面造型采用砖砌,较原柱面突出3cm,包边喷涂天蓝色涂料,中间喷涂项目各主要参加单位名称及Logo。墙面压顶及墙面边框采用天蓝色涂料,中间贴宣传海报。每八个宣传海报为一组,每组分别由建设单位、设计单位、监理单位和施工单位出具宣传图案。

施工场地竖井采用全封闭系统,封闭系统面板采用5cm厚的复合玻璃丝绵隔音板,具有结构稳定、耐腐蚀、防火、环保等优点,并具有吸声和隔声功能。面板颜色采用和谐的银灰色,与周围环境融为一体。

▲ 牡丹园车站围挡设计示例

▲ 封闭罩棚示例

▲ 箱式房

在生活区建设方面，项目部通过分类汇总以往工程中出现的问题，与劳务人员进行交流沟通，并结合现场实际情况，提出了项目部生活区建设标准化、设施配备标准化、人员管理标准化的理念，改善了劳务人员生活住宿环境。这既便于项目部对劳务人员的管理，又增强了劳务人员对企业的融入感。

劳务人员生活区宿舍采用箱式房，所有构件采用工厂预制模式，根据需求数量设置卫生间、浴室、盥洗间等功能性房屋，采用模块化生产、模块化安装，施工更加方便、快捷。箱式房可周转使用 3～4 次，使用寿命长，工程完工后不会产生建筑垃圾，可有效保护环境。

4.2 洞桩施工节水新技术——机械成孔一体化法

北太平庄站是 19 号线北太平庄站与 12 号线北太平庄站的 T 形换乘车站。其中 12 号线车站为地下两层结构，埋深约 30m；19 号线车站为地下三层结构，埋深约 40m，也是全线最深的车站。近年来北京地下水回灌，水位明显上升。根据施工现场观测，仅北太平庄站地下水上升了 4～5m。地下工程施工前首先要解决地下水问题，丰富的地下水对于城市和环境来说是宝贵的资源，但对工程施工而言是要解决的拦路虎。随着地下水位的上升，地下水处理越来越具有挑战性。降水施工期间的降水井打设、降水管线埋设、排水路由、降水期间的电力供应、地下管线的保护、城市道路通行保障等问题都要合理解决。

北太平庄站中桩柱原工艺为钢套筒+人工定位，具体方案为：首先，人工挖孔安装钢护筒；然后，钻机成孔后浇筑桩基混凝土；再者，在钢护筒的保护下，人工凿桩头，安装定位器；最后，安装钢管柱，浇筑钢管柱混凝土。若按原方案施工，因需要人工安装钢护筒，中桩施工之前需将地下水位降至钢管柱底部。而依据对地下水的观测，钢护筒进入层间潜水（四）约 13m，这意味着要把地下水降至现水位 13.5m 以下。按降水量计算，每天降排水量达十几万立方米，降水时间要持续到中桩施工结束。北太平庄站中桩柱实际施工周期为两年半左右，和车站进入潜水（四）的负三层开挖降水相比，降水时间也要提前两年左右，仅中桩施工期间需要降水量就高达 1.1 亿 m^3。

▼ 北太平庄站洞桩统计表

车站	中桩（棵）	边桩（棵）
19 号线车站	78	432
12 号线车站	78	380

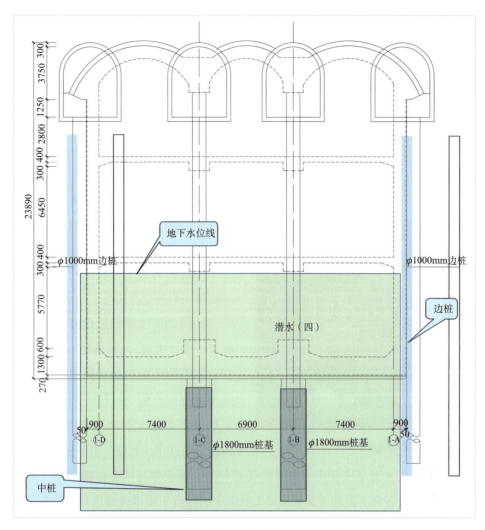

▲ 北太平庄站洞桩布局示意图（尺寸单位：mm）

为减少降水量，保护地下水资源，实现绿色环保施工，工程项目部采用机械成孔+调垂机的桩柱一体机械化施工工艺。该工艺采取钢管柱和桩同时成孔，通过采用第四代履带式液压反循环钻机和多功能套管调垂机，桩基钢筋笼和钢管柱可同时安装完成，实现中桩和钢管柱混凝土一次浇筑成型的施工工艺。机械成孔不受地下水影响，大大减少了因施工造成的降水量，保护了北京市宝贵的地下水资源，避免了因施工造成的水资源浪费。

此外，桩柱一体机械化工艺取消人工挖孔和人工安装钢管柱施工流程，更加安全可靠，施工安全风险小。

（1）取消了危险性较大的分部分项工程——人工挖孔桩。

（2）作业环境消除了施工工人高坠和坠物造成的物体打击风险。

（3）取消了有限空间作业工序。

（4）减少了吊装作业风险，保证了施工安全和工程进度。

▲ 第四代履带式液压大功率钻机

（5）桩柱一体机械化施工方法以其诸多优点，成为洞桩法施工的主流工艺，在 PBA 工法暗挖车站之中逐渐推广应用。

4.3 "大棚"里"种"车站

城市轨道交通的发展给人们的出行带来了巨大便利，也提高了人们的出行效率，但其施工场地对周边也造成了一定的影响。地铁车站的施工地点往往在城市人口较为密集的区域，其施工产生的振动、噪声、扬尘、渣土外运时的散土等问题，严重影响着周边环境和人们的生产生活。

19 号线积水潭站建设过程中，在车站上扣了一个"大棚"，曾是当时北京街头的一处亮点，当地企业纷纷来到现场参观，长沙轨道交通集团有限公司等外地企业也远道赶来取经。北京市政协副主席程红来到现场进行调研，对这个"大棚"给予充分肯定。

2017 年 3 月 6 日，北京市住房和城乡建设委员会、重大项目建设指挥部办公室、安全生产监督管理局等部门联合下发的《北京市城市轨道交通建设工程推进绿色安全建造指导意见》，要求通过科学管理和技术进步，最大限度地节约资源并减少对环境负面影响的施工活动，坚持绿色施工常态化。"打赢蓝天保卫战"是党的十九大作出的重大决策部署，事关满足人民日益增长的美好生活需要，事关全面建成小康社会，事关经济高质量发展和美丽中国建设。为加快改善环境空气质量进程，打赢蓝天保卫战，响应国家号召，保护施工现场周边环境，减少因施工产生的噪声、扬尘等污染对人民生产生活的影响，积水潭站建设采用了在隔离式防尘降噪钢罩棚内进行明挖车站施工的方法。

这座用来"种"地铁站的"温室大棚"位于北京市新街口北大街与德胜门西大街交叉路口南侧，处于北京市二环内。这样一个大棚子立于北京市中心 4～5 年，在一定程度上影响了城市形象。为维护首都形象，棚子设计时摒弃建设临时建筑的思想，在隔离棚的外观设计及建筑选材上都颇为讲究。通过对周边环境的调研，隔离棚整体设计呈白色，隔离棚的立面均匀地排列着上、下两排窗户，隔离棚的顶部也均匀地排列着封闭的天窗。行人无论是地面平视还是从二环路高架处俯视，看到的都是一座与周围景观极为和谐的建筑。

▲ "大棚"——隔离式防尘降噪钢罩棚

罩棚周边环境复杂、居住人口较多、交通流量大，大棚高17m、长165m、宽38m，整体封闭面积达到6300m^2。在如此环境下，要保证罩棚使用的绝对安全。走进隔离棚内部可以看到，主体结构采用轻型钢结构配置，构件之间采用高强螺栓连接，各门架结构采用檩条连接，并固定面板。罩棚顶部采用单层彩钢板，每间隔6m设置一道采光板，保证棚内采光。中部起拱2.5m，四周施作女儿墙，保证排水通畅。封闭面板采用7.5cm厚新型镀锌铝复合装饰板，具有良好的隔音降噪效果，并与周围环境相协调。

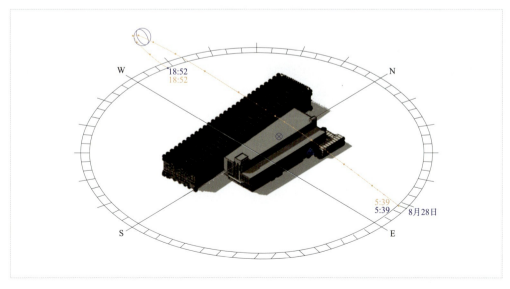

▲ "大棚"——隔离式防尘降噪钢罩棚采光

罩棚立起来后，施工扬尘与外部环境隔离了，但是不能为了隔离扬尘让北京市轨道交通地铁建设者们在施工过程中吃灰。为保证施工人员的身体健康，防尘隔离棚内设置了DMC216型脉冲布袋除尘系统，焊接烟尘净化器。沿隔离棚顶部钢梁间隔设置自动喷淋系统，每隔6m设置一组喷头，隔离棚内扬尘较大时能够自动开启，达到降尘效果。重点部位配置降尘雾炮机，其喷雾距离可达到60m。出入口位置配置循环用水洗车池，为基坑开挖期间进出场车辆进行清洁。现场内部运输车辆均采用电动车，避免柴油机尾气排放污染空气。同时，防尘隔离棚内部及室外均设置一组空气及噪声监测系统，能有效监测隔离棚内外空气质量及噪声值。

▲ 焊接烟尘净化器

▲ 自动喷淋系统

▲ 雾炮机在防尘隔离棚内进行降尘作业

▲ 可循环用水洗车池

隔离棚建设增加了施工成本，但同时也提供了除尘降噪、施工受天气影响小等新功能。更为重要的是，隔离棚有效地提升了绿色施工水平，助力北京"打赢首都蓝天保卫战"。积水潭站在北京地铁明挖车站中首次进行全封闭施工，对推进北京市城市轨道交通建设工程绿色安全建造具有重大意义。

▲ 环境监测系统

4.4 管幕支护下 U 形拼装式初期支护导洞施工技术

棚盖法建造技术在 19 号线地铁建设中已得到初步应用，而棚盖法施工细部工艺与传统 PBA 工法工艺存在较大的差异，尤其在上导洞形式及开挖支护方式上存在本质不同。常规 PBA 暗挖车站上导洞均为拱顶直墙结构，支护形式主要为封闭拱架锚喷支护形式，开挖时为独立受力体系；二次衬砌扣拱及下部结构施工时需对该钢筋拱架锚喷结构进行破除，破除后钢筋拱架作为废料处理，回收率较低，存在大量人材机的浪费。而棚盖法施工是在大型管幕的支护下开挖导洞，为平顶直墙结构形式；开挖时要实现管幕与导洞初期支护的受力转换，且棚盖与棚盖支护下的上层导洞的结合方式及施工要点有待形成成熟的经验总结；洞内狭小空间作业环境需要对传统工艺进行深入的探讨与研究。

U 形拼装式导洞是基于棚盖法建造地铁车站或隧道施工技术形成的新工艺，主要在棚盖管幕的支护下，采用型钢拱架拼装而成，与棚盖管幕有效连接，最终形成 U 形导洞。该工艺型钢拱架导洞处仰拱外无须进行喷混支护，大大改善洞内作业环境，且能保证棚盖支护体系在开挖时有效传递荷载，能有效控制地层沉降；方便后期二次衬砌扣拱拆除，直接全部回收，人材机投入较少，节约大量资源。

管幕支护下 U 形拼装式导洞充分发挥了顶部管幕棚盖自身刚度高的特点，取消了传统封闭式导洞的顶板（拱部），通过设置专用连接件及合理的施工方法，实现了 U 形初期

▲ U形拼装式导洞工艺施工现场图

支护型钢拼装式导洞对管幕棚盖在导洞开挖阶段形成有效的棚盖体系，保证棚盖支护体系在开挖时的有效传力及沉降控制；充分利用土体的自稳能力，结合顶部管幕棚盖施工完成后，传统PBA上层导洞之间的土体在开挖时的部分变形不会对管幕以上的地层、构建筑物及地下管线造成影响的特性，考虑传统PBA导洞功能及部分结构需要后期拆除的情况，将初期支护结构形式由传统的钢格栅喷射混凝土结构优化为型钢拼装式结构（仰拱局部喷射混凝土），减少洞内喷射混凝土和后期喷射混凝土初期支护破除的工程量。

平安里站采用U形拼装式导洞工艺，充分发挥了上部管棚棚盖自身刚度大的优点，将管幕作为导洞初期支护的顶板结构，较传统封闭式导洞节约了顶板工程，结构设计更为合理；其次U形拼装式导洞采用型钢结构+局部喷射混凝土结构，大大减少了喷射混凝土工程量，减少了后期拆除工程量，同时型钢结构可回收利用，大大节约了工程成本。合理设计了管幕与型钢钢架之间的连接节点及型钢分节之间的连接节点，使其既能解决管幕施工偏差造成的影响，满足型钢钢架与管幕密贴，保证其竖向有效，又能有效限制钢架发生侧向位移，确保了结构安全；各构件分节重量合理，全部采用栓接，安装及后期拆除操作方便简单、质量可控。U形拼装式导洞工艺确保了上方市政管线、道路及周边建筑的安全。

该工艺积极响应绿色建造要求，合理分析了地层条件、受力特点及结构开挖变形影响，突破传统钢架喷射混凝土或格栅喷射混凝土初期支护结构思想，创新采用U形拼装式初期支护导洞，大大减少了喷射混凝土工程量及后期拆除工程量，降低了粉尘及噪声污染，改善了洞内作业环境。同时，型钢钢架可周转使用，节约了材料，达到了节能减排、绿色建造的目的。

4.5 "蛟龙出洞"——立式皮带机助推城市暗挖渣土提升

目前，城市地铁矿山法车站及隧道施工出渣多采用门式起重机配合抓斗方式完成，其作业过程中存在施工效率低、噪声大、安全隐患较大等缺陷，已不能满足建筑行业日益增长的安全、质量、绿色、文明标准化管理的要求。因此，探索新型竖井出渣施工工法、工艺、工装是地下工程拓展的一个重要方向和发展要求。

为此，经过实地调研分析研究，工程建设团队创新研发了立式皮带机垂直提升系统，并在平安里站成功应用。通过在北京地铁平安里站的实践应用，该设备在施工效率、安全质量、绿色文明施工上取得上佳效果。其主要原理为：洞内渣土通过水平运输（电动三轮车或水平传送带）至竖井坑底的机尾进料仓，经过筛后由新型立式垂直输送机垂直提升至地面渣土仓，实现渣土提升自动化作业。立式垂直输送机工作原理是依靠电机减速机驱动装置，通过传动滚筒和输送带的传动，实现输送渣土的目的。输送带绕经传动滚筒和机尾改向滚筒形成一个无极的封闭环形带。输送带的上、下两部分都支承在托辊上。工作时，传动滚筒通过与输送带之间的摩擦力驱动输送带运行。渣土从机尾水平段装载点装运到输送带上，经过凹弧段由水平转向垂直，到达机头部位经过凸弧段转为水平运输，在传动轮处卸载渣土转向，形成连续运动的物流。传动滚筒作为整个皮带动力来源，为保证运输稳定性和使用性能，采用陶瓷包胶传动滚筒，以增大摩擦系数。凹弧段是由水平转向垂直提升的关键部位，特采用双外径压带轮压紧皮带底板和波纹挡板实现稳定过渡。抗粘黏给料器和振动清洗器可防止给料仓和皮带的渣土粘黏。

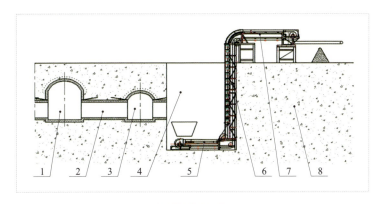

▲ 立式皮带机出渣示意图

1-导洞（4）；2-横通道；3-导洞（7）；4-竖井；5-机尾水平段；6-机身垂直段；7-机头水平段；8-地层

该系统如"蛟龙出洞"，实现暗挖洞内土方连续快速提升至地面渣仓，其运土效率高，最大运载能力可达到190t/h，约100m³/h；运输倾角大，可实现90°垂直提升；设备智能化控制，安全性能高、绿色文明施工程度高，受到了中华人民共和国住房和城乡建设部、北京市住房和城乡建设委员会及相关兄弟单位的高度关注，并给予了充分的肯定。

▲ 立式皮带机垂直提升系统

4.6 绿水青山从地铁暗挖车站全面阻水开始

在地铁暗挖车站全面阻水探索的道路上，太平桥站项目团队始终坚持方案先行，既要金山银山，又要绿水青山。通过反复评估施工环境、优化施工方案，确保工程建设不对周边生态环境造成破坏，全力建造一座绿色之站、生态之站。太平桥站首创车站侧壁咬合桩＋高压旋喷桩封底止水的结构及其施工方法，车站主体侧壁咬合桩施工形成止水帷幕，结合基底超级旋喷桩施工形成隔水层，结构外围构成箱式止水结构，在全车站范围取得了良好的止水效果。地铁暗挖车站全面阻水施工削弱了暗挖工程对降水施工的依赖，大大降低了降水外排，节约了大量珍贵的水资源，有效避免了地下水土流失，实现了暗挖工程全方位、全过程的绿色、节能建造。

（1）小改造实现大功能

地铁暗挖车站洞内咬合桩采用反循环钻机成孔施工，因地制宜改造车站施工导洞及竖井，充当泥浆储蓄池。结合主体小导洞底板分区域存水，实现咬合桩钻进循环用水需求，过程中仅需少量补水，不损耗地下水资源。此外，暗挖车站洞内机械成孔桩施工不仅规避了传统施工置换泥浆造成的路面泥泞，还消除了因施工给周边环境带来的噪声污染。

（2）绿色砂浆助力环保

随着现代化城市建设进程的加快，人类大规模的建筑活动造成了建筑资源短缺、环境破坏严重等问题。研究新型材料，促进资源的可持续发展，已成为未来建筑行业发展的必然趋势。绿色砂浆作为新兴绿色建材是促进绿色建筑发展的重要基础。通过自主研发补偿收缩膨润土砂浆，用于咬合桩素桩灌注材料，该材料绿色环保，原材易取，终凝后强度低、易切削、抗渗效果好，不含有毒有害物质，进行水下灌注施工时难溶于水，对地下水质影响甚微。

（3）工程界的"比亚迪"

地铁暗挖车站施工机械设备较多，应用频繁，尤其地下采用燃油设备，严重影响洞内施工作业环境。通过应用电动三轮车、电动挖掘机，将全面阻水成桩反循环钻机由汽油改为电力，使用电能作为机械设备的动力源，大大改善洞内作业环境，减少职业病患病率，推动节能减排。以电代油能减少现代化机械设备对石油的依赖，降低机械设备尾气和二氧化碳排放量，在新形势下大力推广电能替代，有助于缓解能源和环境的双重压力。

地铁暗挖车站采用全面阻水施工，满足了工程的高标准、高质量要求，从制度设计、施工管理到工艺、工法的创新，全程高度重视对车站周边生态环境的保护，对施工中有害环境的因素进行辨识、评价，采取针对性控制措施，将施工中有害环境因素造成的影响降到最低。地铁暗挖车站全面阻水施工倡导人与自然和谐共生的理念，势必掀起行业发展新潮流。

4.7 属地文化融合——施工围挡设置绿植墙

草桥自古就是京城的花乡，花卉文化与生态底蕴浓厚。是"全国文明村"和"北京最美乡村"，全村绿化率达到70%。优美的环境也倒推工程建设者开展绿色建设、绿色施工。由中铁二十三局集团有限公司承建的新发地站—草桥站区间正好位于丰台区草桥村，工程施工区域的镇国寺北街和草桥路都是生态建设的重点区域，为更好地与驻地人文景观相融合，贯彻绿色施工的理念，中铁二十三局集团有限公司以"首善标准"对临街建筑工地围挡进行了美化，将施工围挡在原有砖砌围墙上增加新型绿植草坪墙体，并对围挡边角地进行绿化。其中，施工场地北侧围挡毗邻镇国寺北街，围挡墙上内容根据意识形态工作要求进行动态更新；西侧围挡位于草桥西路，绿植墙以二十四节气为主题，按照顺序由北向南依次排列；南侧围挡为花卉造景等内容，一步一景，巧妙地融入了周边的自然环境。

绿植墙由绿色真植和钢板围挡组合而成，其表面采用挂泥插草、卡盆工艺或扦插手法将不同颜色的花草与钢板围挡的表面培养基质紧密结合，也使基质进一步加固，不会下沉，增强了绿植墙墙面的稳定性。花卉绿植方面，采用北方本地品种，其对北京气候的适应性很强，抗旱抗涝。无论是夏季高温侵蚀，还是雨季降水来袭，都不会影响花卉的景观效果，养护起来也方便。绿植墙表面绿植也能够根据设计灵活更新，与周围的绿树青草相呼应，融入绿意之间，提供出一处绿色温馨的场景。与普通围挡相比，绿植围挡更能让人耳目一新，巧妙地将雕塑造型与花卉园艺结合运用在一起建造立体植物墙，既解决了平面植物场地受约束的局限性，又赋予了墙面以生机，同时立体种植又能完美融入环境，可以说，绿植墙就是充满生机的"花卉雕塑"。此外，绿植墙在垂直空间大面积密集种植植物，造就了一个拥有天然加湿器、空气净化器的"绿色空间"，具有降温、减噪、除尘的功能。这个场景既绿色养眼，又环保美观，改善了施工区域周边环境，全面提升了周边区域环境美化度，在扮靓草桥的同时，环境效益不断外溢，使其成为丰台区一张靓丽的名片。

▲ 绿植墙围挡与属地景观融合

4.8 绿色科技示范工地

1）绿色施工在地铁车辆段工程建设中的应用意义

随着城市化进程的不断深入发展，轨道交通建设规模越来越大，标准化水平越来越高，地铁车辆段作为城市轨道交通建设的重要组成部分，具有建设周期长、占地面积大、能源消耗多、对周边环境影响大等特点。基于我国发展生态型社会的愿景，要求在发展工程规模和保障工程质量的同时实现可持续发展。绿色施工以降低各种能源消耗、提高清洁和可再生能源利用率、减少对环境的污染为目标。在工程建设中以持续发展为本，开展绿色施工，将实现工程的环保发展，实现人与自然和社会的和谐发展。

2）绿色施工在地铁车辆段建设中的主要应用

结合项目场地大、体量大、专业交叉多等特点，综合考虑项目安全管理压力大、环保形势严峻等重难点问题，主要从以下几方面开展绿色施工。

（1）节材与材料资源循环利用

推广应用可循环标准化定型防护产品，现场加工区采用站台式防护棚。临建设施、安全防护设施采用定型化、工具化防护栏杆，实现资源循环周转利用率高、施工便捷、设施安全性能强、美观实用的目标。

注重废旧材料的二次利用，利用废钢筋头焊接排水箅子、制作马凳；浇筑用剩的混凝土制作成定型模块，用于现场临时道路铺设；将废旧模板用于结构孔洞防护、后浇带防护、阳角保护条等工作，做好废旧材料的合理利用。

▲ 标准化水电加工棚

▲ 工具式定型化防护栏杆

▲ 废旧材料的二次利用

（2）节水与水资源再利用

项目应用雨水回收利用系统，将回收的雨水经过沉淀、消毒和净化处理后用于绿化浇灌、冲厕、车轮冲洗、喷雾降尘、降温等环节。

现场设置洗车池、三级沉淀池循环用水系统。淋浴间采用智能刷卡取水，通过智能水表24小时监测用水量，对数据进行自动统计和分析，节约用水。

▲ 水资源利用与节水措施实施

（3）节能与绿色能源利用

通过能耗对比，以及环保性能、周转利用率分析，项目部采用空气能空调系统。高热效率是空气源热泵最大的特点和优势，每个房间设独立的风机盘管，可实现独立开关控制，主机采用变频设备，能耗大幅降低，无任何污染，无任何燃烧外排物。

太阳能光伏发电系统，作为清洁能源、可再生能源，有效缓解了煤炭发电资源消耗，以及释放污染物、废料、温室气体对大气环境污染的程度。设备寿命周期长，可多次周转利用。施工现场安装太阳能路灯，用于夜间道路照明。经测算，现场15盏太阳能路灯，每盏灯功率30W，在每天使用10h的情况下，每月节约电135kW·h。

▲ 空气能空调系统应用　　　　　　　　　　▲ 太阳能光伏发电系统应用

（4）节地与施工用地保护

结合工程规模及现场条件等因素，合理布置临时设施，临时设施的布置按照用地指标所需的最低面积设计，临时设施占地面积有效利用率大于90%。

现场主要施工道路、加工区域全部采用混凝土硬化,未使用的场地采取种植草皮绿化处理,同时对场内的树木采取保护措施。

优化基坑施工方案,减少土方开挖和回填量,停车场利用原有土地铺透水砖,最大限度地减少对原有土地的扰动,保护周边自然生态环境。

▲ 主干道路硬化

▲ 铺设透水砖

(5)环境保护

①扬尘控制

BIM+智慧工地的绿色施工管理是指施工现场的扬尘监测设备、喷淋降尘设备物联网化,施工现场的扬尘监测数据、喷淋降尘设备的运行数据平台化,通过智慧工地平台对喷淋降尘设备发送指令,实现降尘喷淋系统的智能化。利用智能控制系统可以将现有喷淋雾炮系统智能化,由原来的被动静止结构转变为具有能动智能系统,也可以与扬尘在线监测系统实现联动,设置空气质量扬尘上限阈值,实现超限报警,自动启动现场喷淋系统,增强了降尘作业的及时性,减少了水资源和电力的浪费,以及人力的投入。

现场配备了洒水车、雾炮、车辆冲洗台,在现场围挡边、基坑边及塔式起重机大臂设置了喷淋系统,定时喷洒降尘。

②建筑垃圾处置

现场设置封闭式垃圾站,分类收集、集中堆放。现场设置钢筋废料池,定期分拣、收集处理,回收利用率为30%。废电池、废墨盒等有毒有害的废弃物应封闭回收,不应混放,有毒有害废物分类率为100%。

③噪声与振动控制

优化施工场地布局、作业方案和运输方案,将加工区布置在远离居民区的地区,减少对周边居民生活的影响,减少噪声的强度和受噪声干扰的时间。

现场设置连续、密闭钢制围挡及砖墙围挡,同时设置各类封闭隔音加工棚。在声源处、场界围墙周边设置噪声监测点,实施动态监测,并及时进行调整,安排专人进行监控和记录。

▲ 扬尘噪声在线监测系统显示屏

▲ 塔式起重机高空喷雾

▲ 雾炮机降尘

▲ 封闭式垃圾站

3）绿色施工在地铁车辆段建设中取得的成效

绿色施工强调社会资源的节约和可持续发展，项目部采用一系列的节约措施，如引入太阳能照明路灯、应用节能灯具与节水器具、选择高效节能型施工机具等；优化施工方案、细化工序流程，积极采用新技术新工艺；综合分析材料采购、运输过程的各项指标，择优选取供货商；施工过程中，加强能源管控，落实各项节约措施，推动"四节一环保"工作顺利开展，营造良好作业、生活环境，节约用水约 $8400m^3$，节约用电约 30 万 kW·h，仅此两项累计节约成本 44.4 万元。通过对材料的回收再利用，主要材料钢筋和混凝土两项节约成本约 195.5 万元。既注重环境保护指标控制，又赢得了工地周边居民的好评，投诉率低，社会效益显著。

北京地铁19号线
一期工程建设纪实

第 5 篇
CHAPTER 5

智慧篇

　　智慧是城市轨道交通未来发展的重要方向。

　　2020 年 3 月，中国城市轨道交通协会印发的《中国城市轨道交通智慧城轨发展纲要》提出，在自主创新基础上，围绕数字化、智能化、网络化，大力应用新技术革命成果并与城轨交通深度融合。一手抓智能化，强力推进云计算、大数据、物联网、人工智能、5G、卫星通信、区块链等新兴信息技术和城轨交通业务深度融合，推动城轨交通数字技术应用，推进城轨信息化，发展智能系统，建设智慧城轨。一手抓自主化，创新创优，增强自主技术创新能力，持续不断研发新技术、新产品；增强自主品牌创优能力，不断研发新产品、新品牌。通过持续不断的智能化和自主化建设，完成城轨交通由高速发展向高质量发展转变，强力助推交通强国建设。

　　北京地铁 19 号线在《中国城市轨道交通智慧城轨发展纲要》的指导下，全面建设智慧地铁。

　　北京地铁 19 号线是北京市第一条从设计、施工到运维全过程数字建模的线路，采用 BIM 技术，建设期间优化地下管线、车站内部管线综合排布和碰撞检查，利用数字技术降低了工程造价。

　　北京地铁 19 号线引入智慧列车，列车设置故障预警报警系统，在列车遇到障碍物或脱轨时，通过主动/被动检测、识别障碍物，采用智能算法处理，实现列车预警和紧急制动等功能，保障列车运行安全。

北京地铁 19 号线在中心云平台部署智能调度系统，以客流精准计算及预测为基础，结合线路、设备等限制条件，基于运筹学构建多目标、多策略的列车资源优化配置方法，实现运行图自动编制，实现客流与列车调度优化方案的最优匹配。

北京地铁 19 号线建设了包括站务员定位及物联网传感、车站及列车客流密度分析、乘客招援终端、车站站务综合显示及移动站务等在内的智慧化平台。首次在太平桥站进行智慧客服系统试点。

通过全线智慧化平台的建设，北京地铁 19 号线成为北京第一条智慧化、智能化的大运量城市轨道交通线路。

第1章
智慧化运维

1.1 列车故障预警报警系统

针对目前无人驾驶列车现状，19号线配置了智能障碍物检测系统，在列车遇到障碍物或脱轨时，通过主动/被动检测、识别障碍物，采用智能算法处理，实现对前方障碍物的可靠感知和列车脱轨状态的实时检测，并将信息实时反馈给列车，通过判断前方障碍物和列车脱轨状态使列车采取措施，实现列车预警和紧急制动等功能，最终保障列车运行安全。具体功能分为：

（1）障碍物智能检测功能，对列车运行前方轨道的障碍物（如车辆、人、机箱等）进行主动识别，同时精准感知障碍物距离，并具备向运行控制中心（Operation Control Center, OCC）或驾驶员预警功能，以及施加制动等采取防护措施的能力。

（2）障碍物被动检测功能，通过安装于列车头部下方的传感器设备预判列车撞击障碍物，采取报警及制动措施。

（3）列车脱轨检测功能，通过安装于列车头部的传感器设备，判断列车纵向冲击超限脱轨，采取报警及制动措施。

障碍物/脱轨检测系统由机械系统和电气系统两部分组成，可进行障碍物与列车脱轨检测。其中，机械系统为安装于列车转向架上的探测装置；电气系统为安装于列车电气柜内的车载机箱；系统间为电缆连接，将机械系统内的传感器数据传给电气系统。

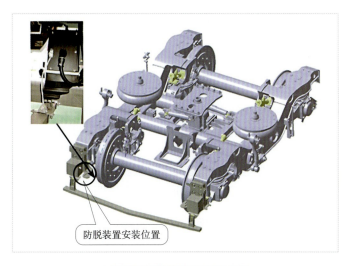

▲ 障碍物及脱轨检测系统安装示意图

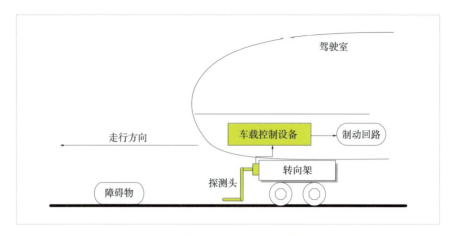

▲ 障碍物及脱轨检测系统组成示意图

1）障碍物检测

当列车与障碍物发生碰撞后，一部分动能将通过检测装置转化为弹簧的弹性势能。同时，弹簧产生与运动方向相反的位移，这个位移通过传感器进行检测，当位移超过设定阈值，将触发传感器产生信号，并传递给电气系统，电气系统断开列车制动安全回路，使列车产生紧急制动。同时，该信号经由列车自动控制系统（Automatic Train Control，ATC）及列车控制与管理系统（Train Control and Management System，TCMS）上传至运行控制中心 OCC。

2）脱轨检测

当列车运行过程中发生脱轨时，检测横梁将与钢轨发生碰撞，并将检测横梁向上抬起，改变了弹簧与脱轨检测传感器之间的距离，触发传感器产生信号，并传递给电气系统，电气系统断开列车制动安全回路，使列车产生紧急制动。同时，该信号经由 ATC 及 TMCS 上传至运行控制中心 OCC。

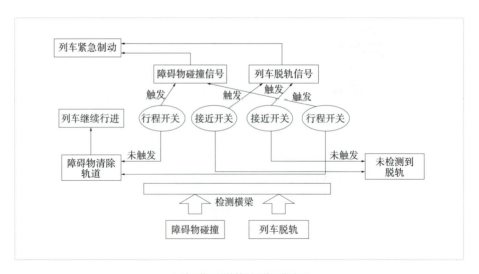

▲ 障碍物及脱轨检测系统工作流程

1.2 智能调度

《中国城市轨道交通智慧城轨发展纲要》(以下简称《纲要》)提出了"1-8-1-1"的智慧城轨发展蓝图,这是城轨行业首部关于交通强国建设的发展蓝图,明确了智慧城轨建设目标,指明了智慧城轨实施路径,发展方向正确、重点任务清晰、主题鲜明,是未来十五年智慧城轨建设的行动纲领和顶层设计,对中国城市轨道交通发展意义重大。

地铁19号线建设积极响应《纲要》要求,在中心云平台部署智能调度系统。智能调度系统以客流精准计算及预测为基础,结合线路、设备等限制条件,基于运筹学构建多目标、多策略的列车资源优化配置方案,考虑高低峰过渡、线间换乘等因素,实现运行图自动编制,并实现运力与运量的精准匹配。当发生突发事件时,基于实际列车运行数据对列车运行状态进行推演预测,包括延误列车在前站的晚点时间、停站缓冲时间、后续列车与延误列车的图定追踪时间等。基于列车实时反馈信息的滚动优化算法框架,构建面向设备故障等扰动下的运行计划动态调整模型,系统自动形成需要调整的列车走行路径、停站模式及到发时刻等,实现运营扰动下列车运行计划的动态调整。

地铁19号线智能调度系统的应用,提升了调度系统的智能化和自动化水平,在特定故障场景下,可以为调度人员推送"辅助调整策略",同时部分调整可实现自动化。

以下通过"道岔故障"场景示例,走进智能调度系统,感受智能调度系统为调度指挥带来的改变。

1)界面显示

智能调度界面左上角显示"主页",右上角显示菜单,包括"历史事件管理""调度命令管理""启用""关于"等选项。

▲ 智能调度界面

2）故障上报

以牡丹园站 5 号道岔故障处置流程为例。当牡丹园站 5 号道岔发生四开故障时，控制中心工作站界面弹框提示发生道岔故障，弹框信息包括：

（1）故障时间：与故障上报时间一致。

（2）故障地点：牡丹园站。

（3）故障类型：5 号道岔故障。

（4）故障预览：用简图的方式展示故障道岔位置。

▲ 发生道岔故障界面弹框提示

3）故障辅助处置

（1）点击"进入辅助处置"进入故障处置界面，系统自动推送辅助解决方案。界面左侧显示处置进度，界面右侧显示辅助解决方案。辅助解决方案内容包括：受故障影响列车进行智能扣车作业；将故障道岔所属集中站控制权下放车站办理；车站综控员对故障道岔进行人工定、反位试验。

（2）点击右侧图标，可以显示操作记录。

（3）调度员确认辅助解决方案后，点击"执行"按钮，系统自动按辅助解决方案进行控制，并支持故障处置进度查看。

（4）车站综控员确认道岔故障后，系统推送辅助解决方案。调度员可选择调整策略，并提前预览调整后的交路信息。

（5）调度员选定调整策略，点击"执行"。运行图自动调整，调整后后续列车在平安里站折返，按照新宫站—平安里站小交路运行（按故障时间 30min 进行小交路调整）。故障时的前车扣车停在牡丹园上行站台。

▲ 辅助解决方案界面

（6）站务员将5号道岔扳到定位，车站综控员或调度员确认后，在工作站点击确认"道岔手摇到位，具备通车条件"。中心工作站界面弹出辅助调整策略，并提供不同策略的优点分析。

（7）调度人员选择需要执行的策略后，系统自动执行运行图调整、列车缓行等调整策略。

（8）道岔故障恢复后，车站综控员或调度员点击选择"道岔故障已恢复"按钮。中心工作站弹出辅助解决方案，调度人员人工选择需要执行的策略后，系统自动生成行车调整策略，提示中心调度人员及车站综控员确认控制权转换事宜。人工在工作站点击"确认"后，故障道岔所属集中站的控制权由车站转回中心控制，运行图自动调整，全线列车恢复原交路运行。

（9）调度员点击"结束"按钮，结束故障处置流程。系统界面自动切换回首页，进入常态化监视状态。

智能调度系统在故障处置的各个阶段，均可为调度人员主动推送故障处置策略，人工选择相应策略执行后，智能调度系统可自动联动其他系统执行相关处置策略，进行后续流程的智能化处理。智能调度系统的建成，缩短了故障处置时间，降低了调度人员工作强度，提高了运营指挥效率，响应了《中国城市轨道交通智慧城轨发展纲要》的号召，为北京地铁19号线智慧化、智能化建设提供了有力支撑。

1.3 智慧车站

"智慧"在轨道交通车站为运营管理、乘客出行提供更优质的服务，19号线一期工程在以下几方面进行试点：

1）站务员定位及物联网传感

为实现系统互联互通、兼容共享，满足网络化运营需求，无线通信系统取消泛欧集群无线电（Trans European Trunked Radio，TETRA）的无线集群调度系统，在国内轨道交通领域采用长期演进技术（Long Term Evolution，LTE）首次综合承载了基于通信的列车自动控制（Communication

Based Train Control，CBTC）系统、集群调度（B-TrunC）、乘客紧急文本、列车紧急文本、列车运行状态监测、车载视频、车载乘客信息系统（PIS）、物联网、站务人员定位等业务信息。

在各车站的站厅、站台、出入口、安全口等处，以及区间、车辆段均进行了无线信号覆盖。

在太平桥站车站内无线通信系统将无源室分系统调整为有源室分系统–皮基站方案，实现对站内无线手持台的定位，并将定位信息、手持台相关信息提供给车站站务综合显示系统，更便于站务员应急情况下的最优人员调配。

此外，通过增强机器类通信（LTE enhanced MTO，eMTC）技术为物联网传感器数据传送提供无线数据传送通道：在各通信设备室（含电源室）内设置机房微环境传感器，可实时监视机房温度、湿度、噪声、PM0.5、总挥发性有机化合物（Total Volatile Organic Compounds，TVOC）、光照强度等数据，提高机房环境管控能力；在通信设备室个别机柜内设置机柜微环境传感器，可实时监视机柜内温度、湿度、噪声、TVOC、振动等数据，提高机柜内环境监控能力；在站厅公共区设置车站微环境传感器，可实时监视公共区温度、湿度、光照强度、室内空气品质（Indoor Air Quality，IAQ）等数据，提高公共区环境管控能力。

▲ 物联网传感器数据转换示意图

2）车站及列车客流密度分析

在全线列车乘客信息系统配置客流分析服务器，对车厢内多路摄像头并行分析，快速计算出各个车厢的客流密度值。可提供本站进站、停站、出站列车的列车拥挤度数据，并在乘客信息显示屏显示，为乘客提供乘车参考。

在太平桥站利用车站设置的前端摄像机，通过视频拼接、视频分析等手段，分析车站站台等位置的客流密度情况，并将数据提供给乘客信息系统、站务综合显示系统。其中，拼接服务器将站厅、站台、出入口的多路视频合并为路数较少的路数视频，节省了分析服务器的算力，可以同时分析更多的区域。

▲ 乘客信息显示屏

3）乘客召援终端

在太平桥站的售票亭附近、站厅与出口衔接处、站台公共区两端等处均设置音视频对讲终端，乘客可通过此终端实现与车站控制室站务人员的求助，站务人员可在站务综合终端和网际互联协议（Internet Protocol，IP）话机上接听。

▲ 售票亭附近乘客召援终端

▲ 车站控制室接听终端

4）车站站务综合显示及移动站务

在草桥站、太平桥站整合车控室 PIS、视频监控系统（CCTV）、广播系统（PA）和导向等系统的终端，减少操作台台面上终端数量；在 LTE 手持终端上定制开发与站务综合显示功能配套的 App，实现站务人员移动办公。

▲ 车站控制室站务综合显示界面　　　　　　　　　▲ 无线手持终端App显示界面

5）智慧客服

近年来，城市轨道交通互联网业务进入快速发展阶段。随着各类智能设备的大力发展，乘客自助购票占比逐步提高，人工服务需求量逐步降低，而地铁传统客服中心设备聚集率低、功能性较为单一，限制了票务、服务工作的优化提升。19号线通过推行智慧客服系统，构建开放自助式服务模式，将票卡业务处理和客服中心集于一体，打造一体化智慧客服中心，进而满足地铁高质量发展的总体要求。

在地铁车站中设置智慧客服中心，能够更好地为乘客提供自助购票、补票、充值查询等服务。太平桥站作为以通勤客流为主的车站，客流量较大，通勤客流能够更容易地接受自助服务的形式，这样便可以增加智慧客服的使用率，避免资源浪费。同时，太平桥站所在的金融街区域，是北京市最著名的金融商务区之一，智慧客服的上线能够为该区域智能轨道交通的服务水平增光添色。

19号线智慧客服中心采取半封闭式，使车站显得更加通透。各类设备嵌合在客服中心中，样式更加美观，同时拉近了与乘客的距离。

太平桥站设置智慧客服系统，智慧客服系统的客服后台功能由中心智慧客服系统实现，票务相关功能由北京地铁19号线一期工程当前自动售检票系统实现，智慧客服中心融合了半自助售票机（Booking Office Machine，BOM）、互联网售票机（Internet Ticket Vending Machine，ITVM）、票价牌等各类半自助以及自助的设备，可在一处实现人工/自助售补票、互联网取票等功能。同时配置一定数量的手持移动客服终端，客服人员可手持移动客服终端在车站内随时为乘客提供1对1的远程客户服务，能够实现乘客自助服务、远程音频交互、乘客信息展示等功能。

▲ 太平桥站智慧客服中心

第 2 章
BIM 应用

"智慧"正在逐步走入人们的生产、生活，为生产提高了效率，为生活提供了便利。"智慧"在轨道交通行业为运营管理、乘客出行提供优质的服务。

BIM 是基于数据标准和可操作性基础上构建的一个数字信息模型，其中包含了建设项目的所有信息，并将这些信息完全共享，相当于一个项目的虚拟替代品。

2.1 管线碰撞检测——保证地下管线在施工中的安全

北京地铁 19 号线周边地下管线种类繁多、数量庞大、错综复杂。施工过程中，各种管线干扰冲突，稍有不慎就可能造成管线破坏，甚至出现重大事故。为了保证施工过程中地下管线的安全，采用三维 BIM 技术，在开工之前严格按照管线勘测数据进行现场调查核实后，建立管线 BIM 模型，与项目 BIM 结构模型进行碰撞检测。施工单位召开专题会议审核碰撞检测报告后，通过可视化模型与建设单位、设计单位、产权单位等各方协调沟通，优化设计方案，采取管线改移或者调整地下结构布局等措施，确保施工的安全距离，极大地降低了施工风险。

牡丹园站周边市政管线分布密集，电力、燃气、供水、污水、通信、热力等管线数量达 24 条，邻近及穿越管线共计 44 次，其中一级风险 38 次，二级风险 6 次。项目通过 BIM 模型可视化的特点，根据现场需要和自身特点，运用三维效果图制作一些相关宣传标语，如现场的七牌一图、管线风险源等。让检查方及现场管理人员等快速深入了解现场注意事项及相对应的风险源概况，从而指导项目进行安全防护，提早发现和排除安全隐患。利用 BIM 技术帮助管理人员解决深层次的管线协调问题，达到了降低成本、缩短工期、降低风险的目的。

施工过程中管线位置剖面图是一个静态图，前后两个截面间的管线布置依赖于逻辑推理。当截面空间、管线的数量发生变化时，逻辑推理中加入了猜测，那么管线综合剖面就不是一个唯一解，需要多种解决方案。在实际设计中，剖面数量少、剖面处管线简单等现象普遍存在。因此，无论是在二维还是三维设计中，设计人都应该坚持将管线综合剖面设置在管道最复杂、空间最狭窄、空间发生变化的地方。这三种位置的管线综合剖面图控制好了，碰撞点数就会减少很多，即使有碰撞，也有空间调整。通过建立施工范围内的地下管线与结构模型，预判管线与结构关系及影响范围。通过模型优化主体结构，制定管线迁改方案，并采取相应地防护措施。

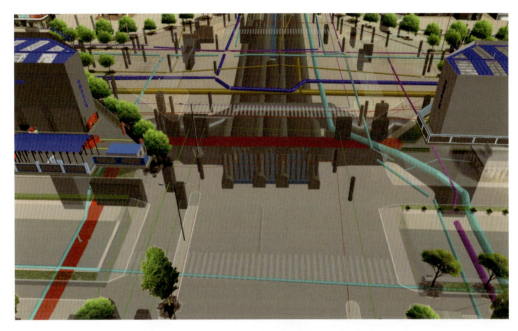

▲ 牡丹园站周边管线BIM模型

2.2　BIM 碰撞检查在核心城区复杂环境车站中的应用

现阶段，大部分 BIM 设计仍依靠二维平台进行，对于复杂空间立体信息也主要依靠参数的基本属性来确定，设计过程中极易出现失误。与此同时，无法对地下空间及管网进行立体观察，导致施工人员在施工过程中可能碰到新建结构与现有管道冲突等问题。

随着科学技术的不断发展，BIM 信息化技术已广泛地应用于各项目管理中，BIM 技术在地铁车站结构的设计优化和空间布设方面的应用已比较成熟。而地铁车站在城市环境中的空间布设，尤其是复杂城区的空间布设尚未进行过模拟设计。考虑到目前城市地铁越来越多地布设在核心城区复杂环境下，故有必要研究车站在复杂环境下的空间布设 BIM 技术，从而进一步优化车站设计。

平安里站为核心城区复杂环境下建造的典型车站，位于北京市老城区。车站周边控制性建（构）筑物较多，车站站位道路两侧包含大量民房、店铺。车站拟选择站位下管线众多，人流、车流密集，绿色文明施工是工程施工的重点。车站主体结构采用超浅埋棚盖法施工，棚盖结构钢管施工的先行小导洞拱顶最小覆土约 4.3m。

通过 BIM 技术，根据车站主体初步施工设计，模拟出平安里站施工导洞与影响区管线关系。采用 Navisworks 软件对导洞结构进行碰撞检查分析，碰撞类型设置为"硬碰撞"，公差以 0.01m 计。采用曲面检测形式，在碰撞检测中包含曲面几何图形，共检查出施工导洞、竖井横通道、管幕等施工结构和现有管线冲突共 354 处，管线和初步设计中的竖井横通道结构冲突 12 处，其中 DN1000 污水管与管幕碰撞 342 处。

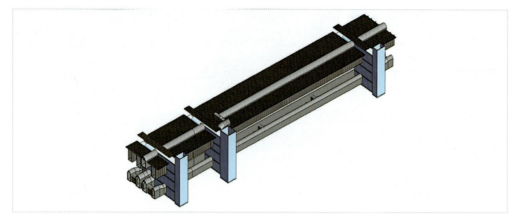

▲ 平安里站BIM模型

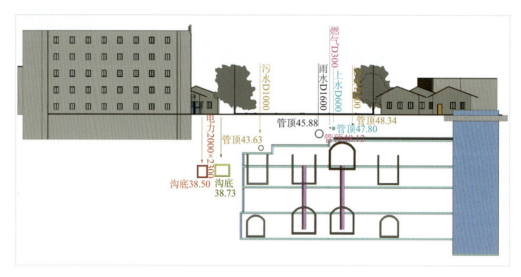

▲ 平安里站与周边管线关系图（尺寸单位：mm；标高单位：m）

通过BIM技术，优化车站平面布局、空间布局及风险源分布等设计内容，其作用主要体现在以下几个方面：

（1）通过建立平安里站周边环境模型、管线模型、车站结构模型、施工临时模型等，直观地表达了全场景下车站站位、施工的工艺工法，避免了二维图纸复杂抽象、不易表达的情况，有利于设计者和管理者从全局上比选设计方案。

（2）利用BIM技术的空间表达能力，针对空间严重制约、地层复杂的站位选型，对施工方案选择的地下管线进行空间冲突检测。对平安里站施工结构和影响范围内管线采取多专业协同设计，及时发现碰撞与冲突，并制定施工解决方案，改进设计方案，优化设计内容，提高设计精度。

（3）通过BIM技术对施工方案进行推演交底，保证了方案整体流程的可行性，清楚地交代了施工各个环节之间的关系，使不同的工程参与者更好地理解整个建造过程。

基于BIM技术对车站方案优化后，调整了先行导洞的位置，增加了下层导洞。通过多次改变横通道施工截面，加设绕避段，避免了迁改DN1000污水管，减少或降低风险源9处，减少了冲突碰撞354处，节省了工期，节约了成本。

2.3 BIM在换乘车站复杂节点技术交底的应用

北太平庄站是19号线与12号线的T形换乘车站，其中19号线车站为暗挖双柱三跨三层结构，12号线车站为暗挖双柱三跨两层箱形框架结构。北太平庄换乘车站节点复杂，施工重难点多，例如12号线主体暗挖结构平行侧穿北太平桥基础、挡墙等风险源，车站导洞边距离桥桩最近处仅约0.8m；整个车站范围地下水位高，19号线车站负三层全部位于层间潜水（四）中。

为增强换乘车站复杂节点交底与算量应用效果，项目团队同北京市轨道交通建设管理有限公司合作编写《BIM可视化数字交底手册》《风险工程数字化管理手册》，包括模架搭设交底、钢筋绑扎交底、PBA暗挖交底、洞桩法交底、钢筋与模架混凝土质量通病等内容。

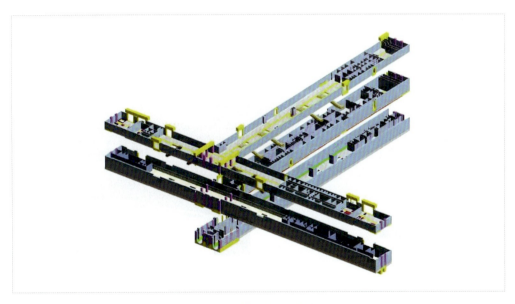

▲ 北太平庄站BIM模型

1）BIM在暗挖复杂节点的交底应用

（1）Dynamo在暗挖初期支护渐变段的参数化应用

为了借助12号线车站作为施工通道对19号线车站进行暗挖施工，2号竖井采用两条横通道，包括渐变抬高段、直线段，4号竖井采用曲线段横通道。暗挖初期支护结构复杂，钢格栅加工安装精度与工程量核算存在一定难度。BIM可视化编程Dynamo工具应用于钢格栅单榀与批量建模，保证交底数字化与算量精度。实现步骤如下所示：

①构件区分：基于CAD线条颜色，利用Dynamo实现不同规格主筋区分。

②分节布置：基于钢格栅分节编号，实现参数化自动布置构件。

③出量出图：输出 Excel 工程量表格与剖面钢筋图，辅助格栅加工。

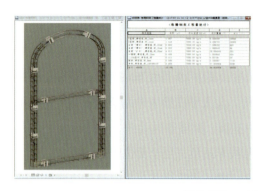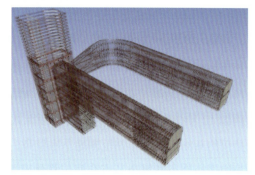

▲ 单榀钢格栅工程量与渐变段钢格栅模型生成

（2）Dynamo 在二次衬砌模架的参数化应用

编制 Dynamo 代码，针对顶纵梁、扣拱等曲面支撑模架进行优化。基于三维标注，利用 Dynamo 实现快速生成碗扣脚手架建模。

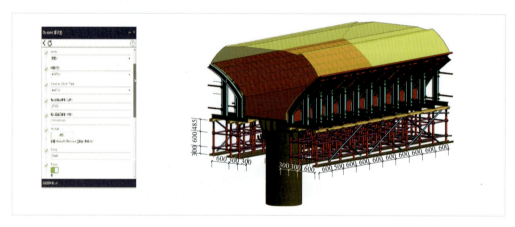

▲ 顶纵梁碗扣架Dynamo参数化建模（尺寸单位：cm）

▲ 二次衬砌扣拱碗扣架参数化建模

2)BIM 在 PBA 暗挖施工复杂工序的交底应用

PBA 暗挖工法是由边桩、中桩(柱)、顶纵梁、底纵梁、顶拱共同构成初期受力体系,在顶盖的保护下可以逐层向下开挖土体,施作二次衬砌,采用顺作方法施工,最终形成由初期支护+二次衬砌组合而成的永久承载体系。

(1)BIM 在洞桩法施工的交底应用

北太平庄站洞桩法采用洞内机械成孔,用机械成孔取代人工挖孔桩,通过导洞内设置泥浆池、竖井作为泥浆沉淀池,具有钻机作业高度低、工序复杂、施工工序质量控制要求高等特点。通过 BIM 质量控制点通病核查、图文数字交底等手段,提高技术交底的效果。

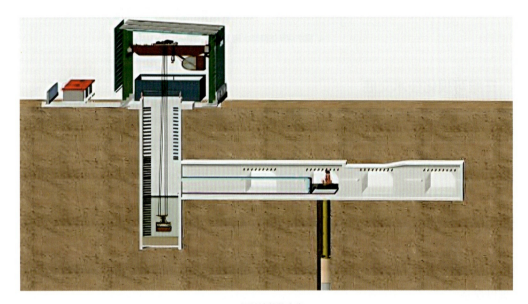

▲ 洞桩法整体交底

▲ 洞桩法工序质量点交底

(2)BIM 在富水层车站内降水施工的交底应用

19 号线北太平庄站地下三层位于富水卵石层间潜水(四)中约 7.5m,日降水量达到 15 万 m^3。为便于降水顺利排出,减少结构底板封堵,采用复杂地面下的地铁施工降水系统,主要步骤包括先开挖地下水位以上的明井与暗井，敷设排水管并安装抽水泵后采取地面降水，然后继续向下开挖到底部时，逐井改造暗井的抽水管至底板下，敷设修建底板。

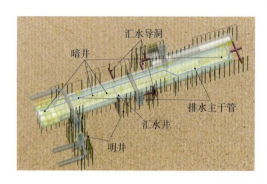 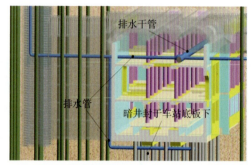

▲ 富水层车站降排水施工交底

2.4 三维可视化技术交底

施工过程中的技术交底和施工图纸一样，对施工有着重要的指导意义。按照设计图纸建造施工，是要确保完成后的工程成果满足设计要求，达到期望的建造值。按照分部分项工程编写下发至施工班组的技术交底，应具有准确性、易懂性和具体性。

传统的技术交底会通过大量文字描述来阐述某一分部分项的技术要求，专业术语及用词对于施工班组的绝大部分人晦涩难懂，难以使施工班组百分之百地理解技术交底下发者的交底意图。施工的规范性及结果会有些不尽人意，这是技术交底的缺陷，是表达方式的问题。文字和线条的表述需要综合考虑，对于凭借施工经验来主导施工的施工班组来说，这种技术交底作用效果难以保证。

三维技术交底会结合 BIM 模型来直观地展示施工工艺，并可以呈现每一步序结束后达到的施工进程。施工者未施工便明确施工结束后的构筑物模样，这是普通技术交底表述不出来的效果。技术交底最终的目的是建成理想的模型。三维技术交底不仅能阐述普通技术交底的技术要求，还可以直接提高施工人员对建（构）筑物的认知，这种认知在施工质量及进度上会体现出明显的效果。

在新发地站—草桥站区间 CRD 暗挖隧道的二次衬砌结构施工过程中，结合项目施工安全风险实际情况，按照设计方要求，项目暗挖初期支护导洞内的临时支撑一次性拆撑长度不得超过 8m。为此，采用传统以隔段跳拆、支架法施作隧道二次衬砌结构的方法，将很大程度上增大项目施工组织难度，导致施工现场不能有效地实现流水作业段，出现工人窝工现象，同时还会增加大量的材料倒运作业，极大地影响隧道二次结构衬砌施工进度。

为有效加快 CRD 暗挖隧道二次结构衬砌施工进度，项目技术创新团队优化了传统"二次衬砌钢筋绑扎台车"的结构造型设计。通过在其顶部及两边侧翼位置纵向间隔 1.5m 增设型钢杆件和液压千斤顶设备,使台车具备了较好的承载、传力功能。随着 CRD 暗挖隧道拆撑作业向前推进,及时跟进改进后的二次衬砌钢筋台车,顶升液压千斤顶,以此来接替隧道原有水平、竖向格栅拆除后的临时支撑任务,实现钢筋台车换撑。

利用二次衬砌钢筋绑扎台车进行换撑,在确保隧道施工安全的同时,可直接将一次拆撑距离从 8m 增加至 24m,使得整个二次衬砌施工作业面全面展开,实现隧道结构二次衬砌台车法连续流水作业。台车一次性拼装直至隧道二次衬砌结构完工拆除,避免了由支架模板反复拼拆导致的材料倒运和工期损耗。连续化的流水作业方便了项目施工组织管理,有效地避免了工人窝工,并加快了项目的施工进度。

▲ 钢筋台车换撑法模型

2.5 BIM 技术在铺轨施工中的应用

目前,我国的轨道交通建设涉及多个领域,轨道交通工程建设规模巨大、周期过长。由于铺轨施工的复杂性,在施工过程中往往涉及与其他各专业在安装时的接口问题。铺轨施工要求标准相当高,施工质量需要经过严格的审核。如何在施工过程中保持铺轨进程的高效率,是我国轨道交通工程建设过程中需要解决的问题之一。BIM 技术在铺轨施工作业中主要有以下几大优点:

(1)提高施工过程中的沟通效率

城市轨道交通工程的建设过程涉及几十种专业领域、上百个施工作业方法。因此,在轨道交通建设中常常需要多种专业领域的技术人员相互配合。利用 BIM 技术可以将铺轨施工中不同领域的二维平面图进行直观生动重组,将这些二维平面图转化成立体的三维模型。利用这种方法就可以提高轨道交通工程建设过程中不同专业领域间技术人才的沟通效率。

(2)优化设计过程,减少返工次数

利用 BIM 技术在轨道交通工程建设中建立的三维模型图,不仅可以更直观地给工程人员节省画图和沟通时间,还可以在三维模型图中加上时间维度。也就是说,在轨道交通建设中利用

BIM 技术提前在计算机上对施工工艺和施工技术进行模拟，尽可能地推演出施工建设过程中将发生的问题，并通过各个部门工程人员之间的沟通及时解决问题，从而减少不必要的返工次数。

（3）有效解决施工的浪费问题

在铺轨施工过程中，BIM 技术还可以收集施工过程中的数据，并将这些数据储存在 BIM 数据库中。工程师们利用这些数据可以更加准确、全面地掌握工程施工中的具体情况，据此调配人员和分配大型机械，从而有效地解决在铺轨施工中出现的浪费现象。

（4）大幅度提高工程的施工质量

在轨道交通施工的过程中，参建方利用 BIM 模型展示技术，并让施工过程中的工作人员更加直观地了解具体的施工过程和施工进度。工程师们还可以根据 BIM 模型分析出轨道交通工程存在的风险源和施工重难点，从而有针对性地开展轨道交通建设。轨道交通管理人员也可以通过 BIM 模型，直观地了解施工过程中存在的各种问题和情况。

（5）总结

未来，BIM 技术不仅会改变轨道交通技术和管理概念，还会影响轨道交通行业的项目管理思维模式。因此，政府应该大力引导 BIM 技术在轨道交通建设中的应用，形成一个统一的行业 BIM 标准，健全相关的技术规范体系，让有关从业人员严格按照标准规范来应用 BIM 技术和实施信息共享。

我国城市轨道交通工程在建设的过程中往往会出现投资过高、建设要求过高、管理难度过高等现象并引发很多工程施工问题。因此，在城市轨道交通工程中应用 BIM 技术的信息管理能力来辅助城市轨道交通工程建设已是大势所趋。BIM 技术将很好地融入城市轨道交通工程中，适应轨道交通工程建设的生命周期。BIM 技术还可以改变轨道交通的生产、组织模式和管理模式，并通过全新的信息管理技术推动轨道交通建设从业者创新管理模式。

2.6 基于 BIM+ 智慧工地的地铁车辆段工程创新建造技术与应用

（1）基于 BIM+ 智慧工地的地铁车辆段建设内涵

通过构建具备完整生产、质量信息的 BIM 模型，实现 BIM 模型与智慧管理平台的融合，初步实现施工现场技术、生产、安全、质量、劳务信息的融合。通过平台的交互项目，各职能部门信息交换更及时、准确，平台的自动化处理功能将管理人员从重复、繁琐的劳动中解脱出来。以数据流为主线贯穿于施工生产的全过程，通过更有效率的管理方式，提升项目乃至企业的管理水平，更好地实现项目的各项管理目标。

（2）基于 BIM+ 智慧工地的地铁车辆段建设主要做法

结合项目场地大、体量大、用工数量大、专业交叉多等特点，考虑项目安全管理压力大、环保形势严峻、工期进度管控难度大和劳务管理工作量大等重难点，基于 BIM+ 智慧工地的地铁车辆段建设主要在以下几方面进行创新应用：

①基于BIM+智慧工地的技术管理

基于BIM+智慧工地的技术管理主要应用于BIM数字交底技术、方案图纸等的电子档案管理、VR质量样板、现场算量、绘图等小插件应用等方面。

BIM数字交底应用：在专项施工方案交底过程中，以制作模型及三维动画的方式进行方案及现场施工技术交底，管理人员及操作人员可一目了然地了解工程结构样式，便于现场控制，提高施工质量。

"小插件、大应用"：新宫车辆段桩基数量大，仅运用库桩基数量总计2069根。设计图纸仅提供了4个角点坐标，如果使用CAD套图或手动计算桩基坐标，准确度和效率难以保证。基于Revit的可视化编程能够在25s内将2069根桩的坐标计算出正确的结果，并导出到Excel表格中。测量工程师可通过个人计算机（Personal Computer，PC）、手机App在智慧工地平台上查找对应构件的坐标进行放线，大大提高了工作效率。

②基于BIM+智慧工地的进度管理

新宫车辆段以智慧工地平台中的构件跟踪为基础，将Revit模型导入智慧工地平台的PC端，将BIM模型中的桩基编号与智慧工地中的跟踪编号相关联，生成生产任务，指定现场管理人员去跟踪、记录该项工作任务。

施工现场对应的管理人员可以使用手机App进行桩基任务跟踪，根据现场实际的施工进度搜索桩号进行桩基施工进度的录入。

在桩基施工过程中，搜索桩号填写桩基的开始时间、结束时间、主控项目等施工过程信息。已经完成的桩基施工信息可以在平台上通过PC、手机App随时查看，在跟踪模型视图中可以快速查看特定单体的施工进度状态。

▲ 跟踪模型视图

注：绿色区域代表已经完成的桩。

③基于 BIM+ 智慧工地的质量安全管理

安全质量是建筑施工行业发展的基础，是工程建设的底线。在加快推动建筑业高质量发展的过程中，必须以质量求生存，以安全求发展。基于 BIM+ 智慧工地的质量安全管理主要由现场质量安全管理、基于物联网的大型机械设备管理等组成：

现场质量安全管理：创建质量问题、安全隐患数据库，设置隐患级别和整改期限；明确质量安全管理各方职责；实现管理质量安全管理信息化、标准化、流程化，提高质量问题、安全隐患整改率，减少潜在的事故发生。

基于物联网的大型机械设备管理：在塔式起重机上安装基于物联网的防碰撞设备，与施工场地内的多台防碰撞设备组成塔机防碰撞系统。该系统能够实时显示塔机械设备运行工况。群塔作业施工时，群塔之间存在起重臂与起重臂、钢丝绳、平衡臂、塔身等设备碰撞的安全隐患。当塔机运行过程中可能出现碰撞危险时，系统将根据设定的角度、距离，向司机发出断续的声光预警。当塔机达到碰撞设置极限值时，向司机发出持续的声光报警，系统将自动限制塔机回转控制，允许塔机向安全方向控制的动作，不允许向危险方向运转。

物联网设备的使用，提高了塔式起重机的安全运行系数，解决了施工现场塔机司机视觉盲区、远距离视觉模糊、人工语音引导易出差错等行业难题。

④基于智慧工地的绿色施工管理

使用基于 BIM+ 智慧工地的绿色施工管理是指施工现场的扬尘监测设备、喷淋降尘设备物联网化，施工现场的扬尘监测数据、喷淋降尘设备的运行数据平台化，通过智慧工地平台对喷淋降尘设备发送指令，实现降尘喷淋系统的智能化。

利用智能控制系统可以将现有喷淋雾炮系统智能化，将原来的被动静止结构变为具有能动智能系统，并与扬尘在线监测系统实现联动，设置空气质量扬尘上限阈值，实现超限报警自动启动现场喷淋系统，增强了降尘作业的及时性，减少了水资源和电力的浪费，减少了人力投入。

▲ 基于物联网的降尘喷淋系统

第 3 章
智慧的供电系统

对于依靠电力支撑运行的城市轨道交通系统来说，保证电力系统在整个运行过程中的平稳安全是一项非常重要的工作。目前，城市轨道交通直流牵引供电系统大多采用钢轨回流的方式，普遍存在框架保护误动、钢轨电位限制装置频繁动作的问题。北京地铁 19 号线采用"能够区分方向的框架电流保护""多段式钢轨电位限制装置整定"，有效地解决了上述问题。城市轨道交通接触网由于零部件多、里程长，一直存在日常检修维护、巡视工作量大的问题。北京地铁 19 号线成功应用了"接触网故障预测与健康管理系统"，在优化接触网维修策略、降低运维成本和减少事故风险方面前进了"一大步"。通过改进供电系统及接触网故障的预测系统，实现了安全平稳供电保障，奠定了接触网维修从"状态修"向"预测修"的基础。

3.1 "改进版"直流牵引供电系统

城市轨道交通大多采用直流牵引供电系统，列车所需"牵引电流"通过牵引网输送，"回流电流"通过走行轨返回到变电所。由于受回流方式所限，该系统普遍存在框架保护误动、钢轨电位限制装置频繁动作等通病。19 号线针对上述"顽疾"开出了"灵丹妙药"。

1）能够区分方向的框架电流保护

直流设备（包括整流器、进线及馈线柜、负极柜、再生能装置）外壳框架采取绝缘安装，外壳与地之间设置电流元件。直流设备内的正极如果发生碰壳，则电流流向如左图所示。

正极碰壳会将正极接地，此时地电位会高于负极电位，钢轨电位限制装置（Over-Voltage Protection Device，OVPD）会动作将地与钢轨（即负极）导通。该电流的流向为：正极→外壳→电流元件→地→ OVPD →回路线→负极。对于电流元件来说，电流是从外壳流向地，现规定这种方向的电流为正向。直流柜和整流器发生此种框架泄漏时，本所直

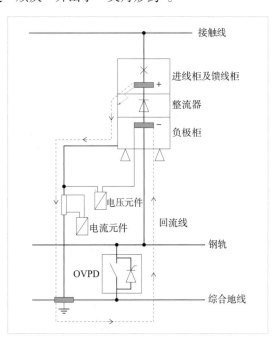

▲ 直流设备正极碰壳，电流流向图

流进线断路器、直流馈线断路器、10kV 侧断路器、邻所直流馈线断路器都跳闸后，这种故障将被隔离。直流设备内的负极如果发生碰壳，则电流流向如下图所示。

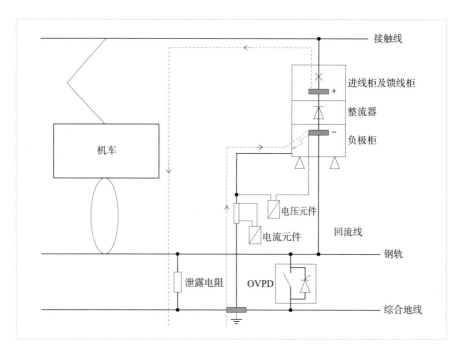

▲ 直流设备负极碰壳，电流流向图

2)"多段式"钢轨电位限制装置整定

国内外城市轨道交通线路钢轨电位限制装置普遍存在"频繁动作"或"长期闭锁"问题，是基于钢轨回流的城市轨道交通牵引供电系统的"顽疾"。钢轨电位限制装置一般采用 3 段电压定值，其中第 1 段 120V，延时可整定；第 2 段 150V，无延时；第 3 段 500V 或 600V，快速导通装置动作，无延时。钢轨电位限制装置、直流框架保护、人体耐受曲线的关系如下图所示。

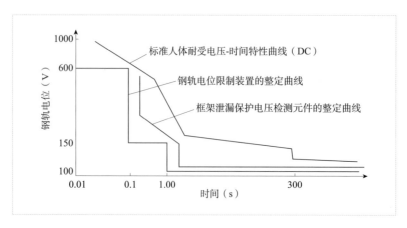

▲ 钢轨电位限制装置多段式电压整定值

3.2 接触网故障预测与健康管理系统

基于云平台和大数据技术的"接触网故障预测与健康管理系统",在北京地铁 19 号线接触网运维领域,建立了管理过程信息化与维修决策智能化相融合的智能运维体系。这在降低成本、缩短维修时间、提高设备管理水平、预防重大事故与推动设备维修制度变革方面,具有重要的意义。

▲ 接触网故障预测与健康管理系统主界面

1)建立数据标准,推动全维数据融合

接触网设备与零部件种类繁多,缺乏统一的标准规范,是推进信息传输与共享的障碍。针对上述系统,19 号线首次建立了接触网设备与零部件、接触网缺陷的分级分类标准与编码规范,推动了多系统的数据融合,为解决接触网领域"数据孤岛"问题提供了可靠、可行、可用的方法与实践经验,为接触网故障预测与健康管理的各种统计和计算提供了标准依据。

2)检测巡视检修,实现信息化全覆盖

系统实时接收检测过程的各类告警信息,实现对区间通道、重点观察区、天气信息、人工测量数据的信息化管理。结合 GIS 平台,管控巡视过程记录与巡视缺陷。同时,利用丰富的图形可视化等手段,对关键设备、检修计划及作业过程进行全方位管理。利用缺陷自动分配等自动化过程减少缺陷处理工作量,提升缺陷处理效率。

3)构建健康评价体系,进行全面质量评估

系统首次提出了以动静态检测评价、设备质量、维修度、可用性为核心的地铁定制化健康评价指标体系,对接触网系统质量与运行状态进行多方位评价,并确定其健康状态等级。在定期评价计算的基础上,支持指定指标及数据范围的自定义计算,为接触网健康评价提供更多维度的评估结果。同时，评价模型支持评价结果的人工评定，辅助算法模型在不断地计算过程中开展自我学习、算法调优。

4）构建关键因素矩阵，消除重点缺陷

系统建立了接触网重点缺陷的关键影响因素矩阵表，涵盖了设计、制造、施工、运维、环境累积作用五大方面。探寻并分析重点缺陷所侧重的内在成因，借助分析结果预测重点缺陷的发生概率、缺陷值。为改善或消除重点缺陷指明了方向、提供了指导。

5）分析维修策略，转变检修模式

接触网现有检修模式仍然是以周期检修与边检边修相结合的方式组织作业，存在占用人力物力资源大、作业效果一般等不足。传统的库存管理模式强调"以防万一"，易造成备件的堆积，在编制备品备件需求计划时缺乏科学的参考，导致备品备件的储备量与生产的实际需求量偏差过大，造成库存成本高的问题。系统依据故障预测与健康管理（PHM）理论建立算法模型，实现动态调整检修计划、物料储备的功能，这将改善接触网检修模式，降低地铁运营成本，提升接触网安全可靠性，实现库存管理，具有重要的示范和借鉴意义。

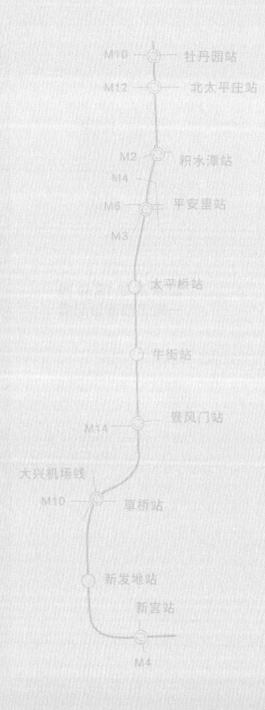

纵贯南北 北京地铁19号线一期工程建设纪实 荟萃京华

**北京地铁19号线
一期工程建设纪实**

附 录

附录一
工程大事记

规划设计大事记

◎ 2014 年

(1) 2014 年,《北京城市轨道交通建设规划（2014～2020）》报送国家发改委。

(2) 2014 年 12 月，北京市基础设施投资有限公司上报《轨道交通新机场线及 19 号线（R3 线）一期工程规划方案》，两线在中心城段上下叠落敷设。

◎ 2015 年

(1) 2015 年 5 月 14 日，获得《北京市规划委员会关于轨道交通 19 号线（一期工程）规划方案的批复》（市规函〔2015〕753 号）。19 号线一期工程南起新宫站，北至牡丹园站，全长约 22.4km，全部为地下线。

(2) 2015 年 5 月 19 日，获得《北京市规划委员会关于轨道交通新机场线规划方案的批复》（市规函〔2015〕781 号）。新机场线南起新机场北航站楼，北至草桥，不再与 19 号线叠落进城，两线在草桥换乘，保障机场乘客接力进城。

(3) 2015 年 6 月，北京市轨道交通建设管理有限公司完成北京地铁 19 号线一期工程初步设计及施工图设计招标。

(4) 2015 年 8 月 17 日，获得中国地震局《对北京地铁 19 号线一期工程场地地震安全性评价报告的批复》（中震安评〔2015〕122 号）。

(5) 2015 年 9 月 14 日，北京市规划委员会组织《北京地铁 19 号线一期工程总体设计》预评审会。

(6) 2015 年 9 月 14 日，获得《国家发展改革委关于调整北京市轨道交通第二期建设规划（2015～2021 年）的批复》（发改委基础〔2015〕2099 号），批复中二期建设规划项目包含 19 号线一期工程。

(7) 2015 年 9 月 29 日，获得《北京市规划委员会关于北京地铁 19 号线（一期工程）增设北太平庄站的批复》（市规函〔2015〕1556 号），与 12 号线换乘，并增设与 12 号线的联络线。

(8) 2015 年 9 月 30 日，北京市规划委核发建设项目选址意见书。

(9) 2015 年 10 月 28 日，北京市规划委员会组织《北京轨道交通 19 号线一期工程平安里站、积水潭站及太平桥站—平安里站区间、平安里站—积水潭站区间、积水潭站—北太平庄站区间土建工程初步设计》预评审会。

（10）2015年11月2日，取得《北京市交通委员会关于地铁19号线一期工程客流预测专题报告审查意见》（京交函〔2015〕912号）。

（11）2015年11月11日，北京市交通委员会组织《北京地铁19号线一期工程可行性研究报告》专家评审会。

（12）2015年12月16日，北京市基础设施投资有限公司组织召开《北京地铁19号线一期工程安全预评价报告》评审会。

（13）2015年12月30日，获得《北京市发展和改革委员会关于北京市轨道交通19号线一期工程可行性研究报告的批复》（京发改（审）〔2015〕80号）。

◎ 2016年

（1）2016年3月18日，北京市规划委组织开展《北京轨道交通19号线一期工程初步设计》专家评审会。

（2）2016年6月15日，获得《北京市民防局关于北京地铁19号线一期工程设防问题的批复》（京民防函〔2016〕65号）。

（3）2016年8月31日，北京市规划委组织召开19号线新宫车辆段及通久路规划设计相关问题的会议。会议决定按照"通久路绕行车辆段方案"实施，并进一步落实因方案变化产生的新增前期工程投资的归属问题。

（4）2016年8月31日，北京市重大项目建设指挥办公室组织召开了《北京地铁19号线与3号线赵登禹路共线段建设方案》专家咨询会。

（5）2016年9月1日，获得《北京市水务局关于北京地铁19号线一期工程水影响评价报告书的批复》（京水评审〔2016〕173号）。

（6）2016年9月2日，取得《北京市交通委员会关于地铁19号线一期工程可行性研究运营安全专篇的审查意见》（京交函〔2016〕881号）。

（7）2016年9月2日，取得《北京市交通委员会关于地铁19号线一期工程初步设计运营安全专篇的审查意见》（京交函〔2016〕884号）。

（8）2016年10月28日，北京市规划和国土资源管理委员会组织北京轨道交通19号线一期工程初步设计补充评审会，对新宫站、起点—新宫站区间、新宫站—新发地站区间、草桥换乘通道及上跨10号线区间、景风门站及两侧区间、太平桥站、太平桥站—平安里站区间、牡丹园站—终点区间、新宫车辆段进行初步设计补充评审。

（9）2016年11月22日，取得《北京市规划和国土资源管理委员会建设项目用地预审意见》（市规划国土规预〔2016〕27号）。

◎ 2017 年

（1）2017 年 1 月 3 日，获得《北京市环境保护局北京地铁 19 号线一期工程环境影响报告书的批复》（京环审〔2017〕2 号）。

（2）2017 年 6 月 6 日，北京市规划和国土资源管理委员会组织《北京轨道交通 19 号线一期工程初步设计》补充评审会，对景风门站、分散供电方案进行补充评审。

◎ 2018 年

（1）2018 年 8 月 29 日，北京市规划和国土资源管理委员会组织召开《19 号线一期工程初步设计地下水控制》补充评审会。

◎ 2019 年

（1）2019 年 4 月 28 日，北京市规划和自然资源委员组织召开《北京地铁 19 号线一期工程新宫车辆段（含综合利用结构预留工程）初步设计〈B 版〉》专家评审会。

（2）2019 年 5 月 6 日，《北京地铁 19 号线一期工程车站地面附属建筑物及一体化设计》通过专家评审会。

◎ 2020 年

（1）2020 年 6 月 23 日，《2 号线积水潭站换乘改造设计方案》通过专家评审会。

◎ 2021 年

（1）2021 年 6 月 1 日，《北京地铁 19 号线一期工程初步设计》补充评审，涉及初步设计评审后因落实专家意见、一体化方案及外部条件变化等引起的方案调整和新增内容。

（2）2021 年 11 月 5 日，北京地铁 19 号线一期工程站名取得北京市规划和自然资源委员会批复。

（3）2021 年 11 月 15 日，北京市规自委批复《19 号线一期工程第一批建设工程规划许可证（新宫站、新发地站、积水潭站主体结构）》。

（4）2021 年 11 月 23 日，获得《北京市规划和自然委员会关于北京地铁 19 号线一期工程初步设计及概算的批复》（京规自函〔2021〕2723 号）。

（5）2021 年 12 月 2 日，北京地铁 19 号线一期工程第一批施工许可证获批复，包括 9 座车站和 3 个区间的地下工程。

建设管理大事记

2015 年

（1）2015 年 12 月，完成 19 号线一期工程土建施工招标。

2016 年

（1）2016 年 6 月 30 日，新发地站开工（首个工点）。

（2）2016 年 7 月 28 日，平安里站开工。

（3）2016 年 9 月 21 日，积水潭站—北太平庄站区间暗挖区间开工核查。

（4）2016 年 10 月 31 日，起点—新宫站区间开工。

（5）2016 年 11 月 4 日，北太平庄站正式开工。

（6）2016 年 11 月 20 日，新宫站开工。

（7）2016 年 12 月 20 日，新宫站—新发地站区间开工。

（8）2016 年 12 月 28 日，新宫车辆段出入段线区间开工。

2017 年

（1）2017 年 1 月 8 日，草桥站—景风门站区间风井进场施工。

（2）2017 年 3 月 25 日，北太平庄站—牡丹园站区间 2 号竖井开工。

（3）2017 年 4 月 2 日，牛街站—太平桥站区间正式开工。

（4）2017 年 4 月 16 日，牛街站开工核查完成。

（5）2017 年 5 月 31 日，太平桥站正式开工。

（6）2017 年 7 月 30 日，积水潭站钻孔灌注桩钢筋笼首件验收。

（7）2017 年 8 月 1 日，新发地站—草桥站区间风井开工核查。

（8）2017 年 12 月 28 日，北太平庄站洞桩工程开始施工。

2018 年

（1）2018 年 2 月 6 日，新宫站—新发地站盾构始发。

（2）2018 年 4 月 10 日，完成铺轨施工招标并签订施工合同。

（3）2018 年 4 月 21 日，新发地站—草桥站区间左线盾构始发（全线首台）。

（4）2018 年 6 月 5 日，新发地站—草桥站区间右线盾构始发。

（5）2018 年 6 月 27 日，草桥站—景风门站区间右线盾构始发。

（6）2018 年 6 月 29 日，新发地车站结构封顶。

（7）2018 年 8 月 19 日，新发地站—草桥站区间盾构顺利穿越马家楼桥区匝道桥及南四环辅路一级风险源。

（8）2018 年 11 月 5 日，新发地站主体工程验收。

（9）2018 年 11 月 5 日，平安里站—积水潭站区间盾构左线始发。

（10）2018 年 11 月 10 日，新宫站—新发地站区间左线盾构始发。

（11）2018 年 12 月 5 日，草桥站—景风门站区间左线盾构成功穿越马草河风险源。

（12）2018 年 12 月 9 日，草桥站—景风门站区间右线顺利贯通。

◎ 2019 年

（1）2019 年 2 月 1 日，积水潭站主体结构封顶。

（2）2019 年 3 月 21 日，积水潭站—北太平庄站区间下穿 2 号线积水潭站—西直门站区间安全通过。

（3）2019 年 3 月 30 日，新宫车辆段开工。

（4）2019 年 4 月 9 日，平安里站—积水潭站区间盾构左线接收。

（5）2019 年 4 月 10 日，草桥站（19 号线部分）主体结构封顶。

（6）2019 年 5 月 3 日，平安里站—积水潭站区间盾构右线始发。

（7）2019 年 5 月 27 日，新发地站—草桥站区间 1 号风井结构封顶。

（8）2019 年 7 月 3 日，积水潭站—北太平庄站区间盾构始发。

（9）2019 年 7 月 24 日，在 19 号线土建施工 05 标段召开止水试验专题研讨会。

（10）2019 年 7 月 25 日，平安里站—积水潭站区间下穿 4 号线新街口站—平安里站区间安全通过。

（11）2019 年 8 月 19 日，平安里站—积水潭站区间盾构右线接收。

（12）2019 年 8 月 21 日，新发地站—草桥站区间左线盾构机破土而出，隧道顺利贯通。

（13）2019 年 8 月 22 日，轨道专业Ⅱ标段正式开始铺轨施工。

（14）2019 年 8 月 26 日，平安里站—积水潭站盾构区间双线贯通。

（15）2019 年 8 月 27 日，新发地站—草桥站区间右线盾构贯通。

（16）2019 年 9 月 5 日，草桥站、草桥站北侧换乘通道单位工程通过验收。

（17）2019 年 9 月 20 日，19 号线一期工程以第一名的成绩入选北京市建筑信息模型（BIM）应用示范工程。

（18）2019 年 12 月 16 日，地铁 19 号线一期工程草桥站换乘通道上跨 10 号线草桥站—纪家庙站区间安全通过。

（19）2019 年 12 月 20 日，新宫站主体结构封顶。

（20）2019 年 12 月 28 日，"京丰号"盾构机刀盘缓缓破土而出，北京地铁 19 号线一期工程新宫站—新发地站区间盾构左线接收出洞，是 19 号线一期工程全线盾构区间成功接收的第 7 台盾构机。

◎ 2020 年

（1）2020 年 1 月 11 日，新宫站—新发地站区间右线盾构接收。

（2）2020 年 2 月 23 日，新发地站—草桥站区间上跨 10 号线段洞通。

（3）2020 年 3 月 16 日，新宫站—新发地站区间 B 型断面（平顶直墙）下穿既有大兴线新宫站安全通过。

（4）2020 年 3 月 21 日，新宫站—新发地站区间贯通。

（5）2020 年 3 月 21 日，牛街站—太平桥站区间左线盾构始发。

（6）2020 年 4 月 23 日，新宫站主体结构验收。

（7）2020 年 5 月 9 日，太平桥站—平安里站区间暗挖上跨既有 6 号线车公庄站—平安里站区间安全通过。

（8）2020 年 5 月 20 日，牡丹园站—终点区间结构完成。

（9）2020 年 5 月 28 日，新宫车辆段东出入段线区间暗挖下穿既有大兴线新宫站安全通过。

（10）2020 年 5 月 30 日，新宫车辆段出入段线区间贯通。

（11）2020 年 6 月 11 日，草桥站—景风门站区间盾构隧道下穿京沪高铁、京沪铁路方案设计专家论证会暨方案设计审查会召开，并通过评审。

（12）2020 年 6 月 15 日，积水潭站铺轨场地移交铺轨单位。

（13）2020 年 7 月 30 日，新发地站—草桥站区间结构通过验收。

（14）2020 年 7 月 31 日，平安里站主体结构完成。

（15）2020 年 7 月 31 日，新发地站—草桥站区间 1 号风井铺轨基地移交铺轨Ⅰ标。

（16）2020 年 7 月 31 日，积水潭铺轨基地移交铺轨Ⅱ标。

（17）2020 年 8 月 5 日，牛街站—太平桥站区间右线盾构始发。

（18）2020 年 8 月 5 日，积水潭站、平安里站—积水潭站区间盾构段结构通过验收。

（19）2020 年 8 月 5 日，北京地铁 19 号线一期工程供电系统开工。

（20）2020 年 8 月 12 日，新发地站—草桥站区间（铺轨Ⅰ标）实现首铺轨（全线首铺轨）。

（21）2020 年 8 月 17 日，景风门站—牛街站区间右线下穿地铁 7 号线特级风险源完成。

（22）2020 年 8 月 20 日，牛街站—太平桥站区间上跨国铁直通线初步设计方案通过北京铁路局路外办组织的评审。

（23）2020 年 8 月 22 日，平安里站—积水潭站区间（铺轨Ⅱ标）实现首铺轨。

（24）2020 年 9 月 3 日，太平桥站—平安里站区间贯通。

（25）2020 年 9 月 5 日，景风门站—牛街站区间右线贯通。

（26）2020 年 9 月 7 日，起点—新宫站区间贯通。

（27）2020 年 9 月 11 日，牛街站—太平桥站区间上跨国铁直通线设计方案和施工方案通过北京铁路局路外办组织的评审。

（28）2020年9月17日，草桥站—景风门站区间下穿京沪高铁，京沪铁路设计和施工方案北京铁路局路外办组织的评审。

（29）2020年9月24日，新宫车辆段拆迁工作全部完成。

（30）2020年9月25日，时任北京市副市长隋振江到地铁19号线新宫车辆段进行安全检查，现场听取了19号线工程建设概况、工程建设主要工程节点、工程建设存在的主要问题和疫情防控工作汇报。

（31）2020年10月16日，北太平庄站—牡丹园站区间贯通。

（32）2020年10月17日，牛街站—太平桥站区间左线穿越国铁直径线、地铁2号线特级风险源条件验收顺利通过。

（33）2020年10月26日，新宫车辆段完成全部考古工作。

（34）2020年11月3日，景风门站—牛街站区间盾构下穿既有7号线广安门站—菜户营站区间安全通过。

（35）2020年11月5日，出入段线铺轨基地建成并投入使用。

（36）2020年11月17日，牛街站—太平桥站区间盾构下穿既有2号线长椿街站安全通过。

（37）2020年11月29日，积水潭站—北太平庄站盾构区间双线贯通。

（38）2020年12月4日，牡丹园站主体结构完成验收。

（39）2020年12月7日，景风门站—牛街站右线铺轨基地开始铺轨，该基地为散铺基地，为解决草桥站—景风门站区间洞通滞后而增设。

（40）2020年12月16日，北太平庄主体结构完成。

（41）2020年12月18日，积水潭站D出入口封闭，随后将进行该出入口拆除、新建工作。

（42）2020年12月23日，北京地铁19号线一期工程北太平庄站—牡丹园站区间下穿既有10号线牡丹园站并安全通过。

◎ 2021年

（1）2021年1月10日，景风门站—牛街站区间铺轨基地建成，并投入使用。

（2）2021年1月13日，苑老线220kV线发电成功，标志北京地铁19号线一期工程新宫车辆段五趟（六路）高压线改移完成，新宫车辆段前期工作全面完成。

（3）2021年1月13日，首批车到达大兴机场线磁各庄车辆段。

（4）2021年1月31日，草桥站换乘通道南侧通道验收完成。

（5）2021年2月2日，北太平庄主体结构验收完成。

（6）2021年3月1日，新宫车辆段正式进场铺轨。

（7）2021年3月6日，牛街站—太平桥站区间右线盾构隧道贯通。

（8）2021年3月9日，积水潭站—北太平庄站区间右线结构验收完成，移交铺轨Ⅱ标。

（9）2021年3月16日，积水潭站—北太平庄站区间左线结构验收完成，移交铺轨Ⅱ标。

（10）2021年4月10日，轨道Ⅰ标正线及出入线短轨通。

（11）2021年4月10日至6月17日，为配合19号线一期工程建设，2号线积水潭站、10号线牡丹园站封站，合计69天。

（12）2021年4月15日，草桥站—景风门站区间基地实现移交，至此全线铺轨基地移交铺轨完成。

（13）2021年4月26日，草桥站—景风门站区间、景风门站验收完成，移交铺轨。

（14）2021年4月28日，草桥站变电所一次送电成功。

（15）2021年5月1日，19号线一期工程样板段（起点—草桥站区间）短轨通。

（16）2021年5月6日，19号线一期建设、运营第一次对接会议在新宫车辆段召开，北京市基础设施投资有限公司副总经理、轨道运营公司董事长韩志伟与轨道公司总经理刘天正参加。

（17）2021年5月13日，19号线一期动车调试启动会在轨道交通大厦401会议室召开，三中心书记、总经理曹伍富出席。

（18）2021年5月18日，铺轨Ⅰ标正线及出入段线长轨通。

（19）2021年5月29日，19号线一期工程样板段（起点—草桥站）400V发电成功。

（20）2021年6月11日，19号线一期工程样板段（起点—草桥站）信号系统联锁预验收。

（21）2021年6月18日，19号线一期首辆电客车进驻新宫车辆段现场。

（22）2021年6月20日，19号线一期工程样板段（起点—草桥站）冷滑试验成功。

（23）2021年6月22日，19号线一期工程样板段（起点—草桥站）接触网一次送电成功。

（24）2021年6月23日，19号线一期工程样板段（起点—草桥站）热滑完成，样板段开始动车调试。

（25）2021年7月7日，北京市轨道交通年度通车线（段）竣工验收工作启动会召开。

（26）2021年7月15日，铺轨Ⅱ标段全线短轨通。

（27）2021年7月17日，19号线一期工程单位工程验收动员大会召开，公司党委副书记、总经理刘天正，副总经理何庆奎、王道敏出席会议。

（28）2021年7月19日，19号线草桥站（站台层）、新发地站—草桥站区间单位工程验收通过。

（29）2021年7月21日，新宫车辆段联合检修库区主体结构实现封顶。至此，新宫车辆段主要单体工程全部实现结构封顶。

（30）2021年7月21日，新发地站—草桥站区间、草桥站19号线站台单位工程验收通过。

（31）2021年7月26日，19号线全线短轨通。

（32）2021年7月26日，新宫车辆段完成室内联锁关系预验收以及6AG～19AG至咽喉区室内外联锁一致性预验收。

（33）2021年7月28日，牡丹园站室内联锁关系预验收。

（34）2021年7月30日，铺轨Ⅱ标段全线长轨通。

（35）2021年7月31日，新宫车辆段短轨通。

（36）2021年8月11日，轨道运营公司董事长韩志伟与轨道公司总经理刘天正主持召开19号线一期工程第2次建运高层对接工作会。

（37）2021年8月13日，起点—新宫站区间、新宫站—新发地站区间、新宫车辆段出入段线区间单位工程验收。

（38）2021年8月17日，积水潭站—北太平庄站区间单位工程验收。

（39）2021年8月20日，全线400V系统送电。

（40）2021年8月20日，新宫车辆段长轨通。

（41）2021年8月24日，19号线一期工程非样板段信号系统联锁预验收。

（42）2021年8月27日，铺轨Ⅱ标段通过单位工程预验收。

（43）2021年8月30日，牡丹园站—终点区间、北太平庄站—牡丹园站区间单位工程验收。

（44）2021年8月31日，全线信号系统顺利通过预验收。

（45）2021年9月1日，牛街站—太平桥站区间完成单位工程验收。

（46）2021年9月3日，新宫车辆段总配外电源成功实现发电。

（47）2021年9月7日，19号线一期工程冷滑试验顺利完成。

（48）2021年9月8日，19号线一期工程热滑试验顺利完成，全线正式进入动车调试阶段。

（49）2021年9月15日，19号线一期项目工程验收完成，开始空载试运行。

（50）2021年9月28日，新宫站外电源实现发电成功。

（51）2021年10月11日，牛街站外电源发电成功。

（52）2021年10月26日，牡丹园站外电源发电成功。

（53）2021年10月30日，轨道运营公司董事长韩志伟与轨道公司书记陈曦、总经理刘天正第二次踏勘19号线一期工程，研究开通筹备工作。

（54）2021年11月1日，全线ATP、ATO、ATS子系统预验收工作完成。

（55）2021年11月16日，新宫车辆段燃气外线工程正式通气。

（56）2021年11月26日，新宫站单位工程验收。

（57）2021年11月27日，北京市基础设施投资有限公司党委副书记、总经理郝伟亚赴19号线一期工程现场调研。

（58）2021年12月2日，牛街站完成单位工程验收。

（59）2021年12月2日，铺轨Ⅰ标段通过单位工程竣工验收。

（60）2021年12月2日，铺轨Ⅱ标段通过单位工程竣工验收。

（61）2021年12月3日，全线供电系统、综合监控系统通过竣工验收。

（62）2021年12月13日，北太平站外电源发电成功。

（63）2021年12月16日，积水潭站单位工程验收。

（64）2021年12月18日，新宫车辆段竣工验收完成。

（65）2021年12月23日，景风门站外电源发电成功。

（66）2021年12月24日，19号线一期工程全线竣工。

（67）2021年12月30日，积水潭站外电源发电成功。

（68）2021年12月31日，太平桥站外电源发电成功，至此开通前外电源发电任务全部完成，剩余平安里站及新发地站外电源待上级电站实现后建设。

◎ 2022 年

（1）2022年1月13日，太平桥站完成单位工程验收。

（2）2022年1月14日，平安里站完成单位工程验收。

（3）2022年1月17日，景风门站完成单位工程验收。

（4）2022年1月18日，北太平庄站完成单位工程验收。

运营管理大事记

◎ 2019 年

2019年12月12日，经北京市人民政府批准，北京地铁19号线的运营公司确定为北京市轨道交通运营管理有限公司。

◎ 2021 年

（1）2021年11月7日，北京地铁19号线一期工程样板段（草桥、新发地、新宫）实现运营临管。

（2）2021年11月10日，北京地铁19号线一期工程新宫车辆段实现运营临管。

（3）2021年11月18日，北京地铁19号线一期工程（区间）正式跑图试运行。

（4）2021年12月26日，19号线一期初期运营评估大会召开。

（5）2021年12月31日，19号线一期工程正式通车试运营。其中，景风门站、太平桥站、平安里站、北太平庄站暂缓开通。

◎ 2022 年

（1）2022年4月29日，地铁19号线北太平庄站等四站实现全面临管。

（2）2022年7月14日，地铁19号线北太平庄站等四站通过北京市交通委组织的开通前评估。

（3）2022年7月30日，北京地铁19号线一期景风门站、太平桥站、平安里站、北太平庄站开通。同日，北京地铁开始测试虚拟换乘，在北京地铁19号线牛街站与北京地铁7号线广安门内站间、北京地铁19号线太平桥站与北京地铁1号线、2号线复兴门站间，于30min内出站换乘可享连续计费优惠。

（4）2023年8月30日起，地铁19号线上线新版列车运行图，工作日早高峰时段行车间隔由4min50s缩短至3min50s，晚高峰时段行车间隔由6min缩短至4min50s，平峰时段由7min缩短至6min，全天增加列车65列次，小时运力最大增幅26%。

（5）2024年9月6日，地铁19号线达开通以来达到客流高峰，全日客流21.35万人，客流强度1.02万人/km。

附录二
奖项及专利（部分）

科技成果

▲ 中国铁路工程总公司科学技术奖（二等奖）
"BIM技术在城市轨道交通工程建设信息化协同管理中的示范应用研究"

▲ 陕西省建设工程科学技术进步奖
"暗挖地铁车站及区间联合区域在富水卵石地层降排水及渡线洞桩法施工技术研究"
"新建地铁车站与既有站多洞式连接施工综合技术研究"

▲ 中国铁路工程集团有限公司科学技术奖（一等奖）
"深层富水地层暗挖地铁车站阻水关键技术研究"

▲ 中国交通运输协会科学技术奖（二等奖）
"复杂条件地铁暗挖车站全面止水施工关键技术研究与应用"

▲ 第三届安全科技进步奖（二等奖）
"城市敏感环境下地铁施工微变形控制关键技术"

▲ 北京城建集团科技进步奖（三等奖）
"超深地铁暗挖车站富水卵石地层降水设计及施工关键技术研究"

▲ 中国铁路工程集团有限公司科学技术奖（二等奖）
"四线区间隧道密贴下穿既有双岛四线车站施工风险控制技术"

专利成果

▲ 发明专利证书
"一种与棚盖法施工结合的可拆卸U型初期支护的方法"

▲ 发明专利证书
"一种用于棚盖法初期支护与大直径管幕的连接方法"

▲ 发明专利证书
"一种AT钢轨的改造方法"

▲ 发明专利证书
"用于超浅埋大型地下空间的棚架施工法"

▲ 发明专利证书
"一种洞内机械成孔咬合桩施工工艺"

▲ 发明专利证书
"TOD模式下竖井与基坑合建分用的支护结构及施工方法"

▲ 发明专利证书
"一种洞内机械成孔咬合桩施工工艺"

▲ 发明专利证书
"M级支撑锚管"

▲ 发明专利证书
"横向管棚支护下双侧壁导洞式施工方法"

附　录

▲ 实用新型专利证书
"一种预制钢筋混凝土轨顶风道结构"

▲ 实用新型专利证书
"一种装配式地铁车站预制站台结构"

▲ 实用新型专利证书
"一种 AT 钢轨的改造方法"

▲ 实用新型专利证书
"地铁车站二次衬砌扣拱简易台车模架"

▲ 实用新型专利证书
"接触网预埋件安装装置"

▲ 实用新型专利证书
"型钢梁拉筋安装装置"

▲ 实用新型专利证书
"一种基于 Bim 地铁轨道模拟安装装置"

▲ 实用新型专利证书
"一种基于 Bim 地铁机房环境监测装置"

▲ 实用新型专利证书
"具有导向功能的硬切割咬合桩施工钻头"

245

工　法

▲ 广东省省级工法证书
　"导洞内连体管幕高精度独头施工工法"

▲ 广东省省级工法证书
　"超浅埋棚盖法暗挖地铁车站施工工法"

▲ 河南省工程建设省级工法证书
　"超浅埋棚盖法暗挖地铁车站施工工法"

▲ 河南省工程建设省级工法证书
　"导洞内连体管幕高精度独头施工工法"

▲ 河南省工程建设省级工法证书
　"立式皮带机垂直提升施工工法"

▲ 河南省工程建设省级工法证书
　"棚盖支护下U型初期支护导洞施工工法"

附 录

▲ 河南省工程建设省级工法证书
"隧道暗挖区间 PBA 两导洞施工工法"

▲ 河南省工程建设省级工法证书
"暗挖大断面多导洞隧道二次衬砌流水施工工法"

▲ 吉林省工程建设工法证书
"大断面隧道长距离密贴下穿既有车站施工工法"

▲ 四川省省级工法证书
"浅埋暗挖隧道近距离下穿运营铁路施工变形控制施工技术"

其他奖项

▲ 北京工程勘察设计协会北京市优秀工程勘察设计成果评价（一等成果）
"北京地铁 19 号线一期工程"

▲ 中国公路学会交通 BIM 工程创新奖（二等奖）
"北京地铁 19 号线新宫站项目"

▲ 工程建造微创新技术大赛优胜成果
"压转解锁式可回收锚索施工技术"

▲ 工程建设行业高推广价值专利大赛三等专利
"一种用于复杂地面下的地铁施工降水系统和降水方法"

▲ 工程建设质量管理小组活动成果大赛Ⅲ类成果
"提高隧道初支格栅连接质量"

▲ 北京城建集团科技进步奖（三等奖）
"超深地铁暗挖车站富水卵石地层降水设计及施工关键技术研究"

▲ 北京市优质安装工程奖
"北京地铁19号线一期工程土建施工10合同段机电安装工程"

▲ 北京市爱迪生科技创新优秀奖
"地铁车站预留钢筋保护措施"

▲ 北京市爱迪生科技创新优秀奖
"深基坑可拆芯锚索应用"

▲ 天津市建设系统优秀项目管理-BIM专项成果一等奖
"BIM技术在北京地铁19号线新宫站的综合应用"

附　录

▲ 第六届"龙图杯"全国BIM大赛施工组（三等奖）
　"BIM技术在北京地铁19号线新宫站的综合应用"

▲ 北京市市政基础设施结构长城杯工程金质奖
　"北京地铁19号线一期工程土建施工08合同段新发地站"

▲ 北京市市政基础设施结构长城杯工程金质奖
　"北京地铁19号线工程土建施工10合同段新宫车辆段咽喉区及八字线区"

▲ 北京市市政基础设施结构长城杯工程金质奖
　"北京地铁19号线工程土建施工10合同段新宫车辆段联合检修库"

▲ 北京市市政基础设施结构长城杯工程金质奖
　"北京地铁19号线工程土建施工10合同段新宫车辆段运用库"

▲ 北京市市政基础设施工程竣工长城杯金质奖
　"北京地铁19号线一期工程土建施工02标合同段"

标准规范

北京市轨道交通建设管理有限公司　　QB

编号：QGD-043-2021

轨 道 交 通
车站出入口装配式混凝土结构地面亭
技术规程

Technical specification for precast concrete structure of aboveground kiosks as entrances of urban rail transit stations

2021-12-31 发布　　2022-03-01 实施

北京市轨道交通建设管理有限公司发布

▲ 北京市轨道交通建设管理有限公司企业标准
《轨道交通车站出入口装配式混凝土结构地面亭技术规程》

附录三
参建单位人员名录

建设管理单位：北京市轨道交通建设管理有限公司

罗 平	何庆奎	曹伍富	虞 薰	代永双	孙 健	程贵锋	马 松	崔晓光	宗庆才
李培军	李凤豹	路清泉	寇鼎涛	李建军	谭远振	宋志勇	郑 骐	樊 湘	刘国庆
车路军	张 疆	范永盛	倪守睿	张志伟	刘志伟	李 强	王 鹏	郝 钢	代维达
许亚斋	韩江波	薛 松	阎 琰	耿佳旭	初士立	任立涛	高 超	张 君	马 松
王 伟	李付昊	王丹静	姚 欣	李 明	田 超	黎小辉	樊庆鹏	罗 龙	王海如
黄永涛	刘 超	王定坤	王子文	未义兵	刘 旭	韩卫国	白 波	徐 琪	佘玉莲
李子沛	周海芸	王 峰	苏 靖	王翠利	姜 艳	吴瑞雪	李红玉	张 郢	曹晓芳

勘察测量单位

勘察04标：中航勘察设计研究院有限公司

| 郑伟龙 | 王瑞永 | 王笃礼 | 韩 非 | 弭尚银 | 梁 宵 | 刘 陶 | 沈 淼 | 龙晓丽 | 曹占国 |
| 李向东 | 周永胜 | 陈 利 | 冯 勇 | 邹桂高 | 陈平川 | 石俊成 | 张其昌 | 蒋柏坤 | 宋 扬 |

勘察05、06标：航天规划设计集团有限公司

| 邵 磊 | 陈德军 | 吴生权 | 谢 剑 | 张 辉 | 鞠炳乾 | 丁颖颖 | 李向东 | 刘 洋 | 贾 高 |
| 严磊磊 | 王 炜 | 郭密文 | | | | | | | |

勘察07标：北京城建勘测设计研究院有限责任公司

| 孙常青 | 龚选波 | 张 伟 | 崔 晶 | 周 俊 | 黄溯航 | 周玉凤 | 郭红梅 | 谢 峰 | 庞 炜 |
| 刘满林 | 宋江弘 | 王利谋 | 刘 龙 | 董岩岩 | 何强文 | 耿长良 | 熊琦智 | 边春雷 | 陈 强 |

第三方测量：北京市勘察设计研究院有限公司

| 张立伟 | 张庚涛 | 殷文彦 | 王宏涛 | 王 珍 | 殷甫东 | 苏增云 | 张小越 | 赵立峰 | 刘 静 |
| 孙士通 | 王 斌 | 杨 凯 | 张亚彬 | 刘 宇 | 李浩飞 | | | | |

设计单位

设计01标：北京城建设计发展集团股份有限公司

| 姜传治 | 沈小洵 | 贺晓彤 | 谢彤彤 | 赵 芫 | 夏瑞萌 | 曾亚奴 | 郭泽阔 | 张良焊 | 李道全 |
| 周 菁 | 刘 志 | 李 元 | 孟晓宁 | 王 峰 | 刘玲玉 | 赵 雷 | 康 艺 | 李 猛 | 李文英 |

鞠　昕　赖瑾璇　李红旺　廖　唱　赵宪红　刘文璐　张一元　胡会珍

设计 05 标：中铁隆工程集团有限公司

许　洋　侯效毅　张　宏　史续权　冯　洋　叶　涛　袁　梧　申小兵　罗　军　张经纬
郎　龙　甄　瑜　文　磊　李恒力　邓文清　银　菊　时弘毅　章玉伟　黎宗新

设计 06 标：北京城建设计发展集团股份有限公司

房　明　李英杰　王洪硕　黄　赫　何　岳　张俏楚

设计 07 标：天津市政工程设计研究总院有限公司

李爱民　王文军　李　斌　陈万成　邢　岩　柴亚隆　周作顺　梁大坚　边　可　孙明国
宋　鹏　张锦鹏　王新野　梁宝杰　罗　皓

设计 08 标：北京市轨道交通设计研究院有限公司

李松梅　丁　琳　李铁生　左　晓　吴　举　管晓东　柴瑞卿　陈明岳　张继菁　邱　容
徐　菁　陈　滔　杜玉峰　郝志宏　陈　敏　张玉芳

设计 09 标：中铁第六勘察设计院集团有限公司（隧道院）

张金伟　徐　骞　刘志广　唐云沙　杨斌斌　康　宁　马铭泽　赵　彤　李佳庆　孙俊利
申爱姣　范　征　江水德　王正林　石广银　张美琴

设计 10 标：中铁华铁工程设计集团有限公司

章　斌　刘国辉　于江涛　李明泽　张群仲　刘　娟　王　寅　王丽萍　吴佳阳　王　茜
段丽达　尹　喆　关　霜　肖　萌　朱运川　周戈梅　许　岩　刘　磊　欧牧宇　李兴海
李　天　张瑛琳　关羽琪　苗铁林　张　超　郭　薇　邢玉奇　王梦瑶　褚若南　王维晓

设计 12 标：中铁工程设计咨询集团有限公司

刘　玮　黄慧超　马佳骏　乔神路　冯　健　薛　玥　刘雪锋　刘亚航　邵　壮　杨　松
谷呈朋　刘婷林

设计 13 标：中铁第六勘察设计院集团有限公司（电化院）

段　然　吴永明　刘　强　康克农　樊春雷　许忠杰　梁世文　伍维瑾　周汉臣

设计 14 标：北京城建设计发展集团股份有限公司

张良焊　戴　钧　穆育红　王　玉　牛淑霞　边克军　张　领　褚海容　罗雪莹　许　攀
王鲁平　师　可　郭温芳　肖　璇　曹　旸　邓文飞　罗　婷　高玉婷　唐　超　胡家鹏
刘　欣　李诚智　刘　巍　唐世娟　江　琴　杨晓娟　黄云峰　沈文华　郭　洋　周　炜
梅　棋　霍立国　李嘉俊　王　磊　岳　辰　候广明　李宝贤　刘晓波　汪　烨　廉树丽

设计 15 标：北京全路通信信号研究设计院集团有限公司

张鹏雄　周　颖　韩　臻　李一波　陈鹏宇　张　帆　李金峰　王　磊　王珊珊　马申瑞
鲜力岩　关　悦　周梦芬　郑　伟　杨浩荻　张司杨　刘　辉

设计 18 标：北京城建设计发展集团股份有限公司

夏瑞萌　刘志敏　高　楠　刘巧叶　潘瑞瑛　刘　霞　窦新桐　秦富国　郑　杰　冯　欣
潘　毫　赵伶杰　贾　霄　范齐军　范　涛　闫天泽　刘东天　贺博阳

设计 19 标：北京市轨道交通设计研究院有限公司

李松梅　陈　滔　陈明岳　王伟锋　何海健　刘凤华　丁　琳　张继菁　王　盛　邱　容
陈　敏　张玉芳　钱晓翔　王宗勇　王宇昂　李月阳　李力亨　孙　杨　李铁生　李　冰
赵　凯

设计 20 标：中铁第五勘察设计院集团有限公司

贾世涛　王周扬　刘雪斌　刘晋瑞　任桂陶　葛红帅　窦　瑶　诸慧超

设计一体化标段：中国建筑设计研究院有限公司

柴培根　童英姿　田海鸥　程显峰　夏　露　曹晓宇　李　颖　孙洪波　石　雷　周　岩
高　洁　安　岩　李　嘉　刘艳雪　刘晓琳　刘　文

装修设计 01、04 标：华通设计顾问工程有限公司

陈　昕　马旭伟　于慧娟　沈丽丽

装修设计 03 标：中铁华铁工程设计集团有限公司

郭立明　王　哲　吕　斌　张耀杰　张兰兰　贺坤娟　范亚亚

全过程环评咨询单位：中国铁道科学研究院

监理单位

监理 01 总监办：北京正远监理咨询有限公司

戴永忠　张志义　王新平　吴守林　王建峰　李　飞　王泽双　屈　岩　胡亚飞　佘玉莲
杜钰栋　肖长利　尹燕平　张子京　王　欣　王　强

监理 02 总监办：北京地铁监理有限公司

张永军　张树才　刘振新　李显亭　陈增泉　徐爱霞　张　鑫　于　帅　陈　叶

监理 03 总监办：北京华城建设监理有限责任公司

邱　彤　赵凤军　张同军　李凤军　吕正伟　张治平　周德申　钟爱茹　齐连江

监理 04 总监办：四川铁科建设监理有限公司

李文军　刘振松　赵新亮　李磊磊　王传青　李　霞　岳峥嵘　张浩寒　吴元勋　肖国庆
郝向婷　秦玉轩

监理 05 总监办：中铁华铁工程设计集团有限公司

武百良　黄士军　高　峰　李永革　方　刚　罗青山　薛　斌　余承运　刘　萍　赵　伊
李　霞　王艺璇　齐　斌

土建施工单位

土建施工 01 合同段：中铁七局集团有限公司

洪涛	马龙	汤凯	巨亚波	王亚军	白晓鹤	彭威	白建云	刘勇	何官锋
田明亮	周阳	王光辉	高攀	赵冬生	李录祥	吴琪昊	张大伟	池晓倩	张震
霍爱	王思怡	王博	王泽	张永红	赵化安	陈俊杰	董萌	巨玉强	刘小亮
许盟	袁浪	杨雨山	杨雨林	赵军旺	孙腾	李新国	成梦瑶	宁红军	夏云云

土建施工 02 合同段：北京城建道桥建设集团有限公司

王永海	王水彬	王建成	陈泽山	许树生	孙玉国	刘川	朱杰	李越涛	徐勇
周建修	冯帅	冯帅帅	周靖松	李明生	李涛	武小冬	张海全	黄勇	辛涛
丰丽丽	严秋元	黄鹤	张华	刘璐	王孟宇	来森森	武芳芳	王颖异	张子豪
李桐敏	赵科展	徐琪	陈艳萍	黄勇	张晶	曾庆根	陈苗	殷建	张洋洋

土建施工 03 合同段：中国建筑第八工程局有限公司

梁田录	姚文杰	彭嵌	王守龙	耿晓亮	马志红	张强	魏茂铎	张益亮	孙忠鹤
安鹏飞	王世伟	李中华	李杰	梅静	侯海锟	杜亚飞	杜劢	杨沫	邵庆硕
陈生奇	王辰宇	张剑辉	吕先武	王倩倩	张颜	宋雨	许悦	王小利	吉言
安建伟	周杰	徐重之	李爽	侯裕震	包擘	杨学忠	曹瑞	刘中怀	李同同

土建施工 04 合同段：中铁隧道局集团有限公司

杨陕南	李树斌	董立朋	鄢和平	易军	李锋	张守有	陈文	金航	宋涛
潘小琴	王鹏	钱志远	铁春鹏	索嘉文	李秋元	李星驰	郭露娇	兰焕娟	琚宝元
李广	夏洋	边学斌	段超	冯译莹	吴丽	路志祥	龚枝梅	余文颖	武晓静
牟万鑫	戚吉良	赵虎	崔建新	张亚娟	曹龙龙	陈锐	申亚明	朱晓晖	王启燕

土建施工 05 合同段：中铁十八局集团有限公司

营升	姜华龙	王振	高银斌	田金星	杨兴昆	王兵	王德洪	韩建	刘美燕
黄良冰	宁义伟	余秋明	李鹏程	许倚文	张坤	詹小峰	高雷	刘凤仙	熊桂荣
张宁	童顺民	汤斌	孔訾杨	霍正红					

土建施工 06 合同段：中铁十四局集团有限公司

苗春刚	高洪吉	梁尔斌	刘志坚	王炳禄	陈贤波	牛帅卿	尹志强	王德富	杨学强
贾兆元	贾红力	张学锋	孔凯	黄建军	赵志峰	寻芝阳	李伟	张虎军	黄学义
赵红兰	张发达	李孟	王彦男	郝佳兴	秦国乾	徐龙	韩炜	裴鲁光	魏元津
杨后俊	牛广军	孙凤修	姬广昌	王志康	蔡昊	邱新智	贾泽	崔广	丁飞

土建施工 07 合同段：中铁二十三局集团有限公司

肖毅	方业飞	姜潇	许彪	李万利	杨西富	姜潇	何继华	黄家奎	刘建君

王后高	陈建平	巩　森	王占成	周　晓	方业飞	李万利	武俊杰	高　军	孙　恩
孙　鹏	陈　杰	刘建君	史　航	黄家奎	刘　斌	朱云峰	张金玉	解殿禧	陈建平
张晓云	李英辉	袁唐军	赵忠恒	李大军	周一博	吴　凯	张　承	郑烩宾	代宗灿

土建施工 08 合同段：中铁二十一局集团有限公司

任文辉	田　磊	刘东方	吴自升	毛建彬	黄自攀	高　杨	赵　楠	冯少士	杨龙刚
杨健华	冯光辉	王平秀	夏志勇	李　欢	任　序	蔡成渝	张志强	张　慧	孟宪志

土建施工 09 合同段：中铁四局集团有限公司

高太平	闫建龙	刘　勃	李　刚	凌萌茁	贾庆箭	余兵兵	王　帅	侯国阳	米发涛
吴熊熊	李昊炎	王胜元	张　钏	许　可	刘结兵	王宏涛	王省红	李　立	张鸿杰
魏国明	霍毓圳	陈　伟	黄志飞	李海波	闫亚斌	祝　超	肖　俊	曲翔宇	郝宗鹏

土建施工 10 合同段：中铁电气化局集团公司

袁　涛	张　通	张　立	王永新	蔡国庆	何牧晨	朱伟雄	史海涛	计世奇	赵远哲
王启国	刘正红	陈　兵	常志胜	江　涛	陈德云	张　达	刘梦佳	艾　倩	刘玉双
张爱军	张　璟	张　蕾	肖　星	杨美微	曹晓芳	房玉龙	胡计划	李景鑫	赵贺彪
张亮亮	刘子豪	杨欢欢	戴博宇	俞成海	梁　瑞	江　涛	黄　东	蔚雪飞	郝天宇
路建强	杨明昊	师彤彤	卢斐然	杨晨乐	李金烨	赵　鑫	李政明	李呈祥	徐展鹏
宋　浩	李兴华	靳功善	谢广通	葛志浩	孙照欣	刘文垚	左春玲	张　超	邹国务

机电安装单位

机电专业设备安装工程Ⅰ标段：中建安装集团有限公司

石钰杨	张文亮	石　伟	王一平	杨大勇	杨林凯	袁永亮	郝联梅

机电专业设备安装工程Ⅱ标段：中铁电气化局集团有限公司

范利彬	陈模标	王宪峰	王利强	惠红博	李　超	胡月星	高俊斌

轨道安装单位

轨道专业Ⅰ标：中铁三局集团有限公司

马文平	米泽超	李亚儒	盛宇丰	刘　冰	史书平	张　伟	韩云鹤	李　鹏	梁慧峰
张晓强	朱静宜	吴　薇	路　辉	张天宇					

轨道专业Ⅱ标：中铁十一局集团有限公司

张春林	于建斌	潘小君	刘东波	李燕斌	展积军	陆昌伟	黄苏智	周伦军	穆龙龙
刘　强	闫文杰	邵　旭	李晓华	王战营	郝铁军	张超鹏	刘良岳		

设备系统安装单位

施工供电系统及综合监控系统项目：中铁十二局集团电气化工程有限公司

韩悌斌　缪嘉杰　胡建伟　魏晋楠

施工通信、乘客信息（含导向）、办公自动化系统项目：中国铁路通信信号上海工程局集团有限公司

陈春海　范兆华　郑乘风　马　宸